顧客の悩みをスッキリ解決！

生命保険
の活用と税務

100問
増補版

税理士 **追中徳久** ［著］

ぎょうせい

はじめに

　税理士をはじめとした実務家に向けて、生命保険の活用と税務の本を上梓いたします。今回は、生命保険をどのような場面で活用するのか、その場合の税務の取扱いはどうなるか、を個人保険だけでなく、企業保険や公的制度もあわせて考えてみたいと思います。

　今回、この本を出版したいと思ったのは、以下の理由からです。

---

①　ここ数年の間に、生命保険関係の法人税基本通達や所得税基本通達の改正があり、実務家から保険税務に関する多くのご質問をいただいたので、ここで考え方を整理したい

②　企業や従業員を守るために、企業が契約する役員や従業員を被保険者とする個人保険（以下、本書では「法人契約」といいます）以外に、複数の従業員等を被保険者とする、いわゆる企業保険を活用する場面がないかを検討したい

---

　①については、自分自身が日本税務会計学会（東京税理士会）で研究してきた法人から個人への利益移転に関する改正であり、ある種の感慨と限界を感じたテーマです。また、②については、自分なりに企業規模に応じたプランの組み合わせを持っていますが、もう少し企業年金が活用できないかと思っています。もとよりすべての領域をカバーできませんが、ご相談が多かった相続贈与や退職金分野も含めて本書では、考えてみました。

　そもそも生命保険税務は、法令でなく通達を中心に展開されてきました。従来は、個別通達があるかどうかも含めて、根拠が分かりにくかったと思います。ようやく基本通達により、保険料を中心に根拠が明らかとなり、実務家にも分かりやすくなりました。

ただ、通達やその解説だけですべてが網羅されているわけではありません。また、裁決や判例も少なく、保険会社が個別に国税当局に確認している根拠もあります。それらも含めて、実務で使っている範囲内で整理したいと思います。そして、顧客の資金面の全体像を把握している実務家から、顧客に課題解決をご提案していただけたらと思います。

なお、本書の内容は、執筆時点の筆者の個人的意見です。筆者の理解不足で分かりにくい部分が多々あると思います。今後、皆さまの貴重なご意見をいただき、長きにわたりご利用いただける書籍にしたいと思っています。

令和4年12月

税理士　追中　徳久

増補にあたり、令和5年度に税制改正されたChapter IVの贈与関係の見直しを行いました。相続時精算課税の基礎控除110万円の新設には驚きました。この制度をどのようにうまく使うかが今後の課題になりそうです。

令和5年10月

税理士　追中　徳久

重版にあたり、令和6年度税制改正に関連する部分の見直しを行いました。生命保険税務にはあまり影響はありませんでしたが、現行の相続税計算にかかる法定相続分課税方式の見直しが進まなかったのが残念でした。

令和6年2月

税理士　追中　徳久

Contents

Chapter I これだけは知っておきたい 生命保険の活用事例

Chapter II 個人での生命保険の活用と税務

Chapter *III* 企業での生命保険の活用と税務

Chapter IV　相続・贈与・事業承継での
　　　　　　　　　生命保険の活用

Chapter V　退職金での生命保険の活用

Chapter VI　知っておきたい 法令・通達と判例・裁決

凡例

本文中の参照法令等については、以下の略称を使用しています。
また、相続税法第3条第1項第1号は、相法3①一と表示しています。

所法	所得税法
所令	所得税法施行令
所規	所得税法施行規則
所基通	所得税基本通達
法法	法人税法
法令	法人税法施行令
法基通	法人税基本通達
相法	相続税法
相令	相続税法施行令
相規	相続税法施行規則
相基通	相続税法基本通達
評規通	財産評価基本通達
措法	租税特別措置法
民	民法
不登法	不動産登記法

※本書の内容は、令和6年2月末日現在の法令等によっています。

Chapter *I*

これだけは知っておきたい
生命保険の活用事例

I−1　生命保険による保障

　生命保険による保障は、まず、死亡保障が大切です。個人の場合は家族を守るため、経営者の場合は企業を守るため、そのために死亡に対する備えが必要とされ、生命保険が活用されてきました。また、その後のニーズの多様化から、年金保険による老後保障や医療保険による医療保障も必要とされ、それぞれ、保険商品が提供されてきています。その生命保険には、大きく分けて、個人保険と企業保険があります。

　個人保険は、保険の対象である被保険者が個人で、保障内容の見直しをしない限り、契約時の条件が原則維持され、被保険者の死亡により契約が終了します。

　企業保険は、保険の対象である被保険者が企業で働く複数の従業員で、新たな入社や退社により被保険者が入れ替わり、それに伴い契約時の保険料等の条件が途中で見直しされる契約です。契約は企業が解約しない限り継続します。企業規模によっては、個人保険を使った法人契約ではなく、総合福祉団体定期保険（14, 156頁参照）や確定給付企業年金（18, 164頁参照）といった企業保険の方が望ましい場合があります。

　さらに、我が国には、国民が社会保険料を負担する公的年金制度や公的医療保険制度等により、国からの給付や保障を得られる制度があります。これらの制度を前提に、足りない部分を民間の保険でカバーします。

●図表１－１　企業規模別生命保険活用のイメージ

規模	従業員	役員
個人事業主	福利厚生プラン	小規模企業共済 （長期）定期保険
中小企業（〜50名）	福利厚生プラン 中退共	（長期）定期保険 逓増定期保険 終身保険　等
中堅企業（〜500名）	福利厚生プラン 総合福祉団体定期保険 確定拠出保険（DC）	
大企業（500名超）	総合福祉団体定期保険 確定拠出年金（DC） 確定給付企業年金（DB）	

　本章では、個人や企業において、どのような目的で保険商品が活用されているか、また、国の保障制度の概要を見ていきます。なお、最近の保険商品は、低解約返戻金タイプ（当初の一定期間は低い解約返戻金とし、その期間終了後、解約返戻金が通常より高くなる商品、逓増定期保険や終身保険などで活用）や保険種類を組み合わせたタイプ（当初の一定期間は傷害保障保険などとし、その期間終了後、定期保険等に変更することがあらかじめ組み込まれた商品）が販売されています。また、主契約と特約と考えるのではなく、保険商品ごとにそれぞれを主契約として組み合わせる保険が販売されています。

I-2　こんな場合はどうする？～個人による活用編～

Q1　家族のためにお金を残したいのですが…

A1　まずは定期保険の活用をご検討ください。

◀ 解説 ▶

　定期保険は、子どもが成人するまで、また、自分の万一の場合に備えて遺された家族にお金を残したいときに利用します。安い保険料で保障が確保できます。掛け捨てなので、満期保険金や解約返戻金はありません。

　生命保険は対面で販売するのが原則ですが、定期保険も含め、個人で加入する保険商品のいくつかはスマートフォンやパソコンなどで、保険会社や共済制度を比較しながら非対面でも加入できます。

　例えば、30歳の方が死亡保険金1,000万円の定期保険に10年間加入する場合、男女ともに毎月1,000円未満の保険料負担となります。

　ただ、注意しないといけないのは、加入時の年齢が高くなればなるほど保険料が上がることです。しかし、さらに保障が必要ならば、追加で保険に加入すればいいので、まずは必要と思われる期間と保険金額で加入ください。

　一般社団法人生命保険協会の統計（以下、「統計」といいます）では、令和2年4月から1年間で、約189万件、平均保険金額1,335万円（保険期間の長い定期保険も含む）の新規加入実績でした。また、令和3年3月末累計で、約2,774万件、平均保険金額1,105万円の加入実績でした。

Q2 相続対策のために準備をしたいのですが…

A2 保障が一生涯続く終身保険の活用をご検討ください。

◀解説▶

　終身保険は、一生涯にわたって同じ額の死亡保障があります。貯蓄性が高く、資産形成効果があるとされます。そのため、個人では相続税の納税資金の準備や老後の生活資金に活用されています。

　この保険は、被相続人が保険料負担者と被保険者になり相続人が死亡保険金を受け取れば、500万円×法定相続人数の非課税制度が利用できます。90歳近い方でも一時払終身保険に加入することにより、相続税対策として活用することができます。

　ただし、定期保険と比較すると保険料は高く、40歳の方が死亡保険金500万円の終身保険に60歳払込満了で加入した場合、男女ともに毎月2万円程度の保険料負担となります。

　終身保険は一生涯保障があるので、保険料との見合いですが、若いうちに多めに加入する価値のある保険だと思います。

　統計では、令和2年4月から1年間で、約164万件、平均保険金額551万円の新規加入実績でした。また、令和3年3月末累計で、約3,763万件、平均保険金額517万円の加入実績でした。

●図表1－2　終身保険のイメージ

Q3 老後の豊かな生活のために準備をしたいのですが…

A3 公的年金以外に個人年金保険の活用をご検討ください。

◀ **解説** ▶

　個人年金保険は、保険料払込期間満了後、10年確定年金や保証期間付終身年金として、毎年決まった年金年額を受け取ることができます。また、税制適格要件（61頁参照）を満たせば、個人年金保険料控除を利用することができます。

　例えば、30歳の方が60歳から支給が始まる年金年額100万円の10年確定年金に加入する場合、男女ともに毎月3万円弱の保険料負担となります。

　ただ、現在は金利水準が低いので、払込保険料総額と比べると、年金受取総額が多いとはいえない状況にあります。また、年金受取時には所得が増え、所得税、住民税や社会保険料に影響がある可能性があります。

　統計では、令和2年4月から1年間で、約67万件、平均年金年額60万円の新規加入実績でした。また、令和3年3月末累計で、約1,421万件、平均年金原資542万円の加入実績でした。

●図表１－３　個人年金保険のイメージ

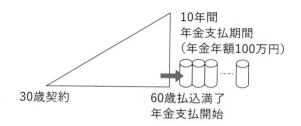

10年間
年金支払期間
（年金年額100万円）

30歳契約

60歳払込満了
年金支払開始

（国の制度）公的年金制度

　公的年金制度とは、国が運営する年金制度です。日本では20歳以上のすべての国民が公的年金に加入する国民皆年金制度になっています。公的年金には国民年金と厚生年金の２種類があり、国民年金はすべての国民を対象としたものであり、厚生年金は会社員や公務員など雇用される人が国民年金とあわせて加入するものです。

　日本年金機構によると、令和４年度の、国民年金（老齢基礎年金）は年間約78万円（月額64,816円）、厚生年金（夫婦２人分の老齢基礎年金を含む標準的な年金額）は年間約264万円（月額219,593円）の支給実績です。

　また、遺族年金（生計維持関係にある被保険者が死亡したときにもらう年金）は妻と子ども２人で、遺族基礎年金は年間約123万円（月額102,117円）、遺族厚生年金は年間約174万円（月額144,972円）の支給実績です。

　上記金額の不足部分を企業年金や個人年金などでカバーします。なお、令和３年４月施行の高年齢者雇用安定法の一部改正により、70歳までの就業確保が努力義務化されました。働きながら、年金をもらう時代になりました。

●図表1－4　公的年金制度の仕組み

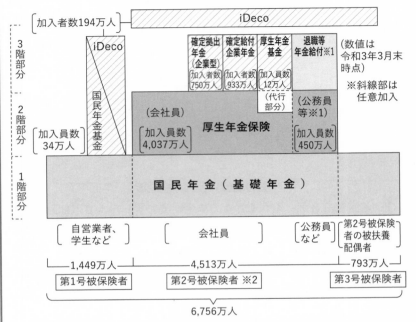

※1　被用者年金制度の一元化に伴い、平成27年10月1日から公務員および私学教職員も厚生年金に加入。
　　また、共済年金の職域加算部分は廃止され、新たに退職等年金給付が創設。ただし、平成27年9月30
　　日までの共済年金に加入していた期間分については、平成27年10月以後においても、加入期間に応
　　じた職域加算部分を支給。
※2　第2号被保険者等とは、厚生年金被保険者のことをいう（第2号被保険者のほか、65歳以上で老齢、また
　　は、退職を支給事由とする年金給付の受給権を有する者を含む）。

出典：厚生労働省　年金制度の仕組みと考え方

※厚生年金保険は令和4年10月より従業員数101人以上事業所の短時間労働者
　（雇用期間2か月超）に適用拡大

Q4 入院や手術に備えたいのですが…

A4 医療保険の活用をご検討ください。

◀解説▶

　第三分野保険（生損保とも販売できる保険）の医療保険は、入院や手術に備える保険です。

　例えば、30歳男性が入院日額5,000円の終身保障の医療保険に加入した場合、終身払込で毎月1,000円〜2,000円の範囲の保険料負担になります。ただし、払込期間を5年間や65歳までと短期間にできたり、また、会社ごとに、保障内容が微妙に異なりますので、しっかりとご確認ください。なお、がんを保障するがん保険もあります。

　統計では、令和3年3月末累計で、医療保険4,181万件、がん保険2,528万件の加入実績でした。また、令和4年度公益財団法人生命保険文化センター調査では、平均入院給付金日額は男性9,600円、女性8,100円でした。

　公的医療保険制度が充実している中で保障しきれない部分を民間の医療保険でカバーするのですが、今後ますます長寿化が進む見込みなので、終身保障の医療保険は前向きに検討してもよいと思います。

●図表1−5　医療保険のイメージ

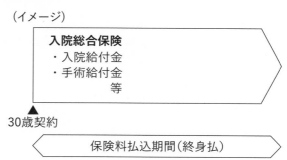

（イメージ）

入院総合保険
・入院給付金
・手術給付金
　　　　等

▲
30歳契約

保険料払込期間（終身払）

●──（国の制度）公的医療保険制度 ──●

　日本では、すべての国民が何らかの公的医療保険に加入する国民皆保険制度を導入しています。公的医療保険制度には、国民健康保険、健康保険、共済組合、後期高齢者医療制度等の種類があります。

　給付を受けるにあたって特別な手続は必要なく、窓口で保険証を提示すれば、自己負担分１割〜３割のみの支払いで診療を受けられます。

　また、高額療養費制度を活用すれば、保険適用の医療費が仮に月100万円かかったとしても、年収が約370万円〜約770万円の範囲内ならば、自己負担は月８万7,430円になります。

●図表１−６ 公的医療保険制度の体系

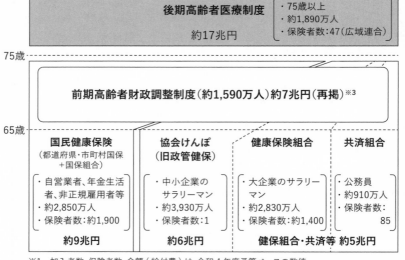

※１　加入者数、保険者数、金額（給付費）は、令和４年度予算ベースの数値。
※２　上記のほか、法第３条第２項被保険者（対象者約10万人）、船員保険（対象者約10万人）、経過措置として退職者医療がある。
※３　前期高齢者数（約1,590万人）の内訳は、国保約1,170万人、協会けんぽ約310万人、健保組合約100万人、共済組合約20万人。

出典：厚生労働省　我が国の医療保険について

Q5 介護に備えたいのですが…

A5 介護保障保険の活用をご検討ください。

◀ 解説 ▶

　介護保障保険は、要介護状態と死亡に備える保険です。公的介護保険制度のもと、一定の要介護状態と認定を受けた場合、又は、所定の要介護状態が一定日数以上継続した場合に、介護保険金を一時金又は年金で受け取れます。公的介護保険は現物給付ですが、民間の介護保障保険は現金給付です。

（国の制度）公的介護保険制度

　公的介護保険制度とは、介護が必要になったときに、介護サービスを受けられる社会保険制度です。40歳以上の人が被保険者として介護保険料を納めます。

　この制度は介護が必要であると認定された時に費用の一部を支払い、介護サービスを受けることができます。

　65歳以上の人を第1号被保険者、40〜64歳の人を第2号被保険者といい、第1号被保険者は要介護状態になった原因を問わず公的介護保険の介護サービスを利用することができますが、第2号被保険者は老化に伴う特定の病気によって要介護状態になった場合に限り、公的介護保険の介護サービスを利用することができます。したがって、それ以外の原因で要介護状態になった場合は、公的介護保険の介護サービスを受けることができません。

Q6 教育資金を準備したいのですが…

A6 こども保険の活用をご検討ください。

◀ 解説 ▶

　こども保険は、子どもの教育資金や親の死亡等に備える保険です。小学校・中学校・高校・大学入学にあたる年齢ごと、及び満期時に祝金を受け取れます。

　また、契約者である親が死亡した場合、将来の保険料の払込みが不要になり、引き継いだ育英年金受取人が祝金と育英年金をそのまま受け取れます。なお、被保険者である子が死亡した場合は死亡保険金が支払われます。

　統計では、令和3年3月末累計で、約724万件、平均保険金額218万円の加入実績でした。

　なお、学費の貯蓄に重点を置いた学費保険もあります。

　教育にはお金がかかります。計画的に教育資金を準備するために、こども保険や学費保険は活用できると思います。

　なお、保険会社などが公開している死亡保険金額に関する必要保障額シミュレーションがあります。

　例えば、40歳男性、配偶者と子ども2人の場合、遺族年金や配偶者の収入も考えて、必要保障額が3,000万円などと算出されます。一つの目安になりますし、保障金額は多ければ多い方がよいのですが、教育資金をどう考えるかで必要保障額が大きく変動しますので注意が必要です。

Q7　事業継続のために準備をしたいのですが…

A7　まずは定期保険の活用をご検討ください。

◀解説▶

　新規に事業を開始してまだ資金繰りが厳しいときには、経営者に万一のことがあった場合の準備として、定期保険を活用します。保険期間は10年と短くても構いません。とにかく、安い保険料で大きな保障が必要な場合の保険です。経営者を被保険者として、借入金返済や運転資金・納税資金の確保を目的とします。保険料は、原則、全額損金算入となります。

　資金繰りが安定してきたら、この保険を継続するか、他の種類の保険の追加を検討するか、その時点で検討すればよいと思います。

●図表１−７　定期保険のイメージ

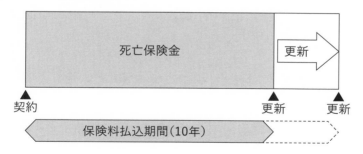

Q8 役員や従業員の遺族のために準備をしたいのですが…

A8 定期保険や総合福祉団体定期保険の活用をご検討ください。

◀解説▶

　総合福祉団体定期保険は、法人の役員や従業員の遺族の生活保障を目的とする保険期間1年の企業保険です。加入するときの診査は、原則不要です。

　通常、加入者全員について、退職金規程の範囲内で、均一の保険金額を設定します。加入人数が25名以上の場合、保険料が割安となります。

　また、企業が保険料を負担する全員加入部分（A部分）と従業員が任意で自分で保険料を負担する任意加入部分（B部分）を組み合わせるジョイントプランといわれる企業保険があります（全員加入部分は50名以上、任意加入部分は10名以上の加入が必要など保険会社ごとに必要となる人数の基準があります。従業員が300名以上の企業が適しています）。最近はインターネットを活用して、保険料をより低く抑えています。

　統計では、令和3年3月末で、35,628団体、2,979万人の加入実績でした。1団体当たり平均被保険者数836人、平均保険金額312万円と、一定規模以上の企業で活用されています。

●図表1-8　定期保険や総合福祉団体定期保険のイメージ

Q9 役員退職金準備・事業承継のために準備をしたいのですが…

A9 長期平準定期保険、逓増定期保険、終身保険の活用をご検討ください。

◀ 解説 ▶

　長期平準定期保険、逓増定期保険、終身保険の保険料は比較的高いのですが、一定期間を過ぎると貯蓄性が高くなるのが特徴です。長期平準定期保険、逓増定期保険の場合、最高解約返戻率により損金算入する部分があります。

(1)　長期平準定期保険

　勇退時期のはっきりしない企業の若手経営者が退職金の準備をする保険です。解約返戻金の額の高い時期が比較的長いとされます。

　例えば、法人が40歳男性を被保険者にして100歳払込・保険期間満了の死亡保険金1億円の長期平準定期保険に加入した場合、毎年250万円程度の保険料が必要になります。もし、70歳になってこの経営者が会社を勇退する場合、6,000万円程度の解約返戻金があり、これを原資に法人が退職金を支払います。支払った退職金が適正ならば全額損金に算入でき、また、受け取った経営者は退職所得控除額が使え、かつ、2分の1課税や分離課税といった優遇措置を受けることができます。

(2)　逓増定期保険

　保険金額が5倍まで段階的に増える逓増定期保険は退職まであまり時間がない経営者が、短期間で退職金を準備する保険です。解約返戻金の高い時期が早期で、かつ、比較的短いとされます。

　例えば、企業が60歳男性を被保険者にして77歳払込・保険期間満了の保険金1億円の逓増定期保険に加入した場合、毎年1,100万円程度の

保険料が必要になります。

　もし、65歳になってこの経営者が会社を勇退する場合、5,000万円程度の解約返戻金があり、これを原資に法人が退職金を支払います。支払った退職金が適正ならば全額損金に算入でき、また、受け取った経営者は退職所得控除額が使え、かつ、2分の1課税や分離課税といった優遇措置を受けることができます。

●図表1-9　逓増定期保険のイメージ

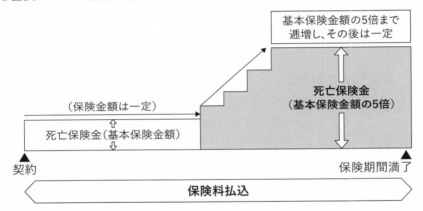

●図表1-10　長期平準定期保険と逓増定期保険のイメージ

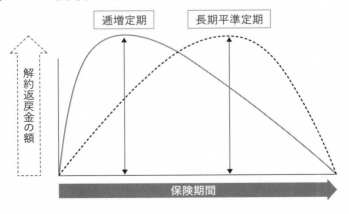

⑶ 終身保険

　終身保険は、個人での活用と同様です。必ず保険金が受け取れるので、相続税対策として、個人でも企業でもよく利用される保険です。

　企業が利用する場合、例えば、30歳男性を被保険者にして60歳払込満了の死亡保険金5,000万円の終身保険に加入した場合、毎月15万円程度の保険料が必要になります。しかし、50歳のときに急に資金が必要になった場合、3,100万円程度の解約返戻金があります。

　また、被保険者が死亡した場合には、死亡保険金5,000万円を原資に死亡退職金を支払うことができます。

●━━ （国の制度）小規模企業共済 ━━●

　個人事業主や小規模企業の経営者が、廃業や退職時の生活資金などのために積み立てる制度です。掛金が全額所得控除できるなどの税制メリットに加え、事業資金の借入れもできます。

　小規模企業共済は、国（独立行政法人中小企業基盤整備機構）が運営する経営者の退職金制度です。全国で約153万人の加入実績があり、安定的かつ有利な制度として利用する経営者は多いです。

　加入資格は、常時使用する従業員が20名以下（商業、サービス業では5名以下）で、加入後に従業員数が増加しても継続加入できますので、規模が小さいうちに加入することをおすすめします。

　所得税法では、個人事業主の退職金の必要経費算入を認めていません。そのため昭和40年に、これら小規模企業の個人事業主や企業の経営者を救済するため設けられたのが小規模企業共済です。

　毎月の掛金は1,000円〜7万円まで500円きざみで増減額もでき、掛金は全額、小規模企業共済等掛金控除として所得控除になります。

　例えば、企業の経営者が掛金月額7万円で年間84万円の小規模企業共済に加入した場合、同額役員報酬を増やしたとしても、企業の税金は下がり、個人の税金は所得控除のおかげで変わらない、という結果になります。

Q10 従業員退職（年）金を準備したいのですが…

A10 養老保険（福利厚生プラン）、確定給付企業年金（ＤＢ）、確定拠出年金（企業型、ＤＣ）の活用をご検討ください。

◀解説▶

(1) 養老保険

　養老保険には死亡保障とともに満期保障があり、貯蓄性が高い保険です。養老保険を活用した従業員退職（年）金準備は福利厚生プランとも言われ、定年にあわせて65歳満期や、年齢が高い方の場合は10年満期などで従業員が全員加入する保険です。企業が全従業員を対象として、満期保険金受取人は法人、死亡保険金受取人は遺族として、退職金の全部又は一部を準備します。役員も加入できます。

　例えば、企業が従業員である30歳男性を被保険者にして60歳払込・保険期間満了の保険金500万円の養老保険に加入した場合、毎月約1.5万円が企業の負担になります。60歳満期時に満期保険金500万円が企業に支払われ、これを原資に、従業員に退職金を支払います。また、保険期間中に従業員が死亡した時に、死亡保険金500万円が従業員の遺族に直接支払われます。

　統計では、令和2年4月から1年間で、約30万件、平均保険金額485万円の新規加入実績でした。また、令和3年3月末累計で、約1,110万件、平均保険金額338万円の加入実績でした。

●図表1−11　養老保険のイメージ

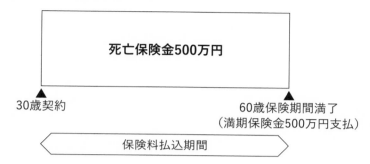

死亡保険金500万円

30歳契約　　　　　　　　　　　　　　60歳保険期間満了
　　　　　　　　　　　　　　　　　　　（満期保険金500万円支払）

保険料払込期間

⑵　確定給付企業年金（ＤＢ（Defined Benefit Plan））

　確定給付企業年金は、平成14年4月から実施されている確定給付型の企業年金制度です。

　生命保険協会の調査では、令和3年3月末現在、12,336件、加入者数946万人の最大の企業年金です。全員加入が原則で、この掛金が全額損金になります。

　退職時の年金額を決め、予定利率（運用利率）、予定死亡率や予定脱退率から逆算して保険料を決めます。運用は会社がしますが、資産運用がうまくいかない場合は追加負担が必要となります。積立金は制度全体で管理され、個人ごとの持分はありません。確定給付企業年金は、加入3年以上で必ず一時金が、加入20年以上で必ず年金がもらえるように制度設計します。

　この制度の特徴である受給権保護のため、積立義務、受託者責任、情報開示が求められます。このため、毎年厚生労働省への報告が求められます。

　従業員が受け取った年金は、公的年金等控除の対象となる雑所得、一時金として受け取った場合は退職所得として控除の対象となります。

　ただ、中小企業にとっては、運用がうまくいかない場合に保険料が上がる可能性がある、事務負荷がある、制度運営手数料が比較的高いとさ

れ、(3)の確定拠出年金（ＤＣ）の方が選択されています。

●図表1－12　確定給付企業年金（ＤＢ）のイメージ

(3)　確定拠出年金（企業型、ＤＣ（Defined Contribution Plan））

　確定拠出年金（企業型）は、平成13年10月から実施されている、企業が掛金を拠出し、従業員が自己の責任で運用し、受取額は運用実績で決まる年金です。生命保険協会調査では、令和3年3月末現在、6,826件、782万人が加入しています。会社が従業員ごとに保険料をあらかじめ定め、従業員が自分で運用商品を選択して運用するので持分が明確です。全員加入が原則ですが、個人ごとの運用結果に応じて、将来の年金額の増減があり、元本割れも発生する可能性があります。

　加入者の持ち分が明確で、転職をする場合、転職先に同じ制度があれば持ち運び（ポータビリティ）ができますし、なければ、原則、個人型確定拠出年金（iDeCo）に移換します。

　確定拠出年金の掛金については、拠出限度額が法定されており、これを超える掛金拠出は認められません。ＤＣのみ採用（もしくは退職一時金か中退共を併用）している場合は月額5.5万円（年額66万円）、企業年金（DB）を併用している場合は月額2.75万円（年額33万円）になります。この年金掛金が全額損金であり、かつ、従業員の給与所得になりません。また、従業員も掛金拠出（マッチング拠出、会社拠出掛金以下が前提。全額小規模企業共済等掛金控除）ができます。

従業員が60歳以上で受け取る年金は、公的年金等控除の対象となる雑所得、一時金として受け取った場合は退職所得として控除の対象となります。

　なお、令和4年10月から、確定拠出年金（企業型）と確定拠出年金（個人型、iDeCo）の併用が可能になりました。確定拠出年金（企業型）の上記拠出限度額の範囲内で、ＤＣのみだと上限月額2万円、ＤＢのみ又はＤＣとＤＢの併用だと上限月額1.2万円が個人でも拠出可能になり、マッチング拠出と同様、全額小規模企業共済等掛金控除の対象となります（令和6年12月からはＤＣとＤＢの会社掛金月額5.5万円以内なら上限月額2万円に統一）。

●図表1−13　確定拠出年金（企業型、ＤＣ）のイメージ

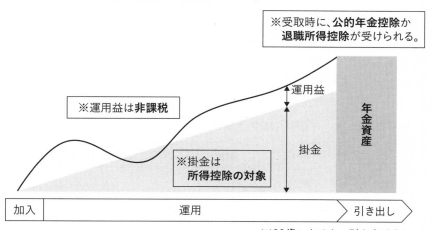

※受取時に、**公的年金控除**か**退職所得控除**が受けられる。

※運用益は**非課税**

運用益

年金資産

掛金

※掛金は**所得控除の対象**

| 加入 | 運用 | 引き出し |

※**60歳**になるまで引き出せない

（国の制度）中小企業退職金共済（中退共）

　中小企業退職金共済は、国が運営する中小企業のための退職金制度です。中小企業退職金共済法に基づき、独立行政法人勤労者退職金共済機構が運営しています。役員、事業主を除いた全員加入が原則で、事業主が従業員ごとに設定した5,000円～3万円までの全額損金の掛金を、独立行政法人が運用し、事業主に代わって給付します。事務負担が軽いため、スタッフの少ない中小企業でも導入しやすいとされます。

　また、掛金の一部を国が助成する制度もあります。ただし、この制度を利用できる企業は、従業員数や資本金額が、制度の定めた基準よりも小さい中小企業に限られ（**図表1－14**）、基準からはずれた企業は他の制度への移行が必要です。受け取りは、一時金は退職所得、分割払いは公的年金等に係る雑所得となり、ともに機構から直接支払われます。

　この制度は、昭和34年に単独では退職金制度を持つことのできない中小企業のために設けられた制度で、令和4年3月末現在377,468所、358万人の加入実績でした。よく使われている制度ですが、掛金の減額が難しい、また、懲戒解雇などでも不支給や減額が難しいとされます。

●図表1－14　中退共への加入規模

業種	常用従業員　又は	資本金・出資金
小売業	50名以下	5000万円以下
サービス業	100名以下	
卸売業		1億円以下
一般業種（製造・建設）	300名以上	3億円以下

Q11 役員や従業員の入院や手術に備えたいのですが…

A11 医療保険の活用を検討ください。

◀解説▶

　医療保険は、入院や手術に備える保険です。例えば、法人が30歳男性を被保険者にして終身保障の入院日額1万円の保険に加入した場合、65歳払込満了で、毎月3,000円からの保険料負担になります。

　企業が保険料を保険期間より短期間で支払って、他の定期保険や第三分野保険の保険料と合わせてその年の支払保険料が30万円以下なら、全額損金に算入できます。

　法人契約で加入して、役員や従業員が退職するときに退職金の一部として支給するなどの活用事例が見られます。

> **Column-1** スマートフォン等で加入できる保険商品
> （2022年4月現在）
>
> 　医療保険（販売している34社中21社が非対面で販売可能。また、既往症があっても加入が可能な条件緩和型が17社）が最も多く加入でき、次いで、がん保険（販売22社中14社が非対面、条件緩和型が2社）、定期保険（販売31社中13社が非対面、条件緩和型が8社）、終身保険（販売31社中10社が非対面、条件緩和型が6社）、と続きます。
>
> 　また、介護保険（販売14社中7社が非対面）、年金保険（販売18社中4社が非対面）、こども保険（販売14社中4社が非対面）も加入できます。

Chapter *II*

個人での生命保険の
活用と税務

Q12 個人で生命保険に加入する税務上の勘所は何ですか？

A12 3つの勘所があります。

(1) 保険料負担者と受取人の関係

(2) 権利や義務がいつ確定するか

(3) 契約者変更では誰が保険料を負担していたか

◀ 解説 ▶

(1) 保険料負担者と受取人の関係

　平成22年4月施行の保険法では、保険契約者を「保険契約の当事者のうち保険料を支払う義務を負う者」と定義しています。保険金等を支払う場合の支払調書は、この前提で保険会社から保険金受取人や課税庁に提出されています。

　しかし、実務においては、保険契約者と保険料負担者が異なることがよくあります。そして、課税関係の判断は保険料負担者と受取人との関係で判断します。契約者と受取人ではありません。

　例えば、死亡保険金の場合は図表2−1のとおりです。

●図表2−1　死亡保険金の場合の課税関係

保険料負担者	被保険者	受取人	課税関係
A	B	A	所得税及び住民税
A	A	B	相続税
A	B	C	贈与税

(2) 権利や義務がいつ確定するか

　実務において、保険料の支払いと保険金の受け取りが重要です。

　例えば、月払保険料を支払義務がないのに何か月分も保険会社に前納しても、それは単に保険料相当額を保険会社に預けているだけです。支払月になるまで保険料に充当できません。

　また、実際に保険金を受け取らず保険会社に据置保険金とした場合、すでに保険金を受け取る権利は発生しており、保険金を受け取ったうえで保険会社に預け直すと考えます。ですから、保険金を受け取る権利が発生した時点で、実際に保険金を受け取らなくても、課税関係はすでに発生しています。その後に保険会社から据置保険金を引き出しても、課税関係は発生しません。このように、いつ、保険料や保険金に関する義務や権利が発生しているかで考えます。

(3) 契約者変更では誰が保険料を負担していたか

　最も難しいとされるのが、契約者変更です。被保険者の変更はできませんが、契約者や受取人の変更は契約者の権利であり、また、実際よく行われています。

　例えば、子を被保険者として、親が契約者として保険料を支払っていたが、子が成人して働き始めたので、契約者と保険料負担者を子に変更することは実際によくあります。新しい契約者となった子は、いつでも契約を解約して解約返戻金を受け取る権利を取得するので、親から子に契約者変更しただけで、解約返戻金の額で子に贈与税課税してもよいとも思えます。

　しかし、相続税法第5条第2項、相続税法基本通達3－36は、単に契約者変更しただけでは課税関係を発生させず、その後、例えば子が契約を解約して、解約返戻金の額を受け取った時点で課税関係を発生させるとしています。

　契約者変更は、被保険者及び生命保険会社の同意が必要ですが、比較

的容易にでき、かつ、長い保険期間が特徴の生命保険契約において想定できる事態です。

　ただし、契約者変更だけでは担税力に問題があり、再び契約者変更が行われる可能性もあるので、最終的に保険金の受け取りや解約などで資金が動いた時点で、保険料負担者と受取人との関係で課税関係を判断する、ということを覚えておくしかないと思います。また、何度も契約者変更があった場合の課税関係は手間がかかります。支払調書も改善されましたが、支払調書の記載内容だけでは課税関係を追いかけきれない場合があります。

　そのほかに、どうしてこう判断するのか、と疑問に思う場面もあると思います。例えば、法人税関係なのに規定がないため所得税関係の規定を準用したりする場合です。保険税務において、すべての場面に通達等があるわけではなく、保険会社が個別に国税局に照会して回答を得ている場合もあります。これらの事例も、必要な部分は覚えておくしかないと思います。

（国税庁　質疑応答事例）
　　生命保険契約について契約者変更があった場合
【照会要旨】
　生命保険契約について、契約者変更があった場合には、生命保険契約に関する権利の贈与があったものとして、その権利の価額に相当する金額について新しく契約者となった者に対し、贈与税の課税が行われることになりますか。

【回答要旨】
　相続税法は、保険事故が発生した場合において、保険金受取人が保険料を負担していないときは、保険料の負担者から保険金等を相続、遺贈又は贈与により取得したものとみなす旨規定しており、保険料を負担していない保険契約者の地位は相続税等の課税上は特に財産的に意義のあるものとは考えておらず、契約者が保険料を負担している場合であっても契約者が死亡しない限り課税関係は生じないものとしています。
　したがって、契約者の変更があってもその変更に対して贈与税が課せられることはありません。ただし、その契約者たる地位に基づいて保険契約を解約し、解約返戻金を取得した場合には、保険契約者はその解約返戻金相当額を保険料負担者から贈与により取得したものとみなされて贈与税が課税されます（相法5②、相法9、相基通3－36）。

II-2 保険料

Q13 生命保険料控除は誰が利用できますか？

A13 生命保険料控除は実際の保険料負担者のみが利用できます。

◀ 解説 ▶

(1) 生命保険料控除の適用対象者

生命保険料控除は所得控除の一つであり、納税者が適用対象となる保険契約の生命保険料や個人年金保険料などを支払った場合、一定金額の所得控除を受けることができます。

ただし、この所得控除は保険料負担者しか適用を受けることができません。契約者が誰であるか、ではありません。保険料を実際に支払った者のみが所得控除を適用できます。

例えば、妻が契約者である契約について夫が保険料を支払っている場合、夫の支払った保険料は夫の生命保険料控除の対象となります。

そして、将来、保険金や解約返戻金を受け取ることとなった場合に、保険料を支払った夫と受取人との関係で課税関係を判断します。保険料を支払う都度ではありません。そして、保険料負担者、被保険者、受取人がすべて異なる場合、保険金が贈与税の課税対象となります。

(2) 生命保険料控除の種類 (所法76、120、所令262)

平成24年1月1日以後に締結された契約生命保険料控除には、一般生命保険料控除、個人年金保険料控除、介護医療保険料控除の3つの種類があり、控除上限額はそれぞれ所得税4万円、住民税2.8万円です（平成23年12月31日までに締結された契約には、旧生命保険料控除、旧個人年金保険料控除があり、控除上限額はそれぞれ所得税5万円、住民税3.5万円です）。

新旧両制度を併用した場合、所得税12万円、住民税7万円が上限となります。

なお、令和7年度税制改正において、以下の方向で見直しが検討されます。

① 23歳未満の扶養親族がいる場合、新生命保険料に係る一般生命保険料控除の上限限度額を現行の4万円から6万円に引き上げる。ただし、一般生命保険料、介護医療保険料、個人年金保険料の合計控除限度額は現行の12万円から変更されない。

② 一時払の生命保険料は、生命保険料控除の控除対象から除く。

生命保険料控除を適用するには、保険金の受取人のすべてをその保険料の払込みをする者又はその配偶者その他の親族（6親等内の血族と3親等内の姻族）としなければなりません。ここでいう配偶者は民法上の配偶者なので、離婚した妻あるいは夫は該当しません。また、内縁の配偶者では認められません。この点は、社会保険料と取扱いが異なります。

なお、年の途中で解約した場合、解約日までに支払った保険料は控除対象となりますが、払込期日が到来している保険料であっても、実際に支払っていないものについては対象となりません。

平成11年3月18日裁決（東裁（所）平10-125）

請求人は、本件養老保険契約に係る毎月の保険料は、請求人の妻が請求人から受け取る毎月の小遣いの中から支払っていたものであり、妻の死亡により請求人が受領した本件保険金はみなし相続財産に該当するから、本件保険金を請求人の一時所得に係る収入であるとした本件更正処分は違法である旨主張する。しかしながら、生命保険金の課税関係は、保険料の実質負担者が誰であるかによって決定されるのであり、一般的には保険契約者と保険料負担者が同一であり、特に反証のない限り、保険契約者が保険料を負担するのが通例であることから、保険契約者ではない者が保険料の実質負担者であるという場合には、保険契約者ではない者が保険料を負担していたことに係る特別の事情を証明する必要があるところ、請求人はこれについての立証を尽くしているとは認め難く、また、本件保険料を妻が負担していたことについての特別な事情を確認

できる何らの根拠も見当たらないことから、本件保険料の実質負担者は契約者である請求人であると認めるのが相当である。したがって、本件保険金を請求人の一時所得の総収入金額に算入することとした本件更正処分は適法である。

●図表2－2 生命保険料控除表

新

所得税における生命保険料控除額

平成24年1月1日以後契約（3種類共通）	
年間払込保険料額	控除額
20,000円以下	払込保険料全額
20,000円超40,000円以下	払込保険料×1/2＋10,000円
40,000円超80,000円以下	払込保険料×1/4＋20,000円
80,000円超	40,000円

住民税における生命保険料控除額

平成24年1月1日以後契約（3種類共通）	
年間払込保険料額	控除額
12,000円以下	払込保険料全額
12,000円超32,000円以下	払込保険料×1/2＋6,000円
32,000円超56,000円以下	払込保険料×1/4＋14,000円
56,000円超	28,000円

旧

所得税における生命保険料控除額

平成23年12月31日以前契約（2種類共通）	
年間払込保険料額	控除額
25,000円以下	払込保険料全額
25,000円超50,000円以下	払込保険料×1/2＋12,500円
50,000円超100,000円以下	払込保険料×1/4＋25,000円
100,000円超	50,000円

住民税における生命保険料控除額

平成23年12月31日以前契約（2種類共通）	
年間払込保険料額	控除額
15,000円以下	払込保険料全額
15,000円超40,000円以下	払込保険料×1/2＋7,500円
40,000円超70,000円以下	払込保険料×1/4＋17,500円
70,000円超	35,000円

II-3 配当金

Q14 配当金と保険料の関係はどう考えますか？

A14 保険料はあらかじめ保守的に計算されているので、配当金は保険料の精算と考えてください。

◀解説▶

(1) 配当金を受け取った場合（所法76）

配当金を受け取った時点での課税はありません。満期保険金や死亡保険金などと一緒に受け取った時点で課税されます。なお、生命保険料控除の適用を受けるときには、配当金の額は支払保険料の金額の合計額から控除して控除額の計算を行います。

(2) 配当金を引き出した場合

配当金を引き出した時点での課税はありません。引き出した配当金額だけ、多めに受け取った保険料を精算（返金）すると考えます。

(3) 保険金とともに配当金を受け取った場合（所令183等）

一時所得に該当する満期保険金、解約返戻金、死亡保険金などとともに受け取る配当金の課税取扱いは以下のとおりです。

① 保険金などの支払いの前に受け取った配当金額については、支出金額に算入される払込保険料総額からこの配当金額を除いて計算します。

② 保険金などとともに受け取る配当金額については、その保険金額などに加算して総収入金額に算入することとします。

<u>総収入金額</u>*₁ ー <u>支出金額</u>*₂ ー 特別控除額（50万円が限度）

＊1（保険金額＋受け取っていない配当金額）
＊2（払込保険料総額ーすでに受け取った配当金額）

⑷ 保険金とともに配当金を受け取った場合（相基通3－8、5－1）

　死亡保険金などとともに受け取る配当金の額については、その保険金に加算して、保険金額と配当金額の合計額が相続税又は贈与税の課税対象となります。

> 相続税法基本通達3－8（保険金とともに支払を受ける剰余金等）
> 　法第3条第1項第1号の規定により相続又は遺贈により取得したものとみなされる保険金には、保険契約に基づき分配を受ける剰余金、割戻しを受ける割戻金及び払戻しを受ける前納保険料の額で、当該保険契約に基づき保険金とともに当該保険契約に係る保険金受取人が取得するものを含むものとする。

> 相続税法基本通達5－1（法第3条第1項第1号の規定の適用を受ける保険金に関する取扱いの準用）
> 　法第5条第1項の規定により贈与により取得したものとみなされる保険金については、3－6及び3－8から3－10までの取扱いに準ずるものとする。

$II-4$ 保険金

Q15 死亡保険金は誰が受け取ればよいですか？

A15 保険料負担者と受取人との関係で個別に判断します。

◀解説▶

(1) 死亡保険金に対する課税の概要

　被保険者が死亡し、保険金受取人が死亡保険金を受け取った場合、保険料負担者、被保険者、保険金受取人が誰であるかにより、所得税及び住民税、相続税、贈与税のいずれかの課税対象になります。通常、契約者が保険料を負担していたものとされます。

　通常、贈与税とするのを避け、保険金受取人の他の所得や被保険者の相続財産の額により、所得税及び住民税にするか、相続税にするかが選択されます。

●図表2－3　死亡保険金に対する課税関係

保険料負担者	被保険者	受取人	課税関係
A	B	A	所得税及び住民税
A	A	B	相続税
A	B	C	贈与税

(2) 所得税及び住民税が課税される場合

　死亡保険金は一時金で受け取る場合と年金で受け取る場合があります。一時金で受け取る場合の課税関係は次のとおりです（年金で受け取る場合は**Q19**）。

　死亡保険金を一時金で受け取る場合、この一時金は一時所得（所法

34）に該当します。一時所得の金額は次のとおりで、課税対象になるのはこの金額の２分の１相当額です。

受け取った保険金額－払込保険料総額－特別控除額（50万円が限度）

(3) 相続税が課税される場合

　死亡保険金を一時金で受け取る場合と年金で受け取る場合（事前に年金特約が付加されている場合、生活保障保険などといいます）があります。一時金で受け取る場合の課税関係は次のとおりです（年金で受け取る場合は**Q16**参照）。

　被保険者の死亡によって取得した生命保険金で、その保険料を被相続人が負担していたものは、相続税の課税対象となります（相法３①一）。

　死亡保険金受取人が相続人である場合、すべての相続人が受け取った保険金の合計額が「500万円×法定相続人の数」の非課税限度額を超えるとき、その超える部分の金額が相続税の課税対象になります（相法12①五）。

　この非課税規定は、相続を放棄した人や相続権を失った人など相続人以外の人が遺贈として取得した死亡保険金には適用がありません（相基通３－３、相基通12－８）。

　注）①「法定相続人の数」は、相続の放棄をした人がいても、その放棄がなかったものとした場合の相続人の数をいいます（相法15②本文）。
　　　②法定相続人のなかに養子がいる場合の法定相続人の数は、次のとおりです。
　　　イ　被相続人に実子がいる場合、養子のうち１人を法定相続人に含める。
　　　ロ　被相続人に実子がいない場合、養子のうち２人までを法定相続人に含める。
　　　（相法15②）

　また、「すべての相続人の取得した死亡保険金の合計額」が「死亡保険金の非課税限度額」より多い場合、次の算式によって計算した金額が非課税となります（相基通12-9）。

（500万円×法定相続人数）×（その相続人の取得した死亡保険金の合計額

÷すべての相続人の取得した死亡保険金の合計額）

　なお、死亡保険金は受取人固有の財産（昭和40年2月2日最高裁判決、310頁参照）なので、死亡保険金を受け取った後に別の相続人などに分ける場合、その者への贈与となり贈与税課税の対象となります。

⑷　贈与税が課税される場合

　死亡保険金を一時金で受け取る場合と年金で受け取る場合があります。一時金で受け取る場合、一時金の額が贈与税の課税対象となります（相法5①）（年金で受け取る場合は**Q 16**参照）。

　なお、生命保険金は相続放棄しても受け取ることができるとされます。生命保険金請求権は、上記最高裁判決のとおり、保険金受取人の固有財産だからです。

　その理由としては、被相続人が被保険者であり、特定の相続人の氏名を表示して死亡保険金受取人を指定している場合、その受取人を受益者とする第三者のためにする契約（民537）の一種であって、受取人として指定された相続人は保険契約の効果として保険金請求権を取得します。つまり、相続による取得ではありません。したがって、この保険金請求権は受取人に指定された相続人の固有財産に属することとなります。相続財産ではないので、相続放棄した相続人もこの保険金請求権を失うことはなく、遺産分割の対象にもなりません。

Q16 死亡保険金の年金受取はどう考えますか？

A16 年金特約の設定時期により、年金又は保険金の分割受取と分けて考えます。

◀解説▶

死亡保険金は、年金特約の設定により、一時金の支払に代えて年金として受け取ることもできます。ただし、年金特約の設定時期により、課税関係を分けて考えます（契約者＝保険料負担者＝被保険者≠死亡保険金受取人を前提）。

(1) 死亡日（保険事故発生日）以後に年金特約の設定があった場合

保険金受取人から、死亡日以後に年金払の申し出があった場合、以下の取扱いとなります。

ア 被保険者の死亡時

死亡保険金が相続税の課税対象になります（相法3①一）。相続人が受け取る場合、非課税規定の適用があります（相法12①五）。

イ 年金受取時

毎年受け取る年金は、雑所得として、所得税及び住民税が課税されます（所法35）。この場合、死亡保険金を分割して受け取ると考えます。

この分割して支払われる年金に係る雑所得の金額の計算では、保険金のうちその年中に受け取るべき年金の額に相当する部分の金額を必要経費に算入することとなります。10年分割ならば、保険金等の10分の1を必要経費と考えます。

（国税庁　平成22年10月29日国税庁個人課税課情報第3号）
相続等に係る生命保険契約等に基づく年金に係る雑所得の計算について

生命保険契約において、保険金支払事由が発生し、その保険金支払事由発生日以後にその保険金を原資として新たに年金契約を締結した場合のその分割して支払われる年金は、所得税法施行令第183条第1項に規定する生命保険契約等に基づく年金には当たりません。なお、この分割して支払われる年金に係る雑所得の金額の計算においては、保険金の額のうちその年中に受け取るべき年金の額に相当する部分の金額を必要経費に算入することとなります。

⑵ 死亡日（保険事故発生日）より前に年金特約の設定があった場合

ア 被保険者の死亡時

相続税法第24条評価額による年金受給権の評価額が相続税の課税対象となります（相基通24－3）。

また、相続人が受け取る場合、年金受給権評価額に非課税規定の適用があります（相基通3－6、相法3①一、12①五）

年金受給権に対する評価額は、年金受給権取得時の以下の金額のうち、最も多い金額とします。

① 解約返戻金の額
② 年金に代えて受け取ることができる一時金の金額
③ 年金年額の一年当たり平均額×複利年金現価率

この場合、年金に代えて、一時金で受け取ることもできます。

イ 年金受取時

毎年受け取る年金に係る雑所得の金額については、相続税のかからなかった運用益部分を対象として、年金支給初年は全額が非課税、2年目以降は課税部分が階段状に増加していく方法により所得税及び住民税が課税されます（所法35、所令185）。これは、実際に相続税額の納税額が生じなかった場合もこの方法で計算します（**Q29**参照）。

(3) 所得税の源泉徴収

　相続等により取得した年金については、その年金受取人と契約者が異なる契約なので源泉徴収はされません。原則として確定申告が必要です。

Q17　契約者変更があった場合の保険金の受け取りはどう考えますか？

A17　保険料負担者と受取人との関係で個別に判断します。

◀解説▶

　死亡保険金が受取人に支払われる場合、保険期間中に契約者変更があったときの課税関係は以下のとおりです。

　例えば、契約者＝保険料負担者＝死亡保険金受取人：Ａ、被保険者：Ｂを、保険期間中に契約者＝保険料負担者もＢに変更したとします。この場合、契約者変更時点では課税関係は発生しません。しかし、死亡保険金を受け取ったときに課税関係が発生します。すなわち、死亡保険金（死亡保険金とともに支払いを受ける配当金等を含む。以下同じ）を受け取ったときに、保険料を誰が負担していたのかによって課税関係を判断します。

●図表2－4　契約者変更があった場合の死亡保険金の課税関係

区分	課税方法
死亡保険金額のうち、Aが負担した保険料の額に対応する金額 　死亡保険金額 × （保険金受取人が負担した保険料の額÷払込保険料総額）	一時所得に該当し、所得税及び住民税の課税対象
死亡保険金額のうち、Bが負担した保険料の額に対応する金額 　死亡保険金額 × （保険金受取人以外の者が負担した保険料の額÷払込保険料総額）	みなし相続財産として、相続税の課税対象

Q18　保険料負担者が死亡した場合の取扱いはどうなりますか？

A18　生命保険契約の権利が相続税の課税対象となります。

◀解説▶

(1)　保険料負担者が死亡した場合の取扱い

　契約者である保険料負担者が死亡した場合と契約者でない保険料負担者が死亡した場合に分けて考えます。

ア　契約者である保険料負担者が死亡した場合

　相続税法では、まだ被保険者の死亡など保険事故が発生していない契約について保険料を負担していた契約者が死亡した場合、契約を引き継いだ新契約者が、生命保険契約の権利のうち契約者が負担した保険料の金額に対応する部分の金額を相続等により取得したとして、本来の相続財産として、相続税の課税対象としています（相基通3－36）。

　後に保険事故が発生して、死亡保険金受取人が保険金を取得した場合、変更前の契約者の負担した保険料は、変更後の新契約者が負担した保険料とみなすこととされています（相法3②）。

イ　契約者でない保険料負担者が死亡した場合

　契約者変更などで保険料を負担していた旧契約者が死亡した場合、契約者が生命保険契約の権利のうち旧契約者が負担した保険料の金額に対応する部分の金額を相続等により取得したものとみなして、みなし相続財産として相続税の課税対象としています（相法3①三）。

　このみなされた時以後、新契約者が自ら保険料を負担したものと同様に取り扱うこととされています（相基通3－35）。

●図表2－5　保険事故未発生で、かつ、保険料負担者が被相続人の場合

ケース	課税される税目	違い
契約者である保険料負担者が死亡した場合	本来の相続財産として相続税の課税対象	・遺産分割の対象 ・相続放棄すれば、取得できない。
契約者でない保険料負担者が死亡した場合	みなし相続財産として相続税の課税対象	・遺産分割の対象外 ・相続放棄しても取得できる。

(2)　生命保険契約の権利の評価額

　生命保険契約の権利は、被相続人の死亡時点における解約返戻金の額により評価します。ただし、解約返戻金のほかに支払われることとなる前納保険料の金額、剰余金の分配額等がある場合にはこれらの金額を加算し、解約返戻金の額につき源泉徴収されるべき所得税の額に相当する金額がある場合には、その金額を減算した金額とします（評基通214）。

　相続税の申告において、この権利の評価額が必要となってきます。契約者である保険料負担者が死亡した場合、「保険契約者等の異動に関する調書」が変更月の翌年1月31日までに提出されます（相法59②）が、契約者でない保険料負担者が死亡したときは調書が出ないので、これを証明する資料の発行依頼を保険会社に行う必要が生じます。

相続税法（抄）

（相続又は遺贈により取得したものとみなす場合）

第3条　次の各号のいずれかに該当する場合においては、当該各号に掲げる者が、当該各号に掲げる財産を相続又は遺贈により取得したものとみなす。この場合において、その者が相続人（相続を放棄した者及び相続権を失った者を含まない。）であるときは当該財産を相続により取得したものとみなし、その者が相続人以外の者であるときは当該財産を遺贈により取得したものとみなす。

　三　　相続開始の時において、まだ保険事故が発生していない生命保険契約で被相続人が保険料の全部又は一部を負担し、かつ、被相続人以外の者が当該生命保険契約の契約者であるものがある場合においては、当該生命保険契約の契約者について、当該契約に関する権利のうち被相続人が負担した保険料の金額の当該契約に係る保険料で当該相続開始の時までに払い込まれたものの全額に対する割合に相当する部分

2　　前項第1号又は第3号から第5号までの規定の適用については、被相続人の被相続人が負担した保険料又は掛金は、被相続人が負担した保険料又は掛金とみなす。ただし、同項第3号又は第4号の規定により当該各号に掲げる者が当該被相続人の被相続人から当該各号に掲げる財産を相続又は遺贈により取得したものとみなされた場合においては、当該被相続人の被相続人が負担した保険料又は掛金については、この限りでない。

相続税法基本通達3－35（契約者が取得したものとみなされた生命保険契約に関する権利）

　法第3条第1項第3号の規定により、保険契約者が相続又は遺贈によって取得したものとみなされた部分の生命保険契約に関する権利は、そのみなされた時以後は当該契約者が自ら保険料を負担したものと同様に取り扱うものとする。

財産評価基本通達214（生命保険契約に関する権利の評価）

　相続開始の時において、まだ保険事故が発生していない生命保険契約に関する権利の価額は、相続開始の時において当該契約を解約するとした場合に支払われることとなる解約返戻金の額（解約返戻金のほかに支払われることとなる前納保険料の金額、剰余金の分配額等がある場合にはこれらの金額を加算し、解約返戻金の額につき源泉徴収されるべき所得税の額に相当する金額がある場合には当該金額を減算した金額）によって評価する。

Q19 満期保険金の受け取りはどう考えますか？

A19 保険料負担者と受取人との関係で個別に判断します。

◀解説▶

（1）満期保険金に対する課税の概要

　満期保険金は、保険料負担者と満期保険金受取人との関係により、所得税及び住民税又は贈与税のいずれかの課税対象になります。

●図表2−6　満期保険金に対する課税取扱い

保険料負担者	満期保険金受取人	課税取扱い
A	A	一時所得に該当し、所得税及び住民税課税（源泉分離課税の場合を除く）
A	B	贈与税課税

（2）所得税及び住民税が課税される場合

　満期保険金を受け取る場合、それを一時金で受け取る場合と年金で受け取る場合があります。それぞれの課税関係は、次のとおりです（契約者＝保険料負担者＝被保険者＝満期保険金受取人を前提）。

ア　一時金で受け取る場合

満期保険金は一時所得に該当し、所得税及び住民税の課税対象となります（所法34）。

イ　年金で受け取る場合

年金特約の設定により、一時金の支払いに代えて年金として受け取ることもできます。ただし、年金特約の設定時期により、課税関係を分けて考えます。

①　満期日（保険事故発生日）以後に年金特約の設定があった場合

契約者から、満期日以後に年金払の申し出があった場合、以下の取扱いとなります。

（i）　満期日

満期保険金が一時所得に該当し、所得税及び住民税の課税対象となります。

（ii）　年金受取時

毎年受け取る年金は、雑所得として所得税及び住民税の課税対象となります（所法35）。この場合、満期保険金を分割して受け取ると考えます。

この分割して支払われる年金に係る雑所得の金額の計算では、満期保険金のうちその年中に受け取るべき年金の額に相当する部分の金額を必要経費に算入することとなります。

②　満期日（保険事故発生日）より前に年金特約の設定があった場合

（i）　満期日

課税関係は発生しません。

（ii）　年金受取時

毎年受け取る年金は、雑所得として、所得税及び住民税が課税されます（所法35、所令183）。なお、将来の年金給付総額に代えて一時金の支払いを受ける場合、その一時金を一時所得として取り扱うことが認められています。

雑所得の金額は、その年中に支払いを受けた金額から、その金額に対応する払込保険料総額を必要経費算入額として差し引いた金額です。

(3) 贈与税が課税される場合

贈与税が課税されるのは、保険料負担者と異なる者が満期保険金を受け取る場合です。年金特約の設定により、一時金の支払に代えて年金として受け取ることもできます。

一時金で受け取る場合は満期保険金に贈与税が課税されます（相法5①）。

一時金を分割して年金で受け取る場合は、雑所得として所得税及び住民税が課税されます（所法35）。

年金払いを満期日前に申し出ている場合、相続税法第24条評価額で贈与税が課税されたうえで、毎年受け取る年金に係る雑所得の金額については、贈与税のかからなかった運用益部分を対象として、年金支給初年は全額が非課税、2年目以降は課税部分が階段状に増加していく方法により所得税及び住民税が課税されます（所法35、所令185、**Q29**参照）。

(4) 保険金据置制度を利用した場合

満期日が来たけれど受け取らず、保険金をそのまま保険会社に預けるという保険金据置制度があります。

この場合、たとえ保険金を受け取らず据え置いたとしても、その満期保険金を受け取る権利が発生した日の属する年の所得となります。したがって、この据置金を引き出したとしても、課税済みのため、引き出した時点で重ねて課税されることはありません。

据え置いた場合には一定の利息が付加されますが、この据置利息は雑所得に該当し、所得税及び住民税の課税が行われます。利息支払いの通知に基づき、原則として、申告する必要があります。

ただし、**図表2－7**に掲げる者は、医療費控除等で確定申告をしない

限り、申告は不要です（所法121）。

●図表2−7　確定申告が不要な場合

給与所得者	年収2,000万円以下で、かつ、給与所得及び退職所得以外の所得の金額が20万円以下である者については確定申告が不要。
年金所得者	公的年金等の収入金額が400万円以下で、かつ、その年金以外の他の所得の金額が20万円以下である者については確定申告が不要。

⑸　満期保険金の受け取りが翌年になった場合

　満期日に満期保険金を受け取らず、翌年に受け取る場合があります。この場合についても、保険金据置の場合と同様、その満期保険金を受け取る権利が発生した日の属する年の所得となります。

⑹　契約者貸付・振替貸付のある場合

　契約者＝保険料負担者＝満期保険金受取人を前提とします。

　契約者貸付、振替貸付残高のある契約が満期日を迎えた場合、満期保険金額からこれらの残高が控除され、差引額が満期保険金受取人に支払われることとなります。

　この場合、満期保険金は一時所得に該当し、所得税及び住民税の課税対象となります。一時所得の総収入金額に算入される金額は、契約者貸付、振替貸付残高を精算する前の金額となります。すなわち、契約者貸付、振替貸付残高がなかったものとして取り扱います。

⑺　満期日が5年以内の一時払養老保険や契約日から5年以内に解約する場合

　保険差益（増加部分）に対して、令和19年12月31日まで、所得税の源泉分離課税20.315％（所得税15.315％、住民税5％）が適用されま

す。この場合、確定申告は不要です。

　源泉分離課税の対象になるには、一時払性（契約日から１年以内に全保険料の50％以上の払込又は２年以内に75％以上の払込が必要）、経過期間（５年以内）、保障倍率（普通死亡保険金額≦満期保険金額かつ災害保険金額＜満期保険金額×５）が必要なので、満期保険金のない一時払終身保険は源泉分離課税の対象外です（所法174、209の３）。

Q20 保険金や年金は扶養控除や社会保険料に影響しますか？

A20 扶養控除の対象からはずれたり、社会保険料が増えるなどの影響があります。

◀解説▶
(1) 確定申告への影響

　配偶者や子が所得税、住民税の課税対象となる保険金を受け取る場合、以下が問題になります。

　①　本人が所得税の確定申告をする必要があるかどうか

　②　納税者が配偶者控除又は扶養控除の適用を受けることができるか

ア　所得税

　所得税は申告納税制度が原則なので、納税者自身が確定申告をします。しかし、給与所得者の場合、年末調整によって所得税額の精算が行われるので、通常、確定申告の必要はありません。

　しかし、給与所得者であっても、その年中に支払いを受ける給与の収入金額が2,000万円を超える人又は１か所から給与の支払いを受けている人で給与所得や退職所得以外の所得金額が20万円を超える人、などは確定申告をしなければなりません（所法121）。

　給与所得や退職所得以外の所得には、満期保険金や個人年金なども該

当します。確定申告を行うかどうかを判定する所得金額は、原則として、収入金額－必要経費で計算しますから、例えば、一時所得となる満期保険金については、（満期保険金－払込保険料総額－特別控除額（上限50万円））の2分の1の金額で判定することとなります。

イ　住民税

　住民税については別途申告ですが、所得税の申告をした場合、自動的に住民税の申告をしたことになるため申告の必要がありません。

　ただし、給与所得や年金所得以外の所得金額が20万円以下でも、原則として住民税の申告は必要です。

(2)　配偶者控除・扶養控除への影響

　納税者に控除対象となる配偶者や扶養親族がいる場合、配偶者控除や扶養控除の適用があります。控除対象配偶者や扶養親族とは、以下の要件をいずれも充たした者をいいます（所法83、83の2、84）。

①　納税者の民法上の配偶者その他の親族（6親等内の血族及び3親等内の姻族）で、納税者と生計を一にすること

②　年間の合計所得金額が48万円以下（給与のみの場合は給与収入が103万円以下）であること

③　青色事業専従者又は白色事業専従者でないこと

④　納税者の合計所得金額が1,000万円以下であること（控除対象配偶者のみ）

　なお、控除対象扶養親族とは、扶養親族のうち、その年の12月31日現在の年齢が16歳以上の者をいいます。

　したがって、配偶者や扶養親族の所得金額が48万円を超えている場合、納税者は配偶者控除や扶養控除などの適用を受けることができません。

　ただし、配偶者控除の適用を受けられない場合でも、年間の合計所得金額が48万円超133万円以下ならば、配偶者特別控除の適用が受けられる場合があります。

⑶ 社会保険料への影響

保険金や個人年金の受け取りは、社会保険料にも影響してきます。

ア 健康保険への影響

① 被扶養者の判定

健康保険法による被扶養者とは、被保険者の直系尊属、配偶者（事実婚も含む）、3親等以内の親族で、主として被保険者の収入によって生計が維持されていると保険者の認定を受けた者をいいます。

被扶養者の収入については、被保険者と同一世帯の場合、認定対象者の年間収入が130万円（60歳以上又は障害者である場合、180万円）未満であり、かつ、被保険者の年間収入の2分の1未満であること、といった基準が設定されています。

② 保険金と個人年金

収入は、原則として、前年のものによって判断され、課税・非課税にかかわらず、継続して得られるすべての収入が対象となります。所得ではありません。

したがって、給料、公的年金などとともに、個人年金も対象となります。しかし、退職一時金や満期保険金のように、その受給が一時的であって継続性のないものは除外して被扶養者の判定がされています。

なお、自営業者の場合、必要経費を差し引いた後の所得により上記収入要件を判定します。

イ 厚生年金への影響

① 遺族年金等の判定

遺族基礎年金の受給権者や老齢基礎年金の振替加算の生計維持認定対象者については、生計同一要件及び原則として前年の収入が年額850万円未満であること、又は所得が655万5,000円未満であること、などの収入要件があります。この要件を満たす場合、受給権者又は死亡した被保険者もしくは被保険者であった人と生計維持関係があると認定され、それぞれの金額が給付されます。

② 保険金と年金

　健康保険と同様、一時的な所得があるときはこれを除いた後の金額で判定されます。収入要件の判定にあたり、満期保険金などは対象とはなりませんが、個人年金は対象となります。

ウ　国民健康保険への影響

　保険料の算出方法は、各市町村によって異なります。通常、所得割額、均等割額から国民健康保険料が計算されますが、所得割額については、当該年度の住民税額を基に算定することとなっています。

　したがって、国民健康保険に加入している者が保険金や個人年金を受け取って所得が増えた場合、国民健康保険料は高くなります。

　このほかにも、給与所得者の場合、家族手当に影響することもあります。配偶者や子を受取人とする保険契約を締結する場合、これらの点に留意する必要があります。

Q21　解約時の必要経費はどのように計算しますか？

A21　必要経費は自ら支出したとされる金額で計算してください。

◀ 解説 ▶

　解約時には、保険料負担者と解約返戻金受取人が同じ場合には所得税及び住民税が課税され、異なる場合には贈与税が課税されます。

　保険料負担者が解約して解約返戻金を受け取った場合、「解約返戻金の額－払込保険料総額－特別控除額（上限50万円）」の2分の1の金額を一時所得として他の所得に合算して、所得税及び住民税が課税されます。

　誤りが多いのは、契約転換をして契約内容を見直した場合です。この場合、契約内容を見直しただけなので、「見直し前の契約の保険料＋今

の契約の保険料の合計額」を必要経費となる払込保険料総額と考えます。

　次に誤りが多いのは、契約者変更がある場合です。例えば、法人から個人に解約返戻金の額で契約者変更した後に個人が解約した場合、個人が受け取る解約返戻金にかかる一時所得をどう計算するか、必要経費をいくらにするかです。この場合、「法人から個人に契約者変更した場合の解約返戻金の額＋個人で支払った保険料の額の合計額」を必要経費と考えます（平成27年4月21日国税不服審判所裁決（東裁（所）平26年第96号、裁決事例集99集）、平成29年9月8日最高裁判所第二小法廷決定（非公開））。

Q22　生存給付金の課税関係はどうなりますか？

A22　通常、生存給付金より支払った保険料が多いので非課税です。

◀ 解説 ▶

　生存給付金とは、保険期間中に被保険者が生存していることを条件に受け取ることができる給付金です。

　保険料負担者と生存給付金受取人が同じ場合、一時所得として所得税及び住民税の課税対象になりますが、通常、受け取る生存給付金より必要経費となる払込保険料総額の方が多いので、非課税となることが多いです。

　ただし、以降、生存給付金相当額が払込保険料総額から控除され、その残額が次回以降の必要経費とされます。

　これは、生存給付金を据え置いて受け取っていない場合も同様です。据置は、給付金をいったん受け取って、その後、保険会社に預け直すと考えるからです。据置の場合の課税関係は据置時点で発生しますから、その後に引き出しても非課税です。

なお、保険料負担者と生存給付金受取人が異なる場合、贈与税の課税対象になります。

（質疑応答事例）

生存給付金付定期保険に基づく生存給付金に係る
一時所得の金額の計算

【照会要旨】

生存給付金付定期保険契約に基づく生存給付金を受け取った場合、生存給付金に係る一時所得の金額の計算上「収入を得るために支出した金額」はどのように計算するのでしょうか。

《生存給付金付定期保険の概要》

被保険者　　加入時の年齢が6歳から25歳の者

保険期間・・・・15年間

保険金額・・・・300万円から1,000万円まで

生存給付金・・・契約後5年毎に被保険者が生存している場合、生存給付金受取人に対し保険金額の一定率の金額を支払う。

【回答要旨】

生存給付金を受け取った場合のそれぞれの収入を得るために支出した金額は、その時点での払込保険料の累計額（過去に生存給付金を受け取っている場合には、生存給付金に係る一時所得の金額の計算上控除した金額を除きます。）とし、その生存給付金がその支出した金額に満たないときは、その給付金相当額をもってその給付金を得るために支出した金額とします。

（注）　生存給付金の受取りの際に、積み立てた社員配当金を一括して受け取ることとしている場合には、その支払を受けた年分の生命保険料控除額の計算に当たって、社員配当金の額をその年中に支払った生命保険料の額から控除します（所法76①一イ）。

【関係法令通達】　所法34、76①、所令183②

Q23　入院給付金は誰が受け取っても非課税ですか？

A23　被保険者自身や親族が受け取った場合は非課税です。

◀解説▶

　被保険者が受け取る入院給付金、手術給付金は非課税です（所基通9－20、9－21）。しかし、受取人が死亡したときに費消されずに現預金として残っていれば、それは相続財産とされます。

　同様に、被保険者死亡後に相続人が入院給付金等を受け取った場合、本来は被保険者が受け取るべき給付金だったので、本来の相続財産の一部とされます（相基通3－7）。

　ただし、入院給付金は被保険者の本来受け取るべき財産ですから、相続放棄したら受け取れません。受取人固有の財産である死亡保険金とは異なります。ここは誤りやすい点です。

> 所得税基本通達9－20（身体に障害を受けた者以外の者が支払を受ける傷害保険等）
>
> 　令第30条第1号の規定により非課税とされる身体の傷害に基因して支払を受けるものは、自己の身体の傷害に基因して支払を受けるものをいうのであるが、その支払を受ける者と身体に傷害を受けた者とが異なる場合であっても、その支払を受ける者がその身体に傷害を受けた者の配偶者若しくは直系血族又は生計を一にするその他の親族であるときは、当該保険金又は給付金についても同号の規定の適用があるものとする。
> (注)　いわゆる死亡保険金は、「身体の傷害に基因して支払を受けるもの」には該当しないのであるから留意する。

> 所得税基本通達9－21（高度障害保険金等）
> 　疾病により重度障害の状態になったことなどにより、生命保険契約又は損害保険契約に基づき支払を受けるいわゆる高度障害保険

金、高度障害給付金、入院費給付金等（一時金として受け取るもののほか、年金として受け取るものを含む。）は、令第30条第1号に掲げる身体の傷害に基因して支払を受けるものに該当するものとする。

相続税法基本通達3－7（法第3条第1項第1号に規定する保険金）
　法第3条第1項第1号の生命保険契約又は損害保険契約の保険金は、被保険者の死亡（死亡の直接の基因となった傷害を含む。）を保険事故として支払われるいわゆる死亡保険金に限られ、被保険者の傷害（死亡の直接の基因となつた傷害を除く。）、疾病その他これらに類するもので死亡を伴わないものを保険事故として支払われる保険金又は給付金は、当該被保険者の死亡後に支払われたものであつても、これに含まれないのであるから留意する。
(注)　被保険者の傷害、疾病その他これらに類するもので死亡を伴わないものを保険事故として被保険者に支払われる保険金又は給付金が、当該被保険者の死亡後に支払われた場合には、当該被保険者たる被相続人の本来の相続財産になるのであるから留意する。

Q24　リビング・ニーズ特約保険金の残金の取扱いはどうなりますか？

A24　保険金は非課税でも未費消の残金は相続財産となります（3大疾病保険金、介護保険金、高度障害保険金なども同じです）。

◀解説▶

　リビング・ニーズ特約保険金とは、被保険者の余命が6か月以内と診断された場合、主契約の死亡保険金の一部又は全部（上限3,000万円）を生前給付金として支払うものです。この保険金を受け取った場合、これと同額の死亡保険金が減額されたものとされます（死亡保険金の全部を支払った場合、主契約は消滅します）。受取人は被保険者で、配偶者

等について指定代理請求を認められています。なお、特約保険料はかかりません。

　リビング・ニーズ特約保険金は、死亡保険金の前払的な性格を有しており、死亡を支払事由とするものではないので、重度の疾病に基因して支払われる保険金に該当するものとされ非課税とされます（所令30一、所基通9－21）。

　しかし、その受取人である被保険者が死亡した場合、相続開始時点におけるリビング・ニーズ特約保険金の残額は、現預金として死亡した被保険者の本来の相続財産として相続税の課税対象となります。ただし、すでに受け取っているので、死亡保険金の非課税規定の適用はありません。

　以下の場合も同様に取り扱われます。

① 　3大疾病保険金

　がん・急性心筋梗塞・脳卒中に備える保険です。所定のがん（悪性新生物）と診断確定された場合、所定の急性心筋梗塞・脳卒中を発病して継続した場合や手術した場合には3大疾病保険金を一時金又は年金で受け取れます。

② 　介護保険金

　公的介護保険制度の一定の要介護と認定された場合、又は、所定の要介護状態が一定期間以上継続した場合には介護保険金を一時金又は年金で受け取れます。

③ 　身体障害保険金

　身体障害者福祉法の身体障害状態に該当し所定の身体障害者手帳を交付された場合、一時金で受け取れます。

④ 　高度障害保険金

　両眼の視力を全く永久に失ったもの等約款所定の状態になった場合、一時金で受け取れます。

これらの生前給付保険金を、一時金や年金として被保険者本人が受け取る場合は全額非課税となります。

　所得税法施行令（抄）
　（非課税とされる保険金、損害賠償金等）
　第30条　法第9条第1項第18号（非課税所得）に規定する政令で定める保険金及び損害賠償金は、次に掲げるものその他これらに類するもの（これらのものの額のうちに同号の損害を受けた者の各種所得の金額の計算上必要経費に算入される金額を補塡するための金額が含まれている場合には、当該金額を控除した金額に相当する部分）とする。
　一　損害保険契約に基づく保険金、生命保険契約又は旧簡易生命保険契約に基づく給付金及び損害保険契約又は生命保険契約に類する共済に係る契約に基づく共済金で、身体の傷害に基因して支払を受けるもの並びに心身に加えられた損害につき支払を受ける慰謝料その他の損害賠償金（その損害に基因して勤務又は業務に従事することができなかつたことによる給与又は収益の補償として受けるものを含む。）
　三　心身又は資産に加えられた損害につき支払を受ける相当の見舞金

　所得税基本通達9－20（身体に損害を受けた者以外の者が支払を受ける傷害保険金等）
　令第30条第1号の規定により非課税とされる「身体の傷害に基因して支払を受けるもの」は、自己の身体の傷害に基因して支払を受けるものをいうのであるが、その支払を受ける者と身体に傷害を受けた者とが異なる場合であっても、その支払を受ける者がその身体に傷害を受けた者の配偶者若しくは直系血族又は生計を一にするその他の親族であるときは、当該保険金又は給付金についても同号の規定の適用があるものとする。
　（注）　いわゆる死亡保険金は、「身体の傷害に基因して支払を受けるもの」には該当しないのであるから留意する。

所得税基本通達 9 − 21（高度障害保険金等）

　疾病により重度障害の状態になったことなどにより、生命保険契約又は損害保険契約に基づき支払を受けるいわゆる高度障害保険金、高度障害給付金、入院費給付金等（一時金として受け取るもののほか、年金として受け取るものを含む。）は、令第30条第1号に掲げる「身体の傷害に基因して支払を受けるもの」に該当するものとする。

Q25 保険料払込期間中の死亡はどう取り扱いますか？

A25 被保険者が死亡した場合には、死亡保険金が支払われ非課税規定の対象となります。

◀解説▶

　個人年金保険の保険料払込期間中に契約者が死亡した場合、被保険者が死亡した場合、契約者を変更した場合に分けて考えます（以下、個人年金保険料税制適格特約*付加を前提。契約者＝保険料負担者：本人、被保険者：本人、年金受取人：本人、死亡保険金受取人：配偶者）。

(1)　契約者が死亡した場合

　契約者が死亡した場合、新たな契約者がまだ年金受給権の発生していない個人年金保険契約の権利を相続により取得します。

　この権利は相続税の課税対象となり、相続開始時の解約返戻金の額（前納保険料の金額や配当金の分配額などがある場合にはこれらの金額を加算した金額）により評価します。以降、前の契約者が支払った保険料を新しい契約者が引き継ぎます。

(2)　被保険者が死亡した場合

　被保険者が死亡した場合、死亡保険金が死亡保険金受取人に対して支払われます。死亡保険金の課税取扱いは次のとおりです。

ア　契約者＝被保険者≠死亡保険金受取人の場合

　死亡保険金は相続税の課税対象となります。受取人が相続人である場合、死亡保険金の非課税規定の対象となります。

イ 契約者＝死亡保険金受取人≠被保険者の場合

死亡保険金は一時所得に該当し、所得税及び住民税の課税対象となります。

ウ 契約者≠被保険者≠死亡保険金受取人の場合

死亡保険金は贈与税の課税対象となります。その年に贈与を受けた財産がほかにない場合、「死亡保険金額－基礎控除額（110万円が限度）」が贈与税の課税対象となります。

> **相続税法基本通達3－6（年金により支払を受ける保険金）**
> 　法第3条第1項第1号の規定により相続又は遺贈により取得したものとみなされる保険金には、一時金により支払を受けるもののほか、年金の方法により支払を受けるものも含まれるのであるから留意する。

> **相続税法基本通達24－2（年金により支払を受ける生命保険金等の額）**
> 　年金の方法により支払又は支給を受ける生命保険契約若しくは損害保険契約に係る保険金又は退職手当金等の額は、法第24条の規定により計算した金額による。
> 　なお、一時金で支払又は支給を受ける生命保険契約若しくは損害保険契約に係る保険金又は退職手当金等の額は、当該一時金の額を分割の方法により利息を付して支払又は支給を受ける場合であっても当該一時金の額であることに留意する。

(3) 契約者＝保険料負担者を変更した場合

ア 契約者の生存中に変更した場合

契約者変更時点での課税はなく、年金受取開始時の課税関係に影響します。例えば、契約者：夫、被保険者＝年金受取人：妻という契約形態から契約者を妻に変更した場合、年金受取開始時に、相続税法第24条に定める年金受給権評価額のうち夫が保険料を負担した割合が夫から妻

へ贈与されたものとみなされて、贈与税の課税対象となります。

　　年金受給権の評価額×（夫が負担した保険料総額÷払込保険料総額）

イ　契約者の死亡に伴い変更した場合

　契約者が死亡した場合、新たな契約者がまだ年金受給権の発生していない個人年金保険契約の権利を相続により取得します。

　この権利は相続税の課税対象となり、相続開始時の解約返戻金の額（前納保険料の金額や配当金の分配額などがある場合にはこれらの金額を加算した金額）により評価します。以降、前の契約者が支払った保険料を新しい契約者が引き継ぎます。

　　＊個人年金保険料税制適格特約は、①年金受取人が契約者又はその配偶者であること、②年金受取人が被保険者と同一人であること、③保険料の払込期間が10年以上であること、④年金の種類が確定年金や有期年金の場合、年金受取開始が60歳以降であり、かつ、年金の受取期間が10年以上であること、を条件として個人年金保険料控除の対象とされます（所法76）。

　契約者＝保険料負担者：夫、被保険者＝年金受取人：妻の場合は、年金受取開始時に年金受給権相当額が夫から妻に贈与税課税されるのですが、少しでも贈与税の割合を少なくするために契約者＝保険料負担者を妻に変更をした方がいいか、とのご相談をよく受けます。この場合は、年金受取人を保険料負担者である夫に変更した方がよいのでは、と思います。

Q26 年金受取開始後の課税関係はどう取り扱いますか？

A26 保険料負担者と年金受取人との関係で課税関係を判断します。

◀**解説**▶

　個人年金保険は、年金開始日以後に、毎年の年金支払基準日に被保険者の生存を条件に年金受取人に年金額が支払われます。以降、個人年金に係る課税関係のうち、本人が年金を受け取る場合について説明をします（確定年金という年金受取期間が決まっている年金を前提）。

　年金の受け取りについては、年金受取人と保険料負担者が同一人である場合と、年金受取人と保険料負担者が異なる場合があります。

(1) 年金受取人と保険料負担者が同一人である場合

　受け取った年金は雑所得に該当し、所得税及び住民税が課税されます。なお、将来の年金給付総額に代えて一時金の支払いを受ける場合、その一時金を一時所得として取り扱うことが認められています。

　雑所得の金額は、その年中に支払いを受けた金額から、その金額に対応する払込保険料総額を必要経費算入額として差し引いた金額です。

雑所得の金額＝総収入金額－必要経費*

＊必要経費＝年金年額×（払込保険料総額÷年金受取総額）

小数点第３位以下切上げ（所令183①四）

(2) 年金受取人と保険料負担者が異なる場合

　保険料負担者と年金受取人が異なる場合、保険料負担者から年金受取人に対し、年金受取開始時に年金受給権相当額が贈与されたものとみなします（相法6③、相基通3-45（2））。

　そして、毎年受け取る年金については雑所得に該当し、贈与税のかからなかった運用益部分に、年金支給初年は全額が非課税、2年目以降は

課税部分が階段状に増加していく方法により所得税及び住民税が課税されます（所法35、所令185、**Q 29**参照）。実際に贈与税額の納税額が生じなかった場合も、この方法で計算します。

(3) 年金に対する源泉徴収

　年金が支払われる場合、雑所得の額が25万円以上の場合、10.21％により計算した金額が源泉徴収されます。雑所得の額が25万円未満の場合には、源泉徴収されません。

　ただし、平成25年1月1日以後に支払われる年金のうち、その年金受取人と保険料負担者が異なる相続等に係る年金については、源泉徴収されませんから確定申告が必要となります。

Q27　年金受取開始後の年金受取人の死亡はどう取り扱いますか？

A27　後継年金受取人が年金又は一時金を受け取ります。

◀解説▶

　年金受取期間中に年金受取人（＝被保険者）が死亡した場合、後継年金受取人が後継年金又は死亡一時金を受け取ることとなります（相基通3－45）。これは年金受給権なので死亡保険金の非課税制度の対象とはなりません。年金繰延中も同様です。

　なお、これは約款に基づく受取人固有の財産とされ、後継年金受取人が相続放棄しても、後継年金又は死亡一時金を受け取ることができます。

(1) 継続して年金を受け取る場合

　年金受取人が死亡した場合、死亡一時金に代えて、後継年金受取人が

年金を受け取ることができます。この場合、年金受給権に対する相続税課税と年金に対する所得税及び住民税課税が発生します。

●図表２－８　後継年金受取人の課税関係

保険料 負担者	年金 受取人	後継年金 受取人	課税関係
A	A	B	・後継年金受取人が、相続等により年金受給権を取得したものとみなされ相続税課税（相法3①五、保険金非課税規定の適用なし）。 ・年金受取時に年金額のうち相続税のかかっていない部分に対して所得税及び住民税課税。
A	C	B	・後継年金受取人が、保険料負担者から贈与によって年金受給権を取得したものとみなされ贈与税課税（相法6③）。 ・年金受取時に年金額のうち贈与税のかかっていない部分に対して所得税及び住民税課税。
A	C	A	・年金受給権取得時に課税関係は発生しません。 ・年金受取時に年金額に対して所得税及び住民税課税。

(2)　死亡一時金を受け取る場合

　年金受取人が死亡した場合、後継年金受取人に死亡一時金が支払われます。これには**図表２－９**のような課税が行われます。

●図表２－９　死亡一時金を受け取る場合の課税関係

保険料負担者	年金受取人	後継年金受取人	課税関係
A	A	B	・後継年金受取人が、相続等によって死亡一時金を取得したものとみなされて相続税課税（相法3①五、保険金非課税規定の適用なし）。
A	C	B	・継続年金受取人が、保険料負担者から贈与によって死亡一時金を取得したものとみなされて贈与税課税（相法6③）。
A	C	A	・死亡一時金は一時所得に該当し、所得税及び住民税課税。

相続税法（抄）

（相続又は遺贈により取得したものとみなす場合）

第３条　次の各号のいずれかに該当する場合においては、当該各号に掲げる者が、当該各号に掲げる財産を相続又は遺贈により取得したものとみなす。この場合において、その者が相続人（相続を放棄した者及び相続権を失った者を含まない。）であるときは当該財産を相続により取得したものとみなし、その者が相続人以外の者であるときは当該財産を遺贈により取得したものとみなす。

五　定期金給付契約で定期金受取人に対しその生存中又は一定期間にわたり定期金を給付し、かつ、その者が死亡したときはその死亡後遺族その他の者に対して定期金又は一時金を給付するものに基づいて定期金受取人たる被相続人の死亡後相続人その他の者が定期金受取人又は一時金受取人となった場合においては、当該定期金受取人又は一時金受取人となった者について、当該定期金給付契約に関する権利のうち被相続人が負担した保険料の金額の当該契約に係る保険料で当該相続開始の時までに払い込まれたものの全額に対する割合に相当する部分

相続税法（抄）

（贈与により取得したものとみなす場合）

第６条

3　第３条第１項第５号の規定に該当する場合において、同号に規定する定期金給付契約に係る掛金又は保険料の全部又は一部が同号に規定する定期金受取人又は一時金受取人及び被相続人以外の第三者によって負担されたものであるときは、相続の開始があつた時において、当該定期金受取人又は一時金受取人その取得した定期金給付契約に関する権利のうち当該第三者が負担した保険料の金額の当該契約に係る保険料で当該相続開始の時までに払い込まれたものの全額に対する割合に相当する部分を当該第三者から贈与により取得したものとみなす。

相続税法基本通達６−１　（「定期金受取人」等の意義）

　法第６条第３項に規定する「定期金受取人」とは定期金の継続受取人をいい、「被相続人」とは、法第３条第１項第５号に規定する定期金受取人たる被相続人をいうのであるから留意する。

Q28　受け取りは年金と一時金のどちらを選べばよいですか？

A28　受取人の置かれている状況に応じて選択します。

◀解説▶

　保険金を年金のように分割して受け取るのと一時金で受け取るのとどちらが得ですか、というご相談をいただきます。

　結論からいいますと、受取人の置かれている状況により対応が異なります。例えば、住宅ローンなどの借入金を一括して精算したい人は一時金での受け取りがよいのかもしれません。逆に、将来の生活資金が心配

な人は年金で受け取るのがよいのかもしれません。

(1)　運用や税金面から考える

　一時金受取の場合、その一時金を普通預金でそのままにすることはなく、何らかの運用をするのが一般的です。その場合、運用に伴う課税があります。他方、年金受取の場合、その受け取る期間中の年金にかかる雑所得が発生します。したがって、一時金と年金を比較する場合、年金の課税期間も含めて比較しなければいけません。

　また、所得税及び住民税は総合課税であり、一時金や年金以外の他の所得も考慮にいれなければなりません。さらに、現時点で税金面の有利不利を判断しても、将来、税制が変わる可能性があります。

　そう考えると、税引後の受取額で比較するのはなかなか難しいと思います。また、配偶者控除などへの影響があるので、納税者と配偶者の両方の税金の合計額も比較しなければなりません。

(2)　現実的な対応

　どちらを選択するかは、①まとまった資金が今必要かどうか、②年金にした場合の受取総額が税引前でいくら増えるか、③毎年の確定申告の手間をどう考えるか、を比較して決めるしかないと思います。

　それでも、一時金で受け取っても低金利なので自分で運用して増やすのは難しい、年金なら運用を考える必要がない、と年金を選択される方もいます。

　しかし、将来の税制がわからない中、「一時金で受け取って課税関係を終了させたい」「一時金での受け取りなら2分の1課税で済む」「確定申告が面倒くさい」と一時金で受け取る方が増えていると思います。

　特に、年金で受け取ると健康保険の被扶養者判定の収入要件や遺族年金の収入要件に影響する可能性があります。一番気にしないといけないのは、社会保険料への影響なのかもしれません。

Q29 相続等により取得した年金の雑所得はどのように計算しますか？

A29 相続税等が課税されていない部分が雑所得となります。

◀ 解説 ▶

　相続、遺贈又は贈与（以下、「相続等」といいます）により取得した年金受給権に係る生命保険契約に基づく年金の支払を受ける場合、その支払を受ける年金に係る雑所得の金額の計算は、課税部分と非課税部分に振り分けたうえで計算をします。

　具体的には、支払を受けた年金について、年金支給初年度は全額非課税とし、2年目以降は課税部分が階段状に増加していく方法により計算します。

　雑所得の金額は、課税部分の年金収入額から対応する保険料の額を控除して計算します。この年金は、保険料負担者でない次の①～③のいずれかに該当する者です。

① 死亡保険金を年金形式で受給している者

② こども保険の契約者が亡くなったことに伴い育英年金を受給している者

③ 個人年金保険契約に基づく年金を受給している者

　（注1）　相続等により取得した生命保険契約に係る年金の受給権は、実際に相続税や贈与税の納税額が生じなかった者も対象となります。

　（注2）　相続等により取得した年金受給権に係る生命保険契約に基づく年金の受給開始日以前に、年金給付の総額に代えて一時金で支払を受けた場合、所得税は非課税となります（所基通9-18）。

【参考】課税・非課税部分の振り分け

●図表2−10　課税・非課税部分の振り分け

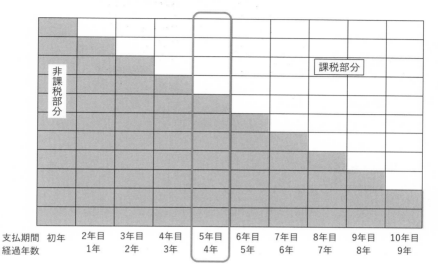

支払期間	初年	2年目	3年目	4年目	5年目	6年目	7年目	8年目	9年目	10年目
経過年数		1年	2年	3年	4年	5年	6年	7年	8年	9年

① 支給期間10年の場合、網掛け部分は相続税法第24条の定めにより評価した金額となる。

② 所得税課税部分は残りの白い部分となる。

③ 受取期間に対応して、一単位当たりの課税部分を算出し、これを基に各年の所得金額を計算する。

（例）

10年確定年金、年金年額600万円、払込保険料総額4,500万円、相続税法第24条評価額　4,800万円。年金受取5年目の雑所得の金額は？

---

(1) 課税部分の金額

相続税法第24条評価額4,800万円÷年金受取総額(600万円×10年)×100

＝相続税評価割合80％　→　課税割合20％(**図表2－11**参照)
　　年金受取総額6,000万円×課税割合20％＝課税部分の金額1,200万円

(2)　**課税単位数**
　　残存期間年数10年×（10年−1年）÷2＝45

(3)　**一課税単位当たりの金額**
　　課税部分の金額1,200万円÷課税単位数45＝26.67万円

(4)　**総収入金額**
　　26.67万円×経過年数4年＝106.67万円
　　経過年数は、受取初年度は0年、5年目のときには4年となります。

(5)　**必要経費**
　　払込保険料総額4,500万円÷年金受取総額6,000万円×100
　　　＝必要経費割合75％*
　　　　*必要経費割合は小数点第3位以下を切上げ（所令183①四）
　　　　　106.67円×75％＝80万円

(6)　**所得金額**
　　　106.67万円−80万円＝26.67万円

【参考】課税割合（確定年金の場合）
相続税評価割合に応じ、**図表2－11**のとおりとなります。

●図表2－11　相続税評価割合に応じた 課税割合

〈算式〉相続税評価割合＝相続税評価額÷年金の支払総額又は支払総額見込額

相続税評価割合	課税割合	相続税評価割合	課税割合	相続税評価割合	課税割合
50%超 55%以下	45%	75%超 80%以下	20%	92%超 95%以下	5%
55%超 60%以下	40%	80%超 83%以下	17%	95%超 98%以下	2%
60%超 65%以下	35%	83%超 86%以下	14%	98%超	0
65%超 70%以下	30%	86%超 89%以下	11%	―	―
70%超 75%以下	25%	89%超 92%以下	8%	―	―

Q30　保証期間付終身年金はいつまで受け取れますか？

A30　被保険者が長生きすればずっと受け取れる有利な年金です。

◀解説▶

　保証期間付終身年金とは、年金支払事由が生じた日から被保険者が死亡するまでの間、年金を支払うほか、被保険者の生死にかかわらず、一定期間年金を支払うことを保証する契約の年金をいいます。

(1)　保証期間中の課税関係

ア　保証期間中に年金受取人が生存している場合

　年金受取人と保険料負担者が同一人である場合、年金受給権に対する

相続税や贈与税の課税はありません。受け取る年金は、雑所得に該当します。

　また、年金に代えて支払われる一時金（保証期間中の年金をまとめて受け取るもの）についても、同様に、雑所得に該当します。この一時金は、将来の年金給付の総額に代えて支払われるものに該当しません。一時金を受け取っても、契約は消滅せず、保証期間経過後に生存している場合には、再び年金を受け取ることができるからです。

　受取年金に係る雑所得の金額は、「総収入金額－必要経費*」で計算します。

　　*「必要経費割合」の分母：年金年額に「保証期間の年数」と「受給権者の受給
　　　開始日における余命年数」のいずれか多い年数を乗じた金額
　　「必要経費割合」の分子：払込保険料総額

イ　保証期間中に年金受取人が死亡した場合

　保証期間中に年金受取人が死亡した場合、後継年金受取人が年金受給権を取得し、その後の年金を受け取ることになります。

　年金受取人死亡後は、死亡した年金受取人が被保険者の場合は終身年金から確定年金に切り替わり、また、被保険者でない場合は保証期間付終身年金のまま引き継ぐこととなります。確定年金の場合、将来の年金給付の総額に代えて一時金として受け取ることも可能です。

　年金は雑所得に該当しますが、後継年金受取人と保険料負担者が異なる場合には相続等に係る保険年金に該当するため、雑所得の金額は相続税の課税されていない運用益の部分に課税されることとなります。

(2)　保証期間経過後の課税関係

　被保険者が保証期間内に死亡している場合には保証期間終了日に契約が消滅しています。以下は年金受取人が被保険者である場合です。

ア　年金受取人が生存している場合

　保証期間経過後に受け取る年金は終身年金ですが雑所得に該当しま

す。雑所得の金額は、「総収入金額－必要経費」で計算します。この必要経費は、年金受取開始時の必要経費割合を用いて計算します。

イ　年金受取人が死亡した場合

　年金を受け取る権利は消滅し、以後の年金を受け取ることができなくなります。

Q31　こども保険の年金や一時金はどう取り扱いますか？

A31　複数の給付があり、給付ごとに分けて考えます。

◀解説▶

　育英年金付こども保険は、子（被保険者）と親等（契約者＝保険料負担者＝被保険者）の２人の被保険者が存在する生命保険であり、連生保険に該当します。

　したがって、親が死亡した場合、契約者の死亡を保険事故とする年金保険については保険事故が発生しているが、その死亡の時以後における被保険者である子の一定年齢までの生存を保険事故とする保険については、保険事故は発生していないということになります。このように、こども保険の税務は、複数の給付があり、とても複雑です。

(1)　被保険者である子が保険期間中に死亡した場合

　（保険料負担者＝死亡保険金受取人：父、被保険者：子を前提）

ア　死亡保険金受取人

　死亡保険金受取人は、契約者である父です。受け取った死亡保険金は一時所得に該当し、所得税及び住民税が課税されます。

　なお、支出金額には、「払込保険料総額－それまでの祝金相当額」の額を使います。

イ　被保険者死亡日前に年金特約を設定していた場合

　年金として支払いを受けることとなります。この年金は雑所得に該当します。

　なお、必要経費割合を「（払込保険料総額－それまでの祝金相当額）÷年金受取総額」で算出し、年金年額にこれを乗じて必要経費額を算出します。

(2)　契約者である親等が保険期間中に死亡した場合

　保険事故が発生している育英年金の受給権に係る課税関係と、保険事故が発生していない生命保険契約に関する権利の課税関係に分けて考えます。

ア　子が契約を引き継いだ場合

　年金受給権と生命保険契約に関する権利の２つが、相続財産として相続税の課税対象となります。

　①　年金受給権（育英年金を受け取る権利）

　　確定年金の場合、課税対象となる金額は、相続税法第24条評価額により年金受給権取得時の次の金額のうちいずれか多い金額によります。

　　・解約返戻金の額
　　・年金に代えて受けることができる一時金の金額
　　・年金年額の１年当たりの平均額×複利年金現価率

　②　生命保険契約に関する権利（祝金を受け取る権利）

　　課税対象となる金額は、相続開始時の解約返戻金の額となります。

イ　子が育英年金を受け取った場合

　育英年金は相続等により取得した年金受給権に基づく年金ですので、雑所得に該当します。受け取った育英年金のうち、課税部分が所得税及び住民税の課税対象となります（**Q29**参照）。

　なお、子が育英年金を受け取る場合、子に毎年所得が発生するため、他の所得金額とあわせて所得金額の合計額が48万円を超える場合、控

除対象扶養親族の対象外となったり、所得税の確定申告が必要となったりします。

　注意するのは、必要経費とする払込保険料総額（過去の祝金相当額を控除）を受取金額の割合で育英年金と祝金に按分することです。

　また、これらの受け取りは、約款に基づく受取人固有の財産とされ、育英年金受取人が相続放棄しても受け取ることができます。

II−6 その他

Q32 生命保険契約に関する権利の評価はどのようにするのですか？

A32 財産評価基本通達により評価します。

◀解説▶

　生命保険契約に関する権利については、財産評価基本通達214により、次のとおりに評価します。

(1) 生命保険契約に関する権利の評価額

　相続開始の時において、まだ保険事故が発生していない生命保険契約に関する権利の価額は、相続開始の時において、その契約を解約するとした場合に支払われることとなる解約返戻金の額によって評価することとされています。

　なお、この生命保険契約とは、相続税法第3条第1項第1号に規定するものをいい、一定期間内に保険事故が発生しなかった場合において返還金その他これに準ずるものの支払いがないものは含まれません。

(2) 配当金などがある場合の取扱い

　上記解約返戻金の額は、一緒に支払われる前納保険料の金額、配当金の分配額などの金額を加算し、源泉徴収されるべき所得税の額に相当する金額を減算した金額とされます。

(3) 契約貸付金などがある場合の取扱い

　被相続人が生命保険契約の契約者である場合、その契約者に対する貸付金若しくは振替貸付に係る貸付金又は未払込保険料の元利合計額があるときは、その契約者貸付金などの額について債務控除の適用があります。

財産評価基本通達214（生命保険契約に関する権利の評価）

　相続開始の時において、まだ保険事故が発生していない生命保険契約に関する権利の価額は、相続開始の時において当該契約を解約するとした場合に支払われることとなる解約返戻金の額（解約返戻金のほかに支払われることとなる前納保険料の金額、剰余金の分配額等がある場合にはこれらの金額を加算し、解約返戻金の額につき源泉徴収されるべき所得税の額に相当する金額がある場合には当該金額を減算した金額）によって評価する。

（注）　1　本項の「生命保険契約」とは、相続税法第3条（（相続又は遺贈により取得したものとみなす場合））第1項第1号に規定する生命保険契約をいい、当該生命保険契約には一定期間内に保険事故が発生しなかった場合において返還金その他これに準ずるものの支払がない生命保険契約は含まれないのであるから留意する。

　　　　2　被相続人が生命保険契約の契約者である場合において、当該生命保険契約の契約者に対する貸付金若しくは保険料の振替貸付けに係る貸付金又は未払込保険料の額（いずれもその元利合計金額とする。）があるときは、当該契約者貸付金等の額について相続税法第13条（債務控除）の適用があるのであるから留意する。

Q33　個人から個人への契約者変更の課税関係はどうなりますか？

A33　契約者変更を生存中の場合と死亡による場合とに分けて課税関係を考えます。

◀解説▶

(1)　契約者変更に伴う課税関係

　生命保険契約は保険期間が長期間であり、契約締結後の諸事情の変化により契約者の変更が必要となることがあります。このため、通常、約款において契約者変更が規定されています。約款上、保険契約者はその

権利義務のすべて、すなわち、保険契約に基づく債権債務だけでなく解約権、取消権等のように契約当事者と切り離せない権利も含めて保険契約上の権利を包括的に移転することができる旨を規定しています。主なものとしては、保険金受取人の変更権（保険法43・44）、保険料積立金の払戻請求権（同63）、保険料の返還請求権（同64）、保険契約の解約及び解約払戻金請求権（約款）、保険契約貸付請求権（約款）、保険契約内容の変更請求権（約款）があり、義務の主なものとしては、保険料の支払義務（保険法2）、告知義務（同37）、被保険者の死亡通知義務（同50）、給付事由発生通知義務（同79）があります。

　通常、契約者変更と同時に保険金受取人を変更する場合が多いのは、単に保険金受取人のみを変更しても、契約者に留保されている受取人指定変更権を行使されたり、解約権を行使されたりすることから、両者を同時に変更しなければ保険金の受け取りを確かなものにできないからです。

⑵　ケース別の契約者変更に伴う課税関係

　契約者＝保険料負担者を変更した場合は以下のようになります。

ア　契約者Ａ生存中に契約者をＢに変更した場合

　（契約者＝保険料負担者＝死亡保険金受取人：Ａ、被保険者：Ｂを前提）

①　変更時の課税

　契約者変更時には課税関係は発生しません。

②　その後、新契約者Ｂが解約した時の課税

　解約時には、受取人であるＢに次の課税関係が発生します。

　（i）　受取額のうち旧契約者Ａ負担分はＡからＢへの贈与とされ、贈与税が課税されます。

$$受取額 × （Aが負担した保険料の額 ÷ 払込保険料総額）$$

　（ii）　受取額のうち新契約者Ｂ負担分は一時所得に該当し、所得税及び

住民税が課税されます。

受取額×（Bが負担した保険料の額÷払込保険料総額）

＊一時所得の金額の計算上、支出金額に算入される金額は、契約者変更後にBが負担した保険料の額となります（贈与により取得したものとみなされる一時金に係る部分の金額を除く。所基通34－4）。

③　被保険者Bが死亡した時の課税

死亡時には、受取人であるAに次の課税関係が発生します。

（ⅰ）　受取額のうち旧契約者A負担分は一時所得に該当し、所得税及び住民税が課税されます。

受取額×（Aが負担した保険料の額÷払込保険料総額）

（ⅱ）　受取額のうち新契約者B負担分は、Bからの相続とされ、相続税が課税されます（Aが相続人の場合）。

受取額×（Bが負担した保険料の額÷払込保険料総額）

イ　契約者A死亡により契約者を被保険者Bに変更した場合

①　変更時の課税

Bは相続等により生命保険契約の権利を取得し、相続税の課税対象となります。この生命保険契約の権利は、相続開始時点における解約返戻金の額によって評価します。以後、BはAが支払った保険料を引き継ぎます。

②　その後、新契約者Bが解約した時の課税

解約返戻金の額に対しては、Bが保険料を全額負担したものとして課税関係が発生します。

③　被保険者Bが死亡した時の課税

死亡時には、Bからの相続とされ、受取人であるAに相続税が課税されます（Aが相続人の場合）。

Q34　個人から法人への契約者変更の課税関係はどうなりますか？

A34　解約返戻金の額で有償又は無償で譲渡することとして課税されます。

◀解説▶

　法人成りなどで契約者を個人から法人に変更した場合、有償譲渡又は無償譲渡する場合があります。どちらにするかは個人と法人の協議によります。以下、長期平準定期保険の場合を例示します。

⑴　**有償で譲渡する場合**

ア　個人に対する課税

　受け取った譲渡代金が一時所得に該当し、所得税及び住民税の課税対象となります。

イ　法人に対する課税

　譲渡代金を支払ったときに以下の経理処理を行います。借方合計と貸方合計に差額がある場合、雑収入勘定又は雑損失勘定を使って貸借の合計額を一致させます。

前払保険料　×××／当座預金 ×××
配当金積立金 ×××／

⑵　**無償で譲渡する場合**

ア　個人に対する課税

　課税関係は発生しません。

イ　法人に対する課税

　契約者変更時点で以下の経理処理を行います。借方合計と貸方合計に差額がある場合、雑収入勘定又は雑損失勘定を使って貸借の合計額を一致させます。

前払保険料　×××／雑収入（受贈益）×××
配当金積立金 ×××／

法人の経理処理は、個人での加入時期の経理処理を引き継ぎます。例えば、令和元年7月8日以後に法人が契約者になった場合、契約者が変わっても解約返戻率に変動はありませんから、個人が長期平準定期保険に加入したときの保険料の取扱いになります。

Q35　保険金額の減額の取扱いはどうなりますか？

A35　払込保険料を必要経費として一時所得を計算します。

◆解説▶

(1)　減額払戻金に対する課税

　契約者＝保険料負担者の場合、契約者が保険金額の減額により受け取る払戻金は一時所得に該当し、所得税及び住民税の対象となります。

　しかし、通常は必要経費にできる払込保険料総額の方が多く、その場合には一時所得の金額はゼロとなるため、減額の時点では課税されません。

　ただし、払込保険料総額は減額払戻金相当額だけ減少します。

(2)　一時所得の金額の計算

　保険金額を2回減額して、その後に解約したケースで説明します。

ア　1回目の減額時の一時所得の金額

　①　総収入金額：減額払戻金額

　②　支出金額　：次のいずれか少ない方の金額

　（i）　減額時までの払込保険料総額

　（ii）　上記減額払戻金額

　③　所得金額

　　　　総収入金額－支出金額－特別控除額（50万円が限度）

　通常、総収入金額＝支出金額のため、この時点で所得は発生しません。

イ　2回目の減額時の一時所得の金額

① 総収入金額：減額払戻金額

② 支出金額　：次のいずれか少ない方の金額

(ⅰ) 減額時までの払込保険料の総額−1回目の減額時の減額払戻金額

(ⅱ) 上記減額払戻金額

③ 所得金額

総収入金額−支出金額−特別控除額（50万円が限度）

通常、総収入金額＝支出金額のため、この時点で所得は発生しません。

ウ　解約時の一時所得の金額

① 総収入金額：解約返戻金の額

② 支出金額　：次のいずれか少ない方の金額

(ⅰ) 解約時までの払込保険料総額−これまでの減額払戻金額の合計額

(ⅱ) 上記解約返戻金の額

③ 所得金額

総収入金額−支出金額−特別控除額（50万円が限度）

⑶　支払調書

　減額の場合も、減額払戻金が100万円を超える場合には支払調書が所轄税務署に発行されることになりました。

　なお、個人契約の減額と法人契約の減額は考え方が異なります（176頁参照）。

（国税庁タックスアンサー）

Q．一時払いの終身保険を減額した場合、減額した保険金額に対応する精算金が支払われます。保険料負担者と精算金の受け取る者が同一人の場合、この精算金は一時所得に該当することとなると思いますが、一時所得の総収入金額から控除する「その収入を得るために支出した金額」はどのように計算するのでしょうか。

A．「その収入を得るために支出した金額」には、既払保険料×減額部分の保険金額÷減額前の保険金額により算出する考え方もありますが、一時所得は臨時・偶発的な所得であることから、継続的に収入があることを前提とした按分方式は、その所得計算になじまないと考えられます。むしろ既払保険料の金額に達するまでの精算金については、その同額が「その収入を得るために支出した金額」とするのが相当ですから、一時所得の収入金額＝支出金額となり、所得は発生しません。

　したがって、精算金のうち既払保険料を超える部分が一時所得となります。

Q36 契約転換の取扱いはどうなりますか？

A36 契約内容の変更とされ、契約転換をしただけでは課税関係は発生しません。

◆解説▶

(1) 契約転換時の課税

ア　原則

　個人契約の契約転換を行った場合、法人契約と異なり、原則としてその時点での課税関係は発生しません。契約転換は、既存契約の責任準備金を新契約の責任準備金に引き継ぎますから、実質的には契約の継続性を失わない契約内容の変更と考えます。したがって、契約転換時点では、課税関係は発生しません。

　なお、契約の解約や減額時の一時所得の計算上の保険料総額には、転換前後両方の保険料を含めて考えます。

イ　契約転換前契約に契約者貸付がある場合

　しかし、契約転換前契約に契約者貸付がある場合、その元利合計額等が充当価格から控除され、その控除部分については一部解約があったものとみなして、所得税及び住民税（契約者＝保険料負担者の場合）又は贈与税（契約者≠保険料負担者の場合）が課税されます。

① 契約者＝保険料負担者の場合

　一時所得の総収入金額となる契約者貸付精算額が、支出金額となる契約転換前契約の保険料の額と同じ額となるので、この時点で課税関係は生じません。しかし、この額はその後の契約消滅時に支出金額とされる既払保険料総額から控除されることとなります。

② 契約者≠保険料負担者の場合

　契約転換時に精算した契約者貸付金の元利合計額から基礎控除額を控除した残額が贈与税の課税対象となります。

ウ　支払調書の関係

　この控除された精算額が100万円を超える場合、所轄税務署に支払調書が発行されます。

(2)　解約時及び被保険者死亡時の課税
ア　所得税及び住民税の課税対象の場合

　契約転換した契約が解約され、その解約返戻金の額が一時所得に該当するときには、この場合の必要経費とされる払込保険料は、契約転換前契約と契約転換後契約の保険料合計額になります。

　一時所得の金額は、以下のとおりです。

解約返戻金の額　－（契約転換前契約の払込保険料額＋契約転換後契約の払込保険料額－上記で控除された金額）－　特別控除額（50万円が限度）

イ　相続税の課税対象に該当する場合

　契約転換した契約について、被保険者の死亡があったため死亡保険金が相続税の課税対象となる場合でも通常の取扱いと同様です。

　保険金受取人が相続人であれば、500万円×法定相続人の数を乗じた非課税限度額の適用を受けることができます。

ウ　贈与税の課税対象に該当する場合

　契約転換した契約について、保険金が贈与税の課税対象となる場合、贈与税の課税が行われます。

契約転換制度の所得税法及び相続税法上の取扱いについて
　　　　　　　　　　　　　　　　　　　直資2－36　直所3－5
　　　　　　　　　　　　　　　　　　　昭和53年2月10日

国税局長　殿　沖縄国税事務所長　殿
　　　　　　　　　　　　　　　　　　　　　　　国税庁長官
　　　契約転換制度の所得税法及び相続税法上の取扱いについて
　標題のことについて、社団法人生命保険協会から別紙2のとおり照会があ
り、これに対して当庁直税部長名をもって別紙1のとおり回答したから了知さ
れたい。

別紙1
　　　　　　　　　　　　　　　　　　　直資2－35　直所3－4
　　　　　　　　　　　　　　　　　　　昭和53年2月10日

社団法人　生命保険協会
副会長 専務理事 山内正憲　殿
　　　　　　　　　　　　　　　　　国税庁直税部長　水口昭

　　　契約転換制度の所得税法及び相続税法上の取扱いについて
　　　　（昭和53年1月5日付企第1号照会に対する回答）
　標題のことについては、貴見のとおりで差支えありません。

別紙2
　　　　　　　　　　　　　　　　　　　　　　　企第1号
　　　　　　　　　　　　　　　　　　　昭和53年1月5日

国税庁
直税部長　水口昭　殿
　　　　　　　　　　　　　　　　　社団法人生命保険協会
　　　　　　　　　　　　　　　副会長　専務理事 山内正憲
　　　契約転換制度の所得税法及び相続税法上の取扱いについて（照会）
拝啓　当業界の税務問題につきましては、平素から何かとご高配を賜り、誠に
感謝に堪えません。
　さて、最近生命保険会社では、既存の生命保険契約（以下「転換前契約」と
いう。）の責任準備金等を新たな生命保険契約（以下「転換後契約」という。）

の責任準備金等に引継ぐ方法による契約転換制度を設けました。この制度は、転換後契約において、1転換前契約と保険契約者・被保険者が同一であること、2契約者配当の権利を引継ぐこと、3転換前契約の死亡保障の範囲内（死亡保険金、保険期間）での危険選択を行なわないこと、4告知義務違反による契約解除や自殺による保険金支払免責等の場合での転換前契約への復帰が認められること、及び5転換前契約を解約処理するものではないこと等から、この転換は、実質的には、契約の継続性を失わないものとして、これを契約内容の変更と解すべきものと考えます。

　なお、この契約転換制度について、行政当局も別添のとおり同様の見解を示しております。

　かような転換制度に対する所得税法及び相続税法の適用に当って、下記のとおり解釈することについて貴庁のご見解をお伺い申し上げます。

敬具

記

1. 上記のとおり、転換前契約の責任準備金等を転換後契約の責任準備金等に引継ぐ方法により行なわれる契約転換は、実質的に契約内容の変更であり、転換に伴う所得税及び贈与税の課税関係は生じないと考えます。

2. 但し、契約者と保険料負担者とが同一である場合において、契約者に対する貸付金が転換時に、責任準備金との相殺により精算されたときは、その責任準備金との相殺部分については、転換前契約の一部解約があったものとして契約者の各種所得の金額の計算上収入金額になるものと存じます。この場合には、転換時までに支払った転換前契約に係る保険料の額から転換時までに支払を受ける社員配当金の額を控除した残額のうち、責任準備金との相殺部分に相当する額（すなわち、責任準備金と相殺された貸付金に相当する額）がその各種所得の計算上控除する金額となり、実際には、課税所得は発生しないと存じます。そしてこの責任準備金との相殺部分に相当する額は、転換後契約の消滅時における各種所得の計算上控除する金額から控除すべきものと存じます。

3. また、契約者と保険料負担者とが異る場合において、契約者に対する貸付金が転換時に責任準備金、社員配当金（積立てられた社員配当金を含む。）又は前払保険料をもって精算されたときは契約者に贈与税の課税関係が生ずることになると存じます。

以上

Q37 親族以外への保険金受取人の変更は難しいですか？

A37 変更が難しいので、最近は遺言による変更を検討されることが多いです。

◀ 解説 ▶

　通常、保険金受取人は配偶者か２親等以内の血族に限られます。

　しかし、受取人変更は契約者の権利なので、契約者が保険金を渡したい人や団体に、遺言による受取人変更をされる場合が増えました。

　平成22年４月１日以後の契約は、保険法第44条により保険会社への通知を条件に、遺言による受取人変更が可能です。相続人以外の方が保険金を遺贈で受け取り、相続税を支払うことになります。

保険法
　（遺言による保険金受取人の変更）
第44条　保険金受取人の変更は、遺言によっても、することができる。
２　遺言による保険金受取人の変更は、その遺言が効力を生じた後、保険契約者の相続人がその旨を保険者に通知しなければ、これをもって保険者に対抗することができない。

　具体的には、次のような公正証書遺言書作成が考えられます。保険金受取人の変更が確実に行われるために、遺言執行者を指定しておくことをおすすめします。

遺　言　書
　遺言者○○○○は、以下のとおり遺言します。
第１条　私は、○○生命保険株式会社との下記の生命保険契約に基づく生命保険金の受取人を○○○○（平成△△年△月△日生）に変更します。

```
                            記
  1.保険証券番号   ○○○○○○
  2.契約日        △△年△月△日
  3.種類          ○○保険
  4.保険期間      △△年
  5.保険金額      △△△万円
  6.保険者        ○○○○
  7.保険契約者    ○○○○
  8.被保険者      ○○○○


第2条　私は、本遺言の遺言執行者として次の者を指定します。
（遺言執行者名）
（生年月日）
（住所・職業）
第3条　遺言執行者は、私の死亡後、○○生命保険株式会社に対し、速やかに
保険金受取人変更の通知をしてください。
                                    令和△△年△△月△△日

（遺言者住所）

            遺言者      ○○○○　印
```

Q38 保険契約の払済の取扱いは問題になりませんか？

A38 契約者変更に伴う払済が問題になる可能性があります。

◀ 解説 ▶

(1) 払済保険の概要

　払済保険とは、保険料の払込みを中止し、変更時の解約返戻金を一時払の保険料に充当して、今までの契約の保険期間を変えずに保障額の少ない保険に変更できる制度です。契約転換と同様に、契約内容の変更と

考えるので、課税関係は発生しません。払済にした場合、特約や配当金は消滅します。

(2) 払済保険において問題となる点

問題になる可能性があるのは、法人が洗替を行わずに払済保険に移行した後、個人に契約者変更する場合です。

この場合、契約を元に戻す復旧という制度があり、払済保険に関しては、法人から個人に低解約返戻金額のうちに譲渡した後、復旧して実質的な利益移転をすることが懸念されました。そこで、令和3年の所得税基本通達36 – 37の改定であらかじめ防止策が設定されました。

> 所得税基本通達36 – 37（保険契約等に関する権利の評価）
> （2） 復旧することのできる払済保険その他これに類する保険契約等に関する権利を支給した場合には、支給時資産計上額に法人税基本通達9 – 3 – 7の2（払済保険へ変更した場合）の取扱いにより使用者が損金に算入した金額を加算した金額により評価する。

Q39 契約者貸付の取扱いはどうなりますか？

A39 契約者貸付を精算することにより、誰が利益を受けるかに注目して処理してください。

◀解説▶

(1) 契約者貸付を受けた場合

特に課税関係は発生しません。

(2) 契約者貸付金の精算があった場合

以下のとおり、精算額を考えます。

ア 死亡保険金取得時の場合

相続税の場合、相続税法基本通達3-9により、相続人は死亡保険金額から契約者貸付金相当額控除後の金額を受け取ることになります。この場合、この金額が死亡保険金の非課税規定の対象となります。なお、借入部分は債務控除の対象にはなりません（平成24年5月17日国税不服審判所裁決）。

●図表2-12　死亡保険金取得時の契約者貸付金の課税関係

契約者	被保険者	受取人	課税関係	契約者貸付金額の評価
A	A	B	相続税	なかったものとする
A	B	A	所得税	Aの受取額に加算
A	B	C	贈与税	Aの一時所得

相続税法基本通達3-9（契約者貸付金等がある場合の保険金）
　保険契約に基づき保険金が支払われる場合において、当該保険契約の契約者に対する貸付金若しくは保険料の振替貸付けに係る貸付金又は未払込保険料の額があるため、当該保険金の額から当該契約者貸付金等の額が控除されるときの法第3条第1項第1号の規定の適用については、次に掲げる場合の区分に応じ、それぞれ次による。
（1）　被相続人が保険契約者である場合
　　保険金受取人は、当該契約者貸付金等の額を控除した金額に相当する保険金を取得したものとし、当該控除に係る契約者貸付金等の額に相当する保険金及び当該控除に係る契約者貸付金等の額に相当する債務はいずれもなかったものとする。

平成24年5月17日裁決
　当該死亡保険金の受取人は、当該契約者貸付金を差し引いた後の死亡保険金支払請求権を取得したというべきであり、死亡保険金の支払請求権を取得したうえで、別途、契約者貸付金が相続によって承継されるというものではない。

イ　満期保険金取得時の場合

　契約者貸付金を受取額に加算する、つまり、本来の満期保険金額で課税関係を考えます。

●図表２－13　満期保険金取得時の契約者貸付金の課税関係

契約者	被保険者	受取人	課税関係	契約者貸付金額の評価
A	B	A	所得税	Aの受取額に加算

ウ　年金受取時の場合

　雑所得の計算上、契約者貸付精算額は年金原資を計算する中で精算されたもの、つまり、なかったものとして取り扱います。

エ　契約転換の場合

　個人保険において、契約転換があっても課税関係は原則発生しないのですが、契約者と保険料負担者が別の場合で契約者貸付金が精算されたときには、契約者が保険料負担者から精算金相当額を贈与により取得したものとされます（相基通５－７）。

> 相続税法基本通達５－７（生命保険契約の転換があった場合）
> 　いわゆる契約転換制度により生命保険契約を転換前契約から転換後契約に転換した場合において、当該転換に際し転換前契約に係る契約者貸付金等の額が転換前契約に係る責任準備金をもって精算されたときは、当該精算された契約者貸付金等の額に相当する金額は、転換前契約に係る契約者が取得した法第５条第２項に規定する返還金その他これに準ずるものに該当するものとする。

オ　生命保険契約の権利の評価額の場合

　契約者貸付金はなかったものとして取り扱います。ただし、相続税の計算では債務控除の適用があります（評基通214（注２））

財産評価基本通達214（生命保険契約に関する権利の評価）
（注）　2　被相続人が生命保険契約の契約者である場合において、当該生命保険契約の契約者に対する貸付金若しくは保険料の振替貸付けに係る貸付金又は未払込保険料の額（いずれもその元利合計金額とする。）があるときは、当該契約者貸付金等の額について相続税法第13条（債務控除）の適用があるのであるから留意する。

Q40　契約の失効・復活の取扱いはどうなりますか？

A40　失効しても課税関係が発生せず、また一定期間以内なら元に戻せる場合があります。

◀ 解説 ▶

　保険料は、払込方法に応じた期日までに継続的に払い込む必要があります。払込みが遅れて、払込猶予期間が経過すると、そのまま失効する場合があります。明文の規定はありませんが、失効の時点では課税関係は発生しないものとされています。

　しかし、保険会社によって取扱いが異なる場合がありますが、復活という制度を利用して、もとに戻すことができます。これは、一度失効した契約を再び有効にする制度で、失効しても3年以内など所定の期間内であれば、契約者の申し出により、失効していた期間の保険料を払い込むことで、復活することができます。この保険料は生命保険料控除の対象となります。

　ただし、改めて告知又は診査が必要になりますので、健康状態によっては復活できない場合があります。また、復活には失効期間中にかかる合計の保険料の払込みが必要です。復活により復活日が責任開始日となります。なお、解約した場合は復活することができません。

Q41 個人事業主と法人の保険の取扱いはどこが違いますか？

A41 原則、法人と同じように考えますが、個人事業主自身とその家族の取扱いは異なります。

◀解説▶

(1) 個人事業主の保険の取扱いの概要

個人事業主とは、事業所得、不動産所得などを営んでいる者をいいます。その事業に係る必要経費は、事業遂行上必要なものでなければならず、家事上のものは、経費算入が認められません。生命保険料についても同様です（平成6年6月13日裁決（関裁（所）平5―63））。

●図表2−14　個人事業主の保険の取扱い

保険契約	払込保険料の取り扱い	受け取った保険金等の取扱い
事業遂行上のもの	資産計上又は必要経費算入	総収入金額に算入 所得税及び住民税課税
家事上のもの	生命保険料控除の対象	所得税及び住民税、相続税又は贈与税課税

(2) 保険の取扱いのポイント

保険料の取扱いについては、法人の取扱いに準じて処理することとなります。

保険料のうち、家族以外の従業員が被保険者の場合には必要経費とされるのですが、事業主及び事業主の配偶者など家族の場合、すべて家事上のものとされ、必要経費への算入は認められません。この場合、生命保険料控除の適用があります。

ただし、すべての従業員が加入しており、その大半が家族以外の者で、かつ、その家族が他の従業員と同様な条件で保険契約に加入してい

る場合には、事業遂行上のものとして取り扱われ、保険料は資産計上又は必要経費算入となります。福利厚生プランで、家族従業員が他の従業員と同じ保険金額で加入している場合です。それでも、個人事業主本人は認められません。

直審3－7
昭和47年2月14日

○○生命保険株式会社
代表取締役社長　殿

国税庁直税部
審理課長

集団定期保険料等の所得税法上の取扱いについて
（昭和46.10.28付照会に対する回答）
　標題のことについては、下記のとおり回答します。
記
1　ご照会にかかる定期保険契約に基づき事業主が負担した保険料のうち当該年分に対応するものについては、その事業主にかかる当該年分の事業所得の金額の計算上必要経費に算入してさしつかえありません。ただし、被保険者および保険金受取人である従業員が、契約者である事業主と生計を一にする配偶者その他の親族に該当する場合において、単にその事業主の配偶者その他の親族であるがために付保されたものと認められるときは、当該配偶者その他の親族にかかる保険料については、必要経費に算入することはできません。
2　ご照会にかかる定期保険契約に基づき事業主が保険料を負担した場合（1のただし書の場合を除きます。）に従業員が受ける利益については、所得税基本通達（昭和45.7.1直審（所）30）の36－31により課税しなくてさしつかえありません。

---

(3)　経費算入を争った裁判例

　平成28年4月20日広島高裁判決（314頁参照）では、従業員を被保険者とする養老保険契約等の保険料は、福利厚生目的とはいえないことから家事関連費に該当するとして必要経費として認められなかった事例で

す。

　個人は法人と異なり、生産活動だけでなく消費経済の主体となって、必要経費の性質を持たない消費支出を行うことが想定されるため、所得税法は、家事費及び家事関連費のうち、所得を生ずべき業務のために必要な経費として明らかに区分することができる部分以外は、必要経費に算入しない規定を置いています。

　本件では、従業員を対象とした養老保険契約及びがん保険について、その受取人を納税者としていた保険に係る保険料の必要経費該当性が争われました。納税者が主張の根拠とした、法人の従業員に対する取扱いである法人税基本通達9－3－4等は、必要経費に該当するものについては適用できるものの、その判断の前に従業員の福利厚生目的であること、すなわち必要経費への該当性（家事費及び家事関連費への非該当性）を判断しなければならず、本件では種々の実態から福利厚生目的であるとは認められず、また仮に、福利厚生目的が含まれるとしても事業所得を生ずべき業務の遂行上必要である部分を明らかにできないため、必要経費には当たらないと判断されました。本件は、控訴審の棄却で確定しています。

　しかし、判決を確認すると、保険金を退職金として支給する規定がなく、付保金額も過大で、そもそも保険への加入自体が問題の案件だと思われます。

⑷　事業主の受け取る保険金の取扱い

　事業主の受け取る保険金については、事業遂行上のものとされる保険金は事業所得等の総収入金額に算入されますが、資産計上額がある場合、資産計上額との差額が算入額となります。この保険金を財源に支払う従業員への退職手当金や弔慰金等は必要経費に算入されますが、家族に対するものは必要経費に算入されません。

　家事上のものとされる保険金は一時所得の総収入金額に算入され、所

得税及び住民税の課税対象、又は相続税あるいは贈与税の課税対象となります。

(5) 退職金等の取扱い

　個人事業主が、一般の従業員に対して支給すべき退職金等の金額は、必要経費に算入することができます（所法37）。

　しかし、個人事業主に対して支給した退職金は当然のこと、その事業に従事する親族に対して支給した退職金も、その所得の金額の計算上必要経費に算入することはできません。

(6) 具体的事例で考える

　例えば、個人事業主の医師が医療法人に法人成りした場合、福利厚生プランを以下のように経理処理します（有償譲渡の場合）。

（個人事業主）

当座預金×××	保険料積立金×××
	配当金積立金×××
	雑収入×××

（法人）

保険料積立金×××	当座預金×××
配当金積立金×××	
前払保険料×××（上記雑収入の額）	

　この前払保険料は残り保険期間で均等償却します。

福利厚生費／前払保険料

Q42 外貨建てや変額保険の取扱いはどうなりますか？

A42 円建てに換算して課税関係を判断します。

◀解説▶

　外貨建生命保険は、一種の金融商品として、保険料の支払い、保険金の受け取り等に米ドルや豪ドルなどを利用する生命保険です。

　税務上の取扱いは円建てとほぼ同じですが、外貨を円に換算するときの為替レートが問題となります。

(1) 外貨建生命保険の場合

ア　生命保険料支払いの場合

　支払日における対顧客直物電信売相場（TTS）と対顧客直物電信買相場（TTB）の仲値（TTM）によります（所基通57の3－2）。

　なお、円換算特約がある場合には、それを用います。

イ　保険金受取の場合

　一時所得ないし雑所得として所得税の課税対象となる場合と、相続税・贈与税の課税対象となる場合とでは、換算レートが異なることです。

　① 所得税及び住民税の課税対象となる場合

　　支払事由発生日の仲値（TTM）（所基通57の3－2）

　　なお、一時払養老等で解約日まで5年以内の場合は、解約日の電信買相場（TTB）で換算

　② 相続税・贈与税の課税対象となる場合

　　支払事由発生日の電信買相場（TTB）（評基通4－3）

外貨建生命保険は、円を外貨に、又は外貨を円に換算する場合に、為替リスクが生じる可能性があります。

(2) 変額保険の場合

変額保険とは、資金が特別勘定により管理、運営され、保険金額や解約返戻金の額が運用実績により変動する保険です。基本保険金額は運用実績にかかわらず最低保証されますが、解約返戻金には最低保証はありません。

資産運用の実績に応じて年金や解約返戻金などが増減する変額個人年金保険を取り扱う生命保険会社もあります。また、外貨建てと組み合わせる保険もあります。どちらかというと運用を目的とした金融商品です。

Q43 支払調書の変更の影響は何ですか？

A43 平成30年1月1日から支払調書に3点記載内容が追加され、また、相続に係る新しい調書ができました。

◀解説▶

従来の支払調書は最終の契約者が保険料を全額負担したものとして発行されていましたが、平成30年1月1日以後の記載内容に3点が追加されました。

① 契約者変更がある場合、直前の保険契約者
② 契約者変更の回数
③ 現在の契約者の支払った保険料

また、保険金等の支払いがなくても、相続税の申告に必要な解約返戻金の額が記載された「保険契約者等の異動に関する調書」が新設されました。

この変更により、より正確に、保険料負担者と受取人との関係で課税関係を判断することが求められます。それでも、2回以上契約者変更があった場合とか、法人から個人に契約者変更した場合には、保険会社に保険料支払いに関する資料を請求する必要があります。

　なお、現在、減額の場合でも、一時金で100万円超、年金で年20万円超（配当金除き）の支払いならば支払調書が発行されます。

　支払調書に関連する法令通達の体系は、所得税法関係と保険契約者等の異動に関する調書は翌年1月31日まで、相続税法関係は翌月15日までに提出されます（所法225①、所規86③、相法59①、相令30①、相規30④⑥）。

（所得税の場合）所法225①四、八　提出期限：翌年1月31日

令和　　年分　生命保険契約等の一時金の支払調書

（相続税の場合）相法59①一　提出期限：支払月の翌月15日

令和　年分　生命保険金・共済金受取人別支払調書

保険金等受取人	住所 （居所）		氏名又は名称	
			個人番号又は法人番号	
保険契約者等 （又は保険料等払込人）	又は		氏名又は名称	
			個人番号又は法人番号	
被保険者等	所在地		氏名又は名称	
直前の保険契約者等				

○ 個人番号又は法人番号欄に個人番号（12桁）を記載する場合には、右詰で記載します。

保　険　金　額　等	増加又は割増保険金額等	未払利益配当金等	貸付金額、同未収利息
千　　円	千　　円	千　　円	千　　円
未 払 込 保 険 料 等	前納保険料等払戻金	差引支払保険金額等	既 払 込 保 険 料 等
千　　円	千　　円	千　　円	(内)　　千　　円)

保 険 事 故 等		保険事故等の 発生年月日	年　月　日	(摘要)
保険等の種類				
契約者変更の回数		保険金等の 支払年月日	年　月　日	(　　　年　月　日提出)

| 保 険 | 所在地 | | |
| 会社等 | 名　称 | （電話） | 法 人 番 号 | |

| 整　理　欄 | ① | ② | 323 |

※網掛け部分が追加されました。

（契約者死亡の場合）相法59②　提出期限：変更月の翌年1月31日

保険契約者等の異動に関する調書（新設）

新保険契約者等	住 所 （居所） 又 は 所在地		氏　名 又 は 名　称	
死 亡 し た 保険契約者等				
被 保 険 者 等				

解約返戻金相当額		既払込保険料等の総額	死亡した保険契約者等の 払 込 保 険 料 等
円		円	円

評 価 日	1　保険契約者等の死亡日 2　契約者変更の効力発生日	保険契約者等の 死 亡 日	年　　月　　日	（摘要）
保 険 等 の 種　　類		契約者変更の 効 力 発 生 日	年　　月　　日	（　　　年　　月　　日提出）

保険会社等	所在地			
	名　称	（電話）	法人番号	

整 　理 　欄	①	②

386

Column-2　**個人から個人への有償での契約者変更**

　個人から個人への有償譲渡は可能か、とのご相談があります。契約自由の原則からするとできなくはないとも思えるのですが、相続税法の建付けやモラルリスクの問題、低解約返戻金型商品での譲渡になるのではと考えると難しいのかなと思います。

Chapter III

企業での生命保険の
活用と税務

III−1　総論

Q44　企業で生命保険に加入する税務上の勘所は何ですか？

A44　3つの勘所があります。
(1)　保険料を通達に従って正しく経理処理する
(2)　保険金の益金算入を正しく経理処理する
(3)　契約転換後の償却を正しく経理処理する

◀ **解説** ▶

　保険契約の経理処理は、原則、保険会社から提供された設計書や資料に従って行います。ただ、残念ながら、小さい字で多くの情報が記載されているので、どの情報をどう使うのかを判読するのが難しいのが現実です。顧客や税理士もどう処理すべきかと悩む場合もありますが、不明点がある場合、まずは情報を提供してくれる保険会社に確認するしかありません。多少時間がかかっても、保険会社に確認した結果を使うのが正確です。それほど、最近の保険契約の経理処理は細かくて複雑だと思います。

(1)　保険料の経理処理

　保険会社によって勘定科目名が多少違いますが、大きく分けて、資産計上する場合と損金処理する場合があり、実際に払い込んだ日に経理処理します。

① 　終身保険、養老保険、年金保険などは、保険料積立金勘定で全額資産計上します。

保険料積立金×××／当座預金×××

② 　長期平準定期保険、逓増定期保険などは、保険料の一部を前払保険

料勘定で資産計上し、残りは損金処理します。

前払保険料×××　／　当座預金×××

定期保険料×××　／

③　保障期間の短い定期保険、医療保険などは定期保険料や医療保険料勘定で全額損金処理します。また、企業保険といわれる総合福祉団体定期保険、確定給付企業年金、確定拠出年金も全額福利厚生費などで全額損金処理します。

定期保険料×××　／　当座預金×××

(2)　保険金の経理処理

　保険金は、実際に受け取った日ではなく、保険事故発生日（満期日や死亡日など保険金を受け取る権利が発生した日）に経理処理するのが原則です。しかし、死亡保険金の受け取りの場合、保険会社は死亡日で支払調書を発行していますが、保険金支払いに調査が必要な場合もあるので、保険金支払いの通知日にする場合もあります。とにかく、課税庁から決算操作していると疑念を持たれないことが大切です。

　通常、保険事故発生日に未収金で受け取る保険金額を計上し、資産計上している前払保険料、保険料積立金、配当金積立金を全額取り崩し、差額を雑収入又は雑損失とします。事業年度が同じなら、当座預金や普通預金勘定で受け入れてもよいとされます。

当座預金×××　／　前払保険料　　×××

　　　　　　　　　配当金積立金　×××

　　　　　　　　　雑収入　　　　×××

(3)　契約転換後の経理処理

　保険契約は、必要に応じて、契約内容の見直しを行っています。その場合、契約内容の変更に伴い洗替の経理処理を行うのですが、この結果

生じる前払保険料勘定を、残り保険期間で均等償却（支払保険料と同様の経理処理）を行っていない場合が多くあります。例えば、保険会社提供の設計書には記載があるのですが、顧客が経理処理をしていない場合です。

　通常、契約転換の場合、資産計上している前払保険料や保険料積立金、配当金積立金を全額取り崩し、契約転換後の保険商品の保険料として充当します。

　契約転換後の保険商品が終身保険、養老保険、年金保険などの保険料積立金勘定の場合は原則償却不要なのですが、前払保険料勘定の場合は原則残りの保険期間で均等償却が必要です（医療終身保険など保険料払込期間で償却する商品もあります）。この経理処理を忘れがちです。例えば、終身保険から長期平準定期保険への見直しは以下のとおりです。

前払保険料×××　／　保険料積立金×××
　　　　　　　　　　　配当金積立金×××

　契約転換後に、残り保険期間で、前払保険料を支払保険料と同様の経理処理を行います。

　以降、本章では原則として長期平準定期保険を前提にご説明いたします。

Q45 保険料はいつ支払ったとして経理処理できますか？

A45 保険契約は「申込」「承諾」に加え「診査」「初回保険料の払込」によって成立し、そのうえで経理処理をします。

◀ **解説** ▶

　生命保険契約は、保険契約者の申込と保険会社の承認により成立する諾成契約とされます。しかし実務では、「契約者の申込書」「被保険者に関する告知・診査」「初回保険料充当金の払込」がそろって「保険会社が承諾」する要物契約類似の取扱いをしています。

　また、保険会社が保険金支払義務を負う責任開始日は、保険会社が承諾した場合、「契約者の申込書」「被保険者に関する告知・診査」「初回保険料充当金の払込」のいずれか遅い時からとされます（「初回保険料充当金の払込」を必要としない会社もあります）。

　それでは、保険料をいつ支払ったとして経理処理をするのでしょうか。

(1)　契約成立前に初回保険料充当金の払込があった場合

　原則として契約日以後の責任開始となるため、払込日には、仮払金や預け金勘定などに計上しておき、契約日の属する事業年度に保険料積立金、前払保険料などの本勘定に振り替えます。

　決算日をまたぐ場合、必ず、この処理を行う必要があります。決算日をまたがない場合には、直接本勘定に振り替えても構いません。

(2)　契約日以後に初回保険料充当金の払込があった場合

　保険料の払込があった日に本勘定に振り替えることとなります。通常、初回保険料の払込日（払込期月）は、次のようになっています。

払込期月	①口座振替扱いなど 　払込期月中の振替日	
	②その他 　責任開始日から翌月末日まで	
(参考) 保険料期間	月払	契約日からその翌月の応当日の前日までの期間
	年払	契約日からその翌年の応当日の前日までの期間

　ただし、保険会社の承諾後、保険料の年払契約や銀行振込扱は保険料を払い込んだ日が契約日＝責任開始日となりますが、月払契約で口座振替扱いやクレジット扱い、団体扱いは契約日が翌月1日となり、保険料払込より前の告知日に責任が開始します。

Q46 令和元年7月8日以後、定期保険・第三分野保険の保険料の取扱いが変わったと聞きました。どのような取扱いでしょうか？

A46 定期保険・第三分野保険につき、基本通達で最高解約返戻率により経理処理が統一されました。

◀ 解説 ▶

(1)　定期保険と第三分野保険の保険料の取扱いの概要

　法人が契約者となる定期保険と第三分野保険の保険料について個別通達が廃止され、新たに法人税基本通達で、保険期間3年以上の定期保険及び第三分野保険に係る保険料として取扱いが統一されました。

　令和元年7月8日以後は、最高解約返戻率が、①50％超70％以下の場合、②70％超85％以下の場合、③85％超の場合に3区分され、新たな取扱いが創設されました（50％以下は従来どおり全損）。

　なお、この通達は、令和元年7月8日（解約返戻金のない（ごく少額

の払戻金がある契約を含む）短期払の定期保険又は第三分野保険は令和
元年10月8日）以後の契約に適用されています。それぞれの日より前
の契約に遡及することはなく、従来の取扱いを継続します。

●図表3－1　定期保険と第三分野保険の取扱いの適用時期

保険の種類	適用関係			
	7／8前契約	7／8以後契約	10／8前契約	10／8以後契約
定期保険	旧9-3-5他 廃止前個別通達	新9-3-5、9-3-5の2他		
無解約返戻金・短期払	旧9-3-5他			新9-3-5他
30万以下				新9-3-5の（注）2
第三分野保険	廃止前 個別通達	新9-3-5、9-3-5の2他		
無解約返戻金・短期払	廃止前個別通達 （廃止前のがん保険 通達の(3)例外的取扱い）			新9-3-5他
30万以下				新9-3-5の（注）2

出典：令和元年7月8日　国税庁「定期保険及び第三分野保険に係る
保険料の取扱いに関するFAQ」Q1より

●図表３－２　法人税基本通達９－３－５の２のまとめ

最高 解約返戻率	資産計上期間	資産計上額[*5]	資産取崩期間[*6]
50%以下	全期間にわたり、原則資産計上不要（支払保険料全額を損金算入）[*1][*2]		
50%超 70%以下[*3]	保険期間開始から当初 40%相当期間	支払保険料×0.4 （60%損金算入）	当初75%期間期間 経過後から保険期間 の終了日まで均等に 取り崩し
70%超 85%以下		支払保険料×0.6 （40%損金算入）	
85%超[*4]	①　保険期間開始日か ら最高解約返戻率と なる期間まで ②　①の期間経過後、 年換算保険料相当額 に対する解約返戻金 相当額の増加割合が 70%を超える期間が ある場合は、その超 える期間終了日まで ③　上記期間が５年未 満の場合は５年間、 10年未満の場合は 保険期間の50%相当 期間	当初10年間：支払 保険料×最高解約返 戻率×0.9 11年目以後：支払 保険料×最高解約返 戻率×0.7	解約返戻金額が最も 高い金額となる期間 経過後から均等に取 り崩し ただし、左記③の場 合は資産計上期間経 過後から均等に取り 崩し

＊１　保険期間が終身である第三分野保険については、保険期間の開始の日から被
　　保険者の年齢が116歳に達する日までを計算上の保険期間とすることになった
　　（保険料払込期間中は、「払込保険料×（保険料払込期間／保険期間）」を損金
　　算入、残額を資産計上）。

＊２　解約返戻金相当額のない（ごく少額の払戻金がある契約を含む）、保険料払
　　込期間が保険期間より短い定期保険又は第三分野保険で、被保険者一人当たり
　　の当該事業年度に支払った保険料の額が合計30万円以下（他社商品も含んで通
　　算）である場合は、全額損金算入可能。

＊3　被保険者一人当たり年換算保険料相当額の合計額が30万円以下（他社商品も含んで通算）である場合は、全額損金算入可能。

＊4　②の解約金の増加割合が70％を超える期間とは、（当年度の解約返戻金相当額−前年度の解約返戻金相当額）／年換算保険料相当額が70％を超える期間。

＊5　資産計上額は当期分支払保険料相当額を限度。事業年度中途での資産計上期間終了の場合は月割、ただし1月未満の端数切捨て。

＊6　資産取崩期間の1月未満の端数切上げ。

　長期平準定期保険の経理処理例は以下のとおりです（設計書に従って経理処理してください）。

ア　最高解約返戻率50％超70％以下の場合

（ⅰ）　保険期間の当初40％相当期間において、支払保険料の40％を資産計上、60％を損金に算入する（資産計上期間）。

前払保険料×××　／　当座預金　×××
定期保険料×××

（ⅱ）　保険期間の40％相当期間経過後から75％相当期間までの間は支払保険料の全額を損金算入する。

定期保険料×××　／　当座預金×××

（ⅲ）　保険期間の75％相当期間経過後は、支払保険料の全額を損金算入しつつ、資産計上した金額を保険期間満了まで均等に取り崩し、損金算入する（資産取崩期間）。

定期保険料×××　／　当座預金　×××
　　　　　　　　／　前払保険料×××

　ただし、被保険者一人当たり年換算保険料相当額の合計額30万円以下（他社商品も含んで通算）である場合は全額損金算入（法人税基

本通達9−3−5の適用）が認められました。

イ 最高解約返戻率70％超85％以下の場合

（ⅰ）保険期間の当初40％相当期間において、支払保険料の60％を資産計上、40％を損金に算入する（資産計上期間）。

前払保険料×××　╱　当座預金×××
定期保険料×××╱

（ⅱ）保険期間の40％相当期間経過後から75％相当期間までの間は支払保険料の全額を損金算入する。

定期保険料×××　╱　当座預金×××

（ⅲ）保険期間の75％相当期間経過後は、支払保険料の全額を損金算入しつつ、資産計上した金額を保険期間満了まで均等に取り崩し、損金算入する（資産取崩期間）。

定期保険料×××　╱　当座預金　×××
╱　前払保険料×××

ウ 最高解約返戻率85％超の場合

（ⅰ）最高解約返戻率までの当初10年間、支払保険料×最高解約返戻率×90％を資産計上、11年目以後、年換算保険料に対する解約返戻金相当額の増加割合が70％を超えている期間は、保険料×最高解約返戻率×70％を資産計上し、残額を損金算入する（資産計上期間）。
　また、「最高解約返戻率となる期間」及び「100分の70を超える期間」が複数ある場合は、いずれもその最も遅い期間とする。

前払保険料×××　╱　当座預金×××
定期保険料×××╱

（ⅱ）資産計上期間経過後は解約返戻金相当額が最も高い金額となる期

間までは支払保険料の全額を損金算入する。解約返戻金相当額が最
も高い金額となる期間が複数ある場合は、いずれもその最も遅い期
間とする。

定期保険料××× ／ 当座預金×××

(iii)　解約返戻金相当額が最も高い金額となる期間経過後から、資産計
　　上した金額を保険期間満了まで均等に取り崩し、損金算入する（資
　　産取崩期間）。

定期保険料××× ／ 当座預金　×××
前払保険料×××

　なお、本文の取扱いは、保険契約時の契約内容に基づいて適用されま
すが、契約内容に変更があった場合は、変更後の期間は変更後の契約内
容に従って適用されます。

（参考）最高解約返戻率50％以下の場合

定期保険料××× ／ 当座預金×××

⑵　定期保険と第三分野保険の保険料のよくある質問

　よく受けるご質問は以下のとおりです。

ア　最高解約返戻率はどうやって計算するのですか？

　最高解約返戻率とは、契約時に保険会社から各期間において示された
解約返戻金相当額を保険料総額で除した割合の最も高いものをいいま
す。最高解約返戻率は、保険設計書等に記載された個々の契約内容に応
じて設計されるものを用います。

①　端数処理

　経理事務の簡便性のため、設計書記載の小数点2位以下の端数を切り
捨てて計算した数値でも差し支えないとされています。設計書に85.09％

を85.0％と表示されていれば、85％以下とされます（令和元年7月8日国税庁「定期保険及び第三分野保険に係る保険料の取扱いに関するFAQ」（以下、「FAQ」という。Q4、289頁参照））。

② **特別保険料**

主契約の保険料に含めて最高解約返戻率を計算します（「FAQ」Q6、290頁参照）。特別保険料により、最高解約返戻率が上がる場合もありますが、その場合は上がった最高解約返戻率を用います。

③ **契約転換後の最高解約返戻率**

契約転換後の内容の新契約の最高解約返戻率を用います（「FAQ」Q19、298頁参照）。

イ **保険料の支払いを、月払から年払に変更した場合に最高解約返戻率が変わりました。どう経理処理すればいいですか？**

法人税基本通達9－3－5の2（注）5にある「契約内容の変更」とは、原則、解約返戻率の変動を伴う変更とされます。

① **契約内容の変更に当たるもの**

払込期間の変更（全期払から短期払）、保険金額の増額、減額や一部解約に伴う高額割引率の変更、保険期間の延長・短縮、特別保険料の変更

② **契約内容の変更に当たらないもの**

払込方法の変更（月払を年払に変更）、払込経路の変更（口座振替扱いから団体扱いに変更）、契約者貸付、減額、保険給付のある特約への追加加入

ご質問の払込方法を月払から年払に変更した場合、契約内容の変更に当たらないので最高解約返戻率が変わっても従来の経理処理を継続することができるとされます。

なお、契約内容の変更により、最高解約返戻率が低くなる場合、洗替を行わなくてもよいとされます（「FAQ」Q11、293頁参照）。

ウ　保険料が30万円以下だと全損扱いと聞きましたが、どのように取り扱うのでしょうか？

　保険料が30万円以下だと全損扱いになるのは二つの区分があります。それぞれの区分で30万円以下かどうかを判断します。区分を超えて合算することはありません。

① **最高解約返戻率50％以下の当該事業年度に支払った保険料**

　法人税基本通達９－３－５の（注）２の「１の被保険者あたり当該事業年度に支払った保険料の額が30万円以下」は、最高解約返戻率50％以下の「解約返戻金相当額のない定期保険又は第三分野保険（ごく少額の払戻金のある契約を含み、保険料の払込期間が保険期間より短いものに限る）」を対象に判断します（「FAQ」Q17、297頁参照）。

② **最高解約返戻率50％超70％以下の年換算保険料**

　法人税基本通達９－３－５の２の「１の被保険者あたり年換算保険料が30万円以下」は、最高解約返戻率50％超70％以下の定期保険又は第三分野を対象に判断します（「FAQ」Q９、291頁参照）。

　ですから、法人税基本通達９－３－５で30万円以下、法人税基本通達９－３－５の２で30万円以下を別々に判断します。

　また、明文の規定はありませんが、対象になる被保険者が別々の企業に勤務している場合、保険料支払や決算は企業単位で行うことから、それぞれの企業で30万円以下かどうか判断せざるをえないと思われます。

　なお、改正通達の適用日より前に契約した定期保険や第三分野保険の保険料は対象外です。

エ　資産計上期間や取崩期間で端数が出たら、どうするのですか？

　法人税基本通達９－３－５の２（１）（注）のとおり、月割で、かつ、資産計上期間の１月未満は切り捨て、資産取崩期間の１月未満は切り上げです。端数処理の考え方が変わり、年単位では考えません。

オ　契約者配当の額や生存給付金はどう取り扱うのですか？

　契約者配当の額は将来の払戻しが決まっていないので、解約返戻金相

当額に含まれませんから、最高解約返戻率に影響はありません。

　しかし、将来の払戻しが約束されている生存給付金については、解約返戻金相当額に含まれ、最高解約返戻率に影響はあります（「FAQ」Q7、290頁参照）。

カ　最高解約返戻率85％超の経理処理がよくわからないのですが、どのように処理するのでしょうか？

　設計書に従って経理処理するのですが、85％超の経理処理は複雑なので、顧客には最高解約返戻率70％超85％以下の保険商品をお勧めするのがよいと思っています。

　以下、参考として、最高解約返戻率85％超の経理処理を例示します。

（前提条件）

　30歳男性で最高解約返戻率90％の長期平準定期保険（100歳払込・保険期間満了、月保険料10万円）に加入の場合、以下のような経理処理（例）になります。

① 　最高解約返戻率までの当初10年間

定期保険料1.9万円　／　当座預金10万円

前払保険料8.1万円　／

　（<u>10万円</u>×<u>90％</u>×<u>90％</u>＝8.1万円を前払保険料として資産計上）
　　月保険料　　最高　　112頁
　　　　　　　　解約　　参照
　　　　　　　　返戻率

② 　11年目以後、年換算保険料に対する解約返戻金の増加割合が70％超の間（30年間）

定期保険料3.7万円　／　当座預金10万円

前払保険料6.3万円　／

　（10万円×90％×70％＝6.3万円を前払保険料として資産計上）
　　月保険料　　最高　　112頁
　　　　　　　　解約　　参照
　　　　　　　　返戻率

③ 資産計上期間経過後、解約返戻金額がピークになるまでの間（20年間）

定期保険料10万円 ／ 当座預金10万円

④ 解約返戻金額がピークとなる翌期以後（10年間で均等に取崩し）

定期保険料37万円 ／ 当座預金 10万円
　　　　　　　　　　　　 前払保険料27万円

（<u>8.1万円</u>×12月×10年＋<u>6.3万円</u>×12月×30年）
　　①より　　　　　　　　　　②より

÷（12月×10年）＝27万円を取り崩し

●図表3－3　解約返戻率と解約返戻金額のカーブ

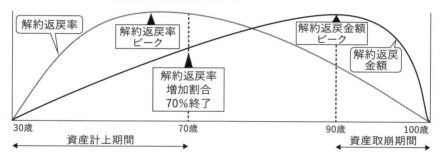

キ　短期払で最高解約返戻率85％超となる経理処理がよくわからないのですが、どのように処理するのでしょうか？

　保険料を短期払にすると、もっと複雑になります。ただ、当期分保険料を算出すれば、後は同じです。

（前提条件）

・商品：長期定期保険（最高解約返戻率90％）　35年目にピーク

・保険期間：50歳～100歳（50年）　保険料払込期間20年

・払込保険料：50万円（年払）

（経理処理方法）

① 保険期間開始から最高解約返戻率に達する保険年度までの期間（当初10年間）

　払込保険料50万円のうち、当期分保険料（50万円×20年÷50年）＝20万円を算出する。この20万円を定期保険料と前払保険料に計上する。

定期保険料　　3.8万円　／　当座預金50万円

前払保険料　46.2万円　／

（20万円－20万円×90％×90％＝3.8万円が定期保険料。残りが前払保険料）

当期分　　　当期分　　　最高　　112頁
保険料　　　保険料　　　解約　　参照
　　　　　　　　　　　　返戻率

② 11年目から保険料払込期間満了後（10年間）

　払込保険料のうち、当期分保険料の20万円を定期保険料と前払保険料に計上する。

定期保険料　　7.4万円　／　当座預金50万円

前払保険料　42.6万円　／

（20万円－20万円×90％×70％＝7.4万円が定期保険料。残りが前払保険料）

当期分　　　当期分　　　最高　　112頁
保険料　　　保険料　　　解約　　参照
　　　　　　　　　　　　返戻率

③　保険料払込期間満了後最高解約返戻率まで（15年間）

①で積み立てた前払保険料を取り崩します。

定期保険料　　7.4万円　／　前払保険料20万円

前払保険料　12.6万円　／

④　③経過後解約返戻金が最も高くなるまで（5年間）

定期保険料20万円　／　前払保険料20万円

⑤　残り保険期間で均等に取崩し（10年間）

定期保険料67.7万円　／　前払保険料67.7万円

$$(\underset{①}{\underline{46.2万円}} \times 10年 + \underset{②}{\underline{42.6万円}} \times 10年 - (\underset{③}{\underline{20万円 - 12.6万円}}) \times 15年$$

$$- \underset{④}{\underline{20万円}} \times 5年) \div 10年 = 67.7万円$$

ク　保険期間が終身の第三分野保険の経理処理はどうなりますか？

　保険期間が終身の第三分野保険の経理処理は、日本アクチュアリー会が作成した、「第三分野標準生命表2018（男）」における最終年齢に基づき116歳までを保険期間として保険料を計上します。従来は105歳までと考えていましたから、多くの保険が短期払となります。

　そして、保険料払込期間中は、払込保険料×（保険料払込期間／保険期間）を損金に算入し、残額を資産に計上します。保険料払込期間満了後は、残りの期間で前払保険料を均等に取り崩します。

（前提条件）

　50歳男性で医療保険（終身、80歳払込満了、月保険料10万円）に加入の場合

（経理処理方法）

① 　保険料払込期間中（80歳までの30年間）

$$\begin{array}{l} \text{医療保険料 4.55万円} \\ \text{前払保険料 5.45万円} \end{array} \Big/ \begin{array}{l} \text{当座預金10万円} \end{array}$$

（（10万円×12月×<u>30年</u>）÷（12月×<u>66年</u>）＝4.55万円が医療保険料。）
　　　　　80歳までの30年　　116歳までの66年

残額が前払保険料）

② 　保険料払込期間満了後（116歳までの36年間）

$$\text{医療保険料 4.55万円} \Big/ \text{前払保険料 4.55万円}$$

（（<u>5.45万円</u>×12月×<u>30年</u>）÷（12月×<u>36年</u>）＝4.55万円を取り崩す）
　　①　　　　　　保険料　　80歳から116歳までの36年
　　　　　　　　　払込期間

ケ　契約転換すると保険料に影響がありますか？

　契約転換は、保険契約を新たな保険契約に切り替えるものです。転換後の契約の保険料については、改正後の取扱いを適用します（「FAQ」Q19、298頁参照）。

　新しい保険料は、新たな最高解約返戻率の区分に応じて取り扱います。また、資産計上額についても、新たな区分に応じて取り崩します。

コ　外貨建保険や変額保険はどう経理処理すればいいですか？

　外貨建保険については、契約時の為替レートを用いて解約返戻金相当額を計算します。また、変額保険については、契約時に示された予定利率を用いて解約返戻金相当額を計算します（「FAQ」Q8、291頁参照）。

Q47 令和元年７月８日より前の定期保険・第三分野保険の保険料の取扱いはどのような取扱いでしょうか？

A47 保険加入時の個別通達等の経理処理を継続します。

◀解説▶

　令和元年の法人税基本通達改正前の定期保険や第三分野保険では、商品別に個別に支払保険料の損金算入割合が規定されていました（300頁以下参照）。

(1)　定期保険一般（個別通達のある商品を除く）（法人税基本通達９－３－５）

　期間の経過に応じて損金算入（全額損金）

(2)　長期平準定期保険（平成20年２月28日、課法２－３、課審５－18）

① 保険期間の当初６割相当期間は、２分の１資産計上、２分の１損金算入

② 保険期間の残り４割相当期間は全額損金算入するとともに、前払保険料として資産計上した額を残りの保険期間で均等に取崩し

(3)　逓増定期保険（平成20年２月28日、課法２－３、課審５－18）

① 保険期間の当初６割相当期間は、保障内容により、２分の１資産、３分の２資産、４分の３資産（残りは損金算入）

② 保険期間の残り４割相当期間は全額損金算入するとともに、前払保険料として資産計上した額を残りの保険期間で均等に取崩し

⑷ **がん保険（終身払込）（平成24年4月27日、課法2-5、課審5-6）**

① 原則：加入時から105歳までの期間の50％相当期間は2分の1資産計上、2分の1損金算入。残り50％相当期間は、全額損金算入するとともに、前払保険料として資産計上した額を残りの保険期間で均等に取崩し

② 例外：解約等において払戻金のないもの（保険料払込期間が有期払込であり、保険料払込期間が終了した後の解約等においてごく小額の払戻金がある契約を含む。）である場合は全額損金（医療保険（終身）も同様）

なお、通達改正前の契約については、これらの取扱いが継続されます。

Q48　全員加入の養老保険の経理処理はどうなりますか？

A48　従来と同じく法人税基本通達9-3-4（3）と所得税基本通達36-31の経理処理を行います。

◀解説▶

⑴ **養老保険による福利厚生プラン**

　養老保険による福利厚生プランとは、契約形態が、契約者：法人、被保険者：従業員（役員も可）、死亡保険金受取人：被保険者の遺族、満期保険金受取人：法人、で普遍的加入が行われることにより払込保険料の2分の1相当額が保険料積立金として資産計上、残る2分の1相当額が福利厚生費として損金算入されるものです。

　普遍的加入を中心に多くのご相談を受けるのですが、判断の根拠となる通達や裁決事例が少なく、判断に困ります。まず、通達は次の2つです。

法人税基本通達9−3−4（養老保険に係る保険料）

　法人が、自己を契約者とし、役員又は使用人（これらの者の親族を含む。）を被保険者とする養老保険に加入してその保険料を支払った場合には、その支払った保険料の額については、次に掲げる場合の区分に応じ、それぞれ次により取り扱うものとする。

（1）　死亡保険金（被保険者が死亡した場合に支払われる保険金をいう）及び生存保険金（被保険者が保険期間の満了の日その他一定の時期に生存している場合に支払われる保険金をいう）の受取人が当該法人である場合　その支払った保険料の額は、保険事故の発生又は保険契約の解除若しくは失効により当該保険契約が終了する時までは資産に計上するものとする。

（2）　死亡保険金及び生存保険金の受取人が被保険者又はその遺族である場合　その支払った保険料の額は、当該役員又は使用人に対する給与とする。

（3）　死亡保険金の受取人が被保険者の遺族で、生存保険金の受取人が当該法人である場合　その支払った保険料の額のうち、その2分の1に相当する金額は（1）により資産に計上し、残額は期間の経過に応じて損金の額に算入する。ただし、役員又は部課長その他特定の使用人（これらの者の親族を含む。）のみを被保険者としている場合には、当該残額は、当該役員又は使用人に対する給与とする。

所得税基本通達36−31（使用者契約の養老保険に係る経済的利益）

　使用者が、自己を契約者とし、役員又は使用人（これらの者の親族を含む。）を被保険者とする養老保険に加入してその保険料を支払ったことにより当該役員又は使用人が受ける経済的利益については、次に掲げる場合の区分に応じ、それぞれ次により取り扱うものとする。

（3）　死亡保険金の受取人が被保険者の遺族で、生存保険金の受取人が当該使用者である場合

　　　当該役員又は使用人が受ける経済的利益はないものとする。ただし、役員又は特定の使用人（これらの者の親族を含む。）のみを被保険者としている場合には、その支払った保険料の額のうち、その

２分の１に相当する金額は、当該役員又は使用人に対する給与等と
　　する。
（注）２　上記（３）のただし書については、次によることに留意する。
　　　（１）　保険加入の対象とする役員又は使用人について、<u>加入資格</u>
　　　　　<u>の有無、保険金額等に格差が設けられている場合であって</u>
　　　　　<u>も、それが職種、年齢、勤続年数等に応ずる合理的な基準に</u>
　　　　　<u>より、普遍的に設けられた格差であると認められるときは、</u>
　　　　　<u>ただし書（給与扱）を適用しない。</u>
　　　（２）　<u>役員又は使用人の全部又は大部分が同族関係者*である法</u>
　　　　　<u>人については、たとえその役員又は使用人の全部を対象とし</u>
　　　　　<u>て保険に加入する場合であっても、その同族関係者である役</u>
　　　　　<u>員又は使用人については、ただし書（給与扱）を適用する。</u>
　＊同族関係者：株主等の親族（配偶者、６親等内の血族及び３親等内の姻族）

⑵　養老保険に関する裁決事例

　次に重要と思われる裁決事例を３つ取り上げます。

ア　主任以上の加入は全従業員が恩恵を受ける機会が与えられていない とする裁決（平成５年８月24日裁決、裁決事例集第46集177頁）

　　　請求人は、本件養老保険契約に係る被保険者について、１）勤続年数
　15年以上、２）年齢40歳以上、３）定年までの定着度の各要件を総合
　勘案して、各職種より選定した旨主張するが、１名のやむを得ない例外
　を除いては主任以上の全従事員が被保険者となっており、保険加入の対
　象者として主任以上の基準を設けていたことが推認される。
　　　ところで、請求人においては、主任とは役職名の一つであって、役
　職の任免は請求人の業務運営上の必要に応じて行われるものとされてお
　り、必ずしもすべての従事員が主任以上の役付者になれるとは限らず、
　また、課長又は主任に任命されていない者で勤続年数15年以上かつ年
　齢40歳以上の者が３人認められることからみると、全従事員がその恩

恵に浴する機会を与えられているとは認められない。

　したがって、本件保険契約については、<u>全従業員がその恩恵に浴する</u><u>機会が与えられているとは認められず、支払った保険料は被保険者に対</u><u>する給与とすることが相当</u>である。

イ　同族関係者の福利厚生費算入を否認した裁決（平成18年10月17日東裁（諸）平18－67）

　請求人は、請求人を契約者及び生存保険金の受取人とし、請求人の役員及び使用人を被保険者、被保険者の遺族を死亡保険金の受取人とする養老保険契約について、役員及び使用人の福利厚生の一環として加入したものであり、特定の者に恩恵を与えるような恣意的なものとはいえないから、<u>請求人の役員又は使用人の全部が同族関係者であるとしても、</u><u>当該養老保険契約の保険料のうち死亡保険金に係る部分は福利厚生費で</u>あるとして、本件納税告知処分が違法である旨主張する。

　ところで、所得税基本通達36－31（注）2の（2）は、役員又は使用人の全部又は大部分が同族関係者である法人が養老保険に加入した場合について、たとえその役員又は使用人の全部を対象として保険に加入する場合であっても、その同族関係者である役員及び使用人については、その支払った保険料の2分の1に相当する金額（死亡保険金部分）は当該役員及び使用人に対する給与等とする旨定めているが、<u>その趣旨</u><u>は、当該法人においては、当該法人の同族関係者によって経営の支配権</u><u>が確立され当該法人の同族関係者自らが養老保険の加入の要否及び保険</u><u>金額等を決定する権限、すなわち養老保険契約の加入に伴う経済的利益</u><u>の供与を決定する権限を有している</u>ことから、当該法人が支払う養老保険の保険料には<u>もはや従業員の受動的利益であるはずの福利厚生費の性</u><u>格が欠如し、福利厚生を目的とした使用者側の業務上の要請による支出</u>

とは認められず、同族関係者が、専ら当該経済的利益を自ら受益するために養老保険に加入していると認められることから、当該法人が支払った保険料は同族関係者に対する給与として課税するというものであり、このような取扱いは当審判所においても相当なものとして是認できる。そうすると、請求人が加入した上記養老保険の保険料のうち死亡保険金に係る部分は請求人の役員及び使用人に対する給与と認められるから、本件納税告知処分は適法である。

ウ　理事会で正当に決議された役員退職金規程や決議がなく、経済的利益目的の保険加入とされ、損金否認された裁決（平成27年6月19日名裁（諸）平26－44）

請求人は、同人が契約者として締結した、理事長等を被保険者とする養老保険契約の死亡保険金について、従業員を被保険者とする保険契約の死亡保険金に比して多額であるが、格差が存する理由として、理事長等が病院の経営に生涯責任を持ち、請求人の借入金の保証人になっているため、所得税基本通達36－31の（注）2の（1）に定める「保険加入の対象とする役員又は使用人について、加入資格の有無、保険金額等に格差が設けられている場合」に該当し、本件通達の（3）ただし書に定める「役員…のみを被保険者としている場合」に該当しないこととなるため、本件各保険契約に基づき請求人が支払う保険料の2分の1に相当する金額は理事長等に対する給与等には該当しない旨主張する。しかしながら、理事長等は従業員とは質的に異なる重い責任を負っているということができるものの、本件通達の趣旨や「職種、年齢、勤続年数等」という列挙事由に照らせば、他に特別の事情のない限り、福利厚生を目的として、死亡保険金に大きな格差を設けることの合理的な根拠にはならないというべきである。さらに、本件各契約は、請求人の福利厚生規

定に定めたりすることなく理事長等の判断だけで締結されていることからすれば、理事長等は自らが本件各保険契約による経済的利益を受ける目的で締結したものと評価せざるを得ず、本件各保険料の死亡保険金に係る部分には、もはや一種の福利厚生費としての性格が欠如していると言え、本件通達の（注）2の（1）に定める「職種、年齢、勤続年数等に応ずる合理的な基準により、普遍的に設けられた格差であると認められるとき」には該当しないというべきであり、本件通達の（3）ただし書に定める「役員…のみを被保険者としている場合」に該当すると評価できるから、本件各保険料の2分の1に相当する金額は理事長等に対する給与等に該当する。

　この裁決事例を時系列に追うと、以下のとおりです。

平成15年	勤続1年以上の従業員を被保険者とする一律500万円の養老保険に加入
平成16年 4月	理事長、常務理事（理事長の妻）を被保険者とする各5000万円の養老保険に加入
平成22年 4月	従業員の養老保険を解約。勤続3年以上の従業員を被保険者とする死亡保険金600万円、入院6000円のがん保険に加入
平成26年 3月	源泉所得税の納税告知処分及び不納付加算税の賦課決定処分
平成26年 8月	審査請求
平成27年 6月	請求人が主張する諸事情（病院経営に生涯責任を持ち、借入金の保証人になっており、他の職員と質的に異なる重い責任を負っている）は、「給与等に大きな格差を設けることの根拠にはなり得るとしても」「他に特別の事情のない限り、福利厚生を目的として、死亡保険金に大きな格差を設けることの合理的な根拠にはならない」。（中略）「理事会で審議したり福利厚生規定に定めたりすることなく、2人だけの判断で本件各保険契約を締結していることは、自らが各保険契約による経済的利益を受ける目的で、本保険契約を締結したものと評価せざるを得ない。」として福利厚生目的を否定。審査請求を棄却。

よく、役員と従業員の保険金額の格差は5倍以内が適当ですか、とのご質問があります。しかし、5倍ならいいとする明文の規定はありません。個人的には、役員退職金規程と従業員退職金規程がどう規定しているかだと思っています。また、従業員だけの全員加入でも税務調査時に細かく確認されるのに、顧客がわざわざ役員を全員加入させる必要があるのか、役員は長期平準定期保険等への加入でよいのではないかと思っています。

　本件の場合、理事長等は5,000万円の養老保険に加入していました。従業員については当初の加入したいた500万円の養老保険を解約して、最終的にがん保険に切り替えていた事例でした。規程の存在や手続の瑕疵について問題とされましたが、これらの問題がなければ役員と従業員の10倍の格差がどう判断されたか、やはり経営者としての責任の重さは死亡保険金に大きな格差を設けることの合理的な根拠にはならないと判断されたか、と残念に思います。

(3)　福利厚生プランの3つのポイント

　福利厚生プランには、次の3点が重要と思われます。

① 　全従業員が加入できるという福利厚生目的があること
② 　受け取る保険金等を、将来の退職金の原資にあてる旨の規程があること
③ 　新入社員の加入手続及び退職社員の解約手続などを確実に行うこと

(4)　普遍的加入

　普遍的加入とは、加入の対象者や保険金額などの設定にあたり、全員同一条件にするか、もしくは勤続年数や職種、役職など合理的な基準によることをいいます。

　所得税基本通達36-31（注）2には、「保険加入の対象とする役員又は使用人について、加入資格の有無、保険金額等に格差が設けられてい

る場合であっても、それが職種、年齢、勤続年数等に応ずる合理的な基準により、普遍的に設けられた格差であると認められるときは、ただし書を適用しない。」とありますが、それ以上の詳細は分かっていません。ただ、一般的に、以下のとおりと考えています。

（普遍的加入とされる場合）
・従業員のみを対象として、役員は加入させない。
・正社員のみを対象として、規程対象外のパート、アルバイト等は対象外とする。
・危険度の高い配送部門や工場部門は対象にするが、事務部門は対象外とする。
・勤続3年以上を対象にする。
・年齢が25歳以上を対象にする。
・加入の機会を与えたのに不同意のものを対象外にする（証跡を残す）。
・健康診断により加入できないものを対象外にする（証跡を残す）。
・従業員1名のみの会社で1名加入する。
・死亡保険金受取人のいないものを対象外にする（法人受取で資産計上も可）。
・複数の保険会社で従業員が全員加入している。

（普遍的加入とされない場合）
・役員のみ加入させる。従業員の退職により、結果的に役員のみの加入となる。
・特定の従業員のみ加入させる。
・50歳以上を対象外にする（高年齢雇用安定法により、70歳までの雇用機会確保が求められている）。
・女性の退職率が高いので、女性を除いて加入する。

- ・課長以上の従業員を対象とする。
- ・養老保険とがん保険など他の保険商品が混在している。
- ・一部の契約のみ払済にしている。
- ・規程がないのに退職者も引き続き加入させている。

⑸ 福利厚生プランの加入効果

加入効果としては、次の3点が考えられます。

ア 退職金・弔慰金財源の確保

被保険者が死亡した場合、被保険者である従業員や役員の親族に、退職金又は弔慰金として保険金が直接支払われます。

また、契約が満期を迎えた場合、法人に支払われた保険金を原資に、被保険者の退職金の全部又は一部として支払われることとなります。このように、生命保険は退職金又は弔慰金の財源作りとなります。

イ 課税の繰延効果

所定の要件を充たせば、払込保険料の2分の1相当額は福利厚生費として損金算入でき、当期の法人税額を繰り延べることができます。ただし、保険金受取時や解約返戻金受取時には、逆に益金が発生しますから、従業員や役員の退職時期に合わせることが重要です。

ウ 自社株評価額の引下げ

法人が非上場会社である場合、その株式は、類似業種比準価額方式、純資産価額方式、又はその組み合わせにより評価することとなります。

類似業種比準価額方式による評価額を構成する重要な3要素は、「配当金」「利益金」「純資産」です。前述のとおり、保険料の2分の1相当額が福利厚生費として損金算入されますから、保険料の払込みにより、「利益金」と「純資産」の2つの金額を引き下げることができます。

また、純資産価額方式による評価額についても、福利厚生プランの加

入により、引き下げることが可能となります。

(6) 逆ハーフタックスプラン

　死亡保険金受取人を法人、満期保険金受取人を役員又は従業員とする、いわゆる「逆ハーフタックスプラン」に関するご質問は減りました。令和元年の法人税基本通達の改正でも変更はありませんでした。どうしても経理処理が必要ならば、支払保険料の２分の１は役員又は従業員への給与、２分の１は期間の経過により損金算入できる定期保険料とするしかないと思います。ただ、通達に規定のない形態なので、所轄税務署への確認はとっておいた方がよいと思います。

> **満期生命保険金に係る一時所得の計算上、受取人以外の法人が負担した保険料は必要経費に含まれないとした裁決**（平成18年6月30日裁決事例集第71集299頁）
>
> 　請求人は、契約者及び死亡保険金の受取人を法人とし、満期保険金の受取人を請求人とする養老保険契約の満期保険金に係る一時所得の計算において、所得税法第34条《一時所得》第2項、同法施行令第183条《生命保険契約等に基づく年金に係る雑所得の金額の計算上控除する保険料等》第2項第2号及び所得税基本通達34－4《生命保険契約等に基づく一時金又は損害保険契約等に基づく満期返戻金等に係る所得金額の計算上控除する保険料等》の規定等の文理から解釈して、所得税法第34条第2項に規定する「収入を得るために支出した金額」とは、所得者である請求人自らが負担した金額であるか否かは問わず、支払保険料の総額であるから、保険契約者である法人が支払い費用処理した保険料（以下「本件費用処理保険料」という。）を当該「収入を得るために支出した金額」に算入すべきである旨主張する。
>
> 　しかしながら、①所得税法第34条第2項が「収入を得るために支出した金額」を「その収入を生じた行為をするため、又はその収入を生じた原

因の発生に伴い直接要した金額に限る」としているのは、一時所得に係る収入に関連して、あるいは収入があったことに起因して所得者が負担したようなものは収入を得るために支出した金額とするものであると解され、このことは、個人を納税義務者とし、当該個人の収入から支出を差し引いた純所得に課税するという所得税の本旨からすれば、条理上当然であると認められること、②所得税法施行令第183条第4項においては、所得者自らが負担したと認められる保険料等に限って「収入を得るために支出した金額」に算入することとしていること、及び③所得税基本通達34－4は、一時金の支払を受ける者（所得者）以外の者が保険契約者として保険料等を負担した場合も、当該所得者である使用人が実質的にその保険料相当額を負担しているときには、当該保険料等は当該所得者の収入を得るために支出した金額と認めるという趣旨で定められたものと解されることからすると、本件費用処理保険料を所得税法第34条第2項の「収入を得るために支出した金額」に算入できるか否かについては、本件費用処理保険料を請求人自らが負担したかどうかにより判断することが相当である。

　本件費用処理保険料は、保険契約者である法人の「保険料」として費用処理され、当該金額を請求人に対する経済的利益として（給与）課税した事実もないことから、請求人自らが負担したものとは認められず、所得税法第34条第2項に規定する「収入を得るために支出した金額」に算入することはできない。

⑺　**退職後の保険料支払**

　最近は退職しても一定年数以内なら職場に復帰できるとする企業もあります。退職したら、その方の契約は解約するのが原則ですが、規程等により退職者に見舞金や弔慰金を支払うことが明示されていたら、退職者の保険料支払も業務の遂行上必要とした裁決があります（平成29年12月12日・東裁（法）平29－63）。

Column-3　大部分が同族関係者とは？

　所得税基本通達36−31（注）2（2）には「役員又は使用人の全部又は大部分が同族関係者である法人については、たとえその役員又は使用人の全部を対象として保険に加入する場合であっても、その同族関係者である役員又は使用人については、ただし書を適用する。」とあります。そこで、「大部分が同族関係者の割合を教えてほしい」、とのご質問があります。

　残念ながら、明確な回答は持ち合わせておりません。国税庁出身の方が書かれた書籍に「おおむねその80％以上を想定している」とありますが、それが今も正しいのか分かりません。

　ただ、平成18年10月17日裁決のいう「当該法人においては、当該法人の同族関係者によって経営の支配権が確立され当該法人の同族関係者自らが養老保険の加入の要否及び保険金額等を決定する権限、すなわち養老保険契約の加入に伴う経済的利益の供与を決定する権限を有している」ことから考えると、会社法上の普通議決権や法人税法上の同族会社の定義のように保有株式数の50％超、すなわち「過半数」でいいのではと思います。ただ、この規定は「構成員割合」を問題にしていますし、「大部分」と表現しています。問題となるのは保険に加入する「被保険者数」ではなく、「役員又は使用人の全部又は大部分が同族会社である法人」かです。

　想定される会社は全体の人数も少なく、構成員の同族割合も容易に変動する場合もあると思いますから、顧客に税務調査時に指摘を受けないように、厳しめに考えた方がよいと思います。

Q49 年払保険料を同じ年度に2回振り込んでも大丈夫ですか？

A49 保険料を払い込んだタイミングで経理処理すれば2回でも大丈夫 です。

◀解説▶

　保険料の取扱いを定めている基本通達などでは、保険料を支払った場合にはその支払った保険料の額については、それぞれ次により取り扱うものとする、といった表現がされていますから、その支払った日現在で、経理処理を行うこととなります。

　ですから、口座残高不足で年払保険料の支払いが翌事業年度となり、翌事業年度に2回分の年払保険料を計上することは、上記の取扱いにより、問題になることはありません。

　保険料については、支払期日が到来しても必ず支払いを要するものではなく、一般的に保険料を支払うことにより債務が確定すると考えます。

　債務の確定についてよくご質問があるのは、月払契約を年払契約に変更する場合です。通常、月払契約を年払契約に変更できるのは、契約応当日のみだと思います。決算期に想定した以上の利益が見込まれるため、期途中に月払から年払に払方を変更しても預け金として、資産計上するだけです。払方の変更が契約応当日に完了しない限り、いつでも預けている保険料を取り戻すことができるからです。払方変更が完了しない限り、債務が確定しないとされます。

Q50　年払保険料は定期同額給与となりますか？

A50　年払保険料は経済的利益がおおむね一定なので定期同額給与となります。

◀ 解説 ▶

(1)　保険料の取扱い

　法人税法上、給与には、法人が役員等を被保険者及び保険金受取人とする生命保険契約を締結してその保険料の額の全部又は一部を負担した場合におけるその負担した保険料の額に相当する金額、といった経済的利益も含まれ、そのうち、毎月おおむね一定であるもの（経常的に負担するもの）は、定期同額給与とされています。

　その場合、その保険料相当額を含めて過大役員給与にならない限り、損金算入することができます（法基通 9 - 2 - 9 （12）、9 - 2 - 11 （5）、法法34②、法令69①二）。

(2)　年払保険料の取扱い

　役員を被保険者とする役員保険の年払保険料についても、定期同額給与として損金算入することができるとされます。

　定期同額給与に該当する経済的利益の供与に関連して、例えば、役員が負担すべき生命保険料を法人が負担している場合でその保険料を年払契約により支払っているときには、これらの支出が毎月行われるものでないことから、その供与される経済的利益の額は定期同額給与に該当しないのではないか、との疑問があります。しかし、その供与される利益の額が毎月おおむね一定かどうかは、法人が負担した費用の支出時期によるのではなく、その役員が現に受ける経済的利益が毎月おおむね一定であるかどうかにより判定することとなります。

　したがって、法人の負担した費用が、その購入形態や支払形態により

毎月支出するものでない場合であっても、当該役員が供与を受ける経済的利益が毎月おおむね一定であるときは、定期同額給与に該当するとされます。役員保険の給与扱とされる年払保険料についても、定期同額給与に該当することとなります。

そして、法人に対する課税については、給与扱いとなったことによって不相当に高額な部分が生じない限り、その保険料の額は損金算入できるということになります。

しかし、個人については給与扱いなので、この保険料相当額に対する所得税及び住民税の課税があります。

Q51 給与扱保険料は社会保険料に影響しますか？

A51 原則影響しないのですが、年金事務所に確認してください。

◀ 解説 ▶

給与扱契約とは、法人が契約者となり、被保険者を役員又は従業員、死亡保険金受取人をその遺族とする契約です。法人が支払った保険料の額は、その役員又は従業員に対する給与となります。役員に対する給与とされる生命保険料の額で、法人が経常的に負担するものは、定期同額給与となります。

この契約内容を見直す時期に事業年度開始後3か月以内などの制限はありません。法人税法施行令第69条第1項第1号の期首から3か月以内という制約は給与改定の場合で、給与扱保険料は、これには該当しない第2号に定める給与に該当します。

給与扱保険料が健康保険料及び厚生年金保険料に影響があるかについては、原則として、昭和38年2月6日庁保険発第3号通知により、労働協約、給与規則等に規定されず恩恵的に加入している場合の保険料は

報酬に含まれない、としています。

　しかし、実務では、保険契約の内容から実質的な報酬とされる場合もあるので、会社の管轄の年金事務所にて確認を取ることが必要です。年金事務所が、契約内容から給与扱保険料について、健康保険料・厚生年金保険料の報酬の算定に含まれない、との判断ならばその判断に従うことになります。

法人税法施行令

（定期同額給与の範囲等）

第69条　法第34条第1項第1号（役員給与の損金不算入）に規定する政令で定める給与は、次に掲げる給与とする。

一　法第34条第1項第1号に規定する定期給与で、次に掲げる改定（以下この号において「給与改定」という。）がされた場合における当該事業年度開始の日又は給与改定前の最後の支給時期の翌日から給与改定後の最初の支給時期の前日又は当該事業年度終了の日までの間の各支給時期における支給額が同額であるもの

　　イ　当該事業年度開始の日の属する会計期間開始の日から3月を経過する日まで（定期給与の額の改定（継続して毎年所定の時期にされるものに限る。）が3月経過日等後にされることについて特別の事情があると認められる場合にあっては、当該改定の時期）にされた定期給与の額の改定

二　継続的に供与される経済的な利益のうち、その供与される利益の額が毎月おおむね一定であるもの

Q52 短期の前払費用の取扱いはどうなりますか？

A52 継続性と１年以内という制約がありますが、原則適用できます。

◀解説▶

　法人税基本通達２－２－14では、短期の前払費用について、課税上弊害が生じない範囲内で費用計上の基準を緩和し、支払ベースの費用計上を認めることとしています。

　保険契約においても、事業年度末に年払契約で保険契約に契約する場合、継続適用が前提であることと役務の提供の終わりが１年を超えないことを前提に利用が認められています。しかし、決算期に利益が多く計上されそうだとして、年度末に年払保険料を支払って、翌事業年度になってすぐに解約する場合は適用できません。

　また、４月１日から３月31日までの保険料を、１か月以上前の２月28日に年払保険料として支払っても、短期前払費用の特則は利用できません。

法人税基本通達２－２－14（短期の前払費用）

　前払費用（一定の契約に基づき継続的に役務の提供を受けるために支出した費用のうち当該事業年度終了の時においてまだ提供を受けていない役務に対応するものをいう。）の額は、当該事業年度の損金の額に算入されないのであるが、法人が、前払費用の額でその支払った日から１年以内に提供を受ける役務に係るものを支払った場合において、その支払った額に相当する金額を継続してその支払った日の属する事業年度の損金の額に算入しているときは、これを認める。

Q53　特別保険料はどう取り扱いますか？

A53　特別保険料は主契約に準じた経理処理を行います。

◀解説▶

(1)　特別保険料の経理処理

　特別条件付契約の保険料については、原則として、特別保険料が必要となった保険契約に準じて経理処理を行ってください。

　例えば、保険金受取人を法人とする特別条件付契約の付加された終身保険料（終身保険料50万円、特別保険料5万円）を支払ったとする場合、次の経理処理（例）となります。

保険料積立金55万円　／　当座預金55万円

　特別保険料5万円を別建てで計上することはありません。

(2)　特別保険料の経理処理

　長期平準定期保険につき、当初4割相当期間が4割損金の契約の場合、月額25万円支払っているうち5万円が特別保険料の場合でも、特別保険料も含めて次の経理処理（例）となります。

前払保険料15万円　／　当座預金25万円
定期保険料10万円　／

(3)　特別保険料の経理処理の留意点

　従来は、生命保険会社でこの特別保険料に係る責任準備金を計上していないことが前提の場合、全額損金処理されていましたが、この特別保険料についても責任準備金が積まれている場合と同様の経理処理に変更されました。

　なお、特別保険料の支払いが翌事業年度になった場合、実際に支払っ

た事業年度で経理処理します。保険料は支払って初めて債務が確定するとされ、また、未払いの前払費用はありえません。

Q54 高額の支払保険料は問題がありますか？

A54 保険料や保険金支払時ではなく、退職金等の支払時に問題になる可能性があると思います。

◀解説▶

(1) 企業の支払う生命保険料等の制約

　企業の支払う生命保険料については、税務上相当な金額というものは、特に制約がありません。また、保険金額についても、同様に制約がありません。

　通常、企業が生命保険に加入する場合、被保険者が経営者であれ従業員であれ、目的をもって加入することになります。そうであれば、必要な保険金額は算出できます。

　しかし、加入目的を超えた金額で加入しても、税務上は、損金算入を否認することはなかなか容易でないと思われます。否認する根拠となる明確な法令・通達がないからです。

(2) 裁決例

　平成14年6月10日国税不服審判所の裁決（熊本）では、「原処分庁は、本件各生命保険契約に係る保険料の損金算入については、本件各契約が福利厚生目的で締結されたものでもなく、その必要性及び経済的合理性も認められず、不当に税負担を軽減し適正・公平な課税を困難ならしめるものであるから、法人税法第22条第4項に規定する一般に公正妥当と認められる会計基準とはいえず、形式的には、損金の額に算入すること

を認める本件各生命保険通達の要件を充たしていても当該通達の適用はできないから、その全額を保険積立金に資産計上すべきである旨主張する。

　しかしながら、本件各生命保険契約を締結しなかった場合と比較した法人税の減少をもって不当な税負担の軽減ということはできず、また、請求人が実質の税負担や解約返戻金を検討した上で本件各契約を締結したことも、経営者としての経営判断であると認められ、さらに、本件各生命保険通達を適用した会計処理は法人税法第22条第4項に規定する一般に公正妥当と認められる会計基準に従ったものであるということができるから、原処分はその全額を取り消すのが相当である。」としました。

　国税不服審判所は、本件で保険料が1億円を超えて高額であっても、また、保険料の年間給与額に対する割合が高くても、「本件各生命保険契約を締結しなかった場合と比較した法人税の減少をもって不当な税負担の軽減ということはできない」と判断しています。

　また、「従業員にとって、保険金額が高額であることによって福利厚生の意味合いが強くなる」とした裁決もあります（平成8年6月25日東裁（法諸平7－121））。

(3) 課税上の判断のポイント

　結局、高額の保険金額が設定されている、あるいは高額の保険料を支払っていたとしても、高額だからといって損金算入を否認することはなかなか難しいと思われます。

　ただし、保険契約を解約した、又は、保険金を受け取ったときに、保険金を原資として支給した退職金や弔慰金、見舞金などの額について、課税上の判断が行われることになると思われます。そこで、その保険金額が必要だったかどうかで、加入を判断することになると思います。

Q55 親族ならば勤務実態がなくても会社で保険料を支払って大丈夫ですか？

A55 文言上は加入可能とも思えますが、業務関連性や経済的合理性が必要と思われます。

◀ 解説 ▶

　会社に籍を置いていない役員又は使用人の親族を被保険者とする保険の保険料について、損金算入することができるのかどうか、企業の顧問税理士から相談されることがあります。

　これについては、保険料の取扱いを定めている基本通達や個別通達などにはいずれも「役員又は使用人（これらの者の親族を含む。）を被保険者とする」といった表現がされています。また、相続税法基本通達3－17のように、役員又は従業員の親族を被保険者とする通達もあります。

　通達には、「これらの者の親族を含む。」が付記されている理由について書かれているものはないと思います。この表現は、昭和44年5月1日に制定された法人税基本通達（直審（法）25（例規））の該当箇所には、すでにありました。

　親族を同様の取扱いとする理由は不明ですが、その支出が法人の経営上必要である、経済的合理性があるということが前提になっているものと思われます。ただ、これらは企業の経営判断ですから、部外者から判断しにくいと思われます。せいぜい、後継者として近日中に役員に就任予定の場合は認めてもいいのではと思います。

　ただ、日本の企業には中小企業が多いので、規程等で従業員の家族を被保険者や受取人を従業員として保険に加入した場合を規定し、家族に万が一のことがあっても会社は金銭的に援助できることをアピールできる、ひいては従業員のモチベーションアップを図ることができるとも思えます。

Column-4　税務調査の現場では

　税務調査の現場では、何のためにこの保険に加入しているのか、を確認されることがあります。ある医療法人で、理事長の兄が高額の全額資産計上の養老保険に加入していて、税務調査時に加入目的が説明できず、困り切っていたのを思い出します。福利厚生プランの従業員の全員加入と役員の付保金額が税務調査上、問題にされることは多いのですが、全額資産計上している養老保険が高額とはいえ問題視されたのが意外だったので記憶に残っています。

Q56 配当金は経理処理が必要ですか？

A56 通知毎に経理処理が必要です。税務調査で指摘されます。

◀解説▶

　配当金は、保険料算出を保守的に行った結果生じる剰余金で、契約者に分配される金額です。ただし、配当金は契約者全員に支払われるのではなく、有配当保険に加入している人だけに分配されます。

(1) 配当通知を受けたとき

　契約者配当の額について通知を受けた場合には、その通知日に、配当金とその利息の金額を雑収入として益金算入し、その相手勘定は配当金積立金とします（法基通9－3－8）。

配当金積立金×××　／　雑収入 ×××

　なお、主契約保険料を全額資産に計上している養老保険・終身保険については、例外的に、資産計上額から控除することも認められています。ただし、その場合でも、利息部分は、雑収入として益金算入することが必要です（法基通9－3－8（注）2）。

配当金積立金×××　／　保険料積立金×××
　　　　　　　　　　　　雑収入　　　×××

(2) 積立配当金を引き出したとき

　積立配当金を引き出した場合、その引き出した金額を配当金積立金勘定から取り崩します。課税関係は発生しません。

当座預金×××　／　配当金積立金×××

(3) 配当金による保険金の買増し

　買増配当とは、通常、契約者配当金で、いわゆる増加保険金を買い増しすることとし、その支払保険料に充当する方法、とされています。契約者配当の額で保険金を買い増しした場合の取扱いについては、法人税基本通達9－3－8（注）1により、以下の経理処理を行います。

保険料積立金×××／雑収入×××

> **法人税基本通達9－3－8（契約者配当）**
>
> 　法人が生命保険契約に基づいて支払いを受ける契約者配当の額については、その通知（据置配当については、その積立てをした旨の通知）を受けた日の属する事業年度の益金の額に算入するのであるが、当該生命保険契約が9－3－4の(1)に定める場合に該当する場合には、当該契約者配当の額を資産に計上している保険料の額から控除することができるものとする。
>
> （注）1　契約者配当の額をもっていわゆる増加保険に係る保険料の額に充当することになっている場合には、その保険料の額については、9－3－4から9－3－6までに定めるところによる。
> 　　　2　据置配当又は未収の契約者配当の額に付される利子の額については、その通知のあった日の属する事業年度の益金の額に算入するのであるから留意する。

Column-5

　東京税理士会の支部に研修講師としてお伺いした際、今年は保険税務に詳しい調査官が異動したのでほっとしているとお聞きしたことがあります。お聞きしたところによると、配当金の経理処理漏れをよく指摘されたとのことでした。

III−4　保険金

Q57　保険金はいつ経理処理しますか？

A57　原則、保険事故発生日に経理処理すべきです。

◀解説▶
(1)　保険金の受け取り

　法人契約において、保険金の受け取りに関する経理処理は重要です。保険金額が高額のことが多いからです。特に、受取保険金の益金算入時期が重要です。

(2)　保険金受取時の経理処理

　満期日の到来や被保険者の死亡により保険金を受け取った場合、保険契約が消滅することとなります。

　このとき、払込保険料のうち資産に計上していた金額や配当通知のある都度に資産計上していた金額がある場合、また、契約者貸付を受けていたため借入金がある場合には、その資産計上額や借入金額をすべて取り崩す必要があります。

　また、受け取る保険金は、当座預金勘定などを使って受け入れます。

当座預金×××	前払保険料	×××
	配当金積立金×××
	雑収入	×××

(3)　保険金収入の計上時期

　法人税法では、収益が実現したときに計上することを原則としています。
ア　満期保険金の受け取り

　保険金の収益計上時期の取扱いについては、法人税法では明文化され

た規定がありません。そこで、所得税基本通達を類推解釈して、「支払いを受けるべき事実が生じた日」に収益を計上することとしています（所基通36－13）。

　満期保険金のように、保険金事故発生日（満期日）と同時に受け取ることのできるものについては、満期日が「支払いを受けるべき事実が生じた日」とされ、収益が実現したとして取り扱われます。

　なお、保険金請求を遅らせたとしても、収益計上時期は変わりません。

> **所得税基本通達36－13（一時所得の総収入金額の収入すべき時期）**
> 　一時所得の総収入金額の収入すべき時期は、その支払いを受けた日によるものとする。ただし、その支払いを受けるべき金額がその日前に支払者から通知されているものについては、当該通知を受けた日により、令第183条第2項《生命保険契約等に基づく一時金に係る一時所得の金額の計算》に規定する生命保険契約等に基づく一時金又は令第184条第4項《損害保険契約等に基づく満期返戻金等》に規定する損害保険契約等に基づく満期返戻金等のようなものについては、その支払いを受けるべき事実が生じた日による。

イ　死亡保険金の受け取り

　死亡保険金については、満期保険金とは異なります。それは、保険事故が発生しても、その日に保険金が支払われないからです。

　死亡保険金の場合、「支払いを受けるべき事実が生じた日」が被保険者の死亡日であったとしても、死亡原因などについての確認が行われるため、また、確認結果次第では免責事由に該当すれば支払われない、あるいは削減して支払われる、ということもありえます。保険金請求のために新たな代表取締役の選任が必要な場合もあります。

　このため、一般的には、保険金を受け取ることが明らかとなる「支払通知受領日」において収益に計上することが相当である、ともされます。

　しかし、死亡日以後あまりにも日時を経過して保険金を請求した場合

には、意図的に請求を遅らせて課税時期を操作した、として税務当局より被保険者の死亡日を収益計上日とするよう求められることがあります。

やはり、原則として、死亡日において収益に計上するのがよいと思われます。保険会社からの支払調書も死亡日を基準に発行されます。

したがって、保険事故が発生し決算日をまたいで支払通知を受け取った場合、その日に収益を計上しようとするときには、会社から事前に所轄税務署に確認してもらった方がよいと思われます。

⑶ 保険金の据え置きと引き出し

保険金を据え置いたとしても、保険金の収益計上時期は変わりません。前述の収益計上日に経理処理を行い、借方には、預け金勘定などで処理します。そして、据置金を引き出したときに、この預け金勘定を精算して、当座預金勘定などを使って受け取ります。

（据え置き時）

預け金×××	前払保険料　××× 配当金積立金××× 雑収入　　　×××

（引き出し時）

当座預金××× ／ 預け金×××

裁決事例（平成12年11月8日大阪）

　生命保険契約と据置契約は別個の契約であり、満期保険金は、（保険期間の満了日に）支払を受けるべき権利が確定していることが認められ、保険期間の満了後新たに締結した別個の契約に引き継がれたにすぎないと認められるから、一時所得に該当することとなる。

⑷　**退職金としての支払い**

　満期保険金を役員や従業員に退職金として支払った場合、支払日に次のように経理処理を行います。ただし、役員の場合には、損金算入に限度があります。受け取った保険金額をそのまま退職金額として支払っても、それが全額損金算入になるとは限りません。

$$\text{退職金×××} \Big/ \begin{array}{l}\text{当座預金×××}\\\text{預り金}^*\text{×××}\end{array}$$

　　　　　　　　　　　　　　　　　　　＊　退職金に対する源泉徴収税額

　また、死亡保険金を遺族に死亡退職金として支払った場合には、支払日に次のように経理処理を行います。同様に、役員の場合には、損金算入に限度があります。

　さらに、弔慰金も支払った場合、相続税法基本通達3－20によって、業務上の死亡の場合は普通給与の3年分、業務上の死亡でない場合は6か月分程度であれば、法人税法上も問題ないものとされています。超過すれば、超過部分は死亡退職金とされます。

$$\begin{array}{l}\text{退職金×××}\\\text{福利厚生費×××}\end{array} \Big/ \text{当座預金×××}$$

　なお、遺族の受け取る退職金は、みなし相続財産として相続税の課税対象となります。

> **昭和62年4月16日裁決（長野）**
> 　役員退職給与の損金性は、法人税法36条の趣旨からすると役員の法人に対する役員としての役務提供による貢献度によって決せられるべきものであるから、退職給与の支給とその原資は切り離して考えるべきであり、その原資が当該役員の死亡を原因として支払われた生命保険金であるからといって、当然に支払額の全部又は一部が相当な額として損金に算入されるべき理由はない。

⑸ 死亡保険金受取人が被保険者の遺族である場合

死亡保険金は、直接被保険者の遺族に支払われます。その場合、死亡日又は保険会社から死亡保険金の支払通知を受け取った日に、配当金積立金を全額取り崩し、雑損失として損金に算入します。

雑損失×××／配当金積立金×××

⑹ 死亡保険金の年金受取

個人の場合と同様、年金特約の設定時期により分けて考えます（38頁以下参照）。

Q58 死亡保険金か死亡退職金かをどう判断しますか？

A58 退職金規程によって判断してください。

◀解説▶

被相続人が死亡したことにより相続人が受け取る保険金は、みなし相続財産として相続税の課税対象となります。

ところが、この死亡保険金は死亡退職金として取り扱われることがあります。それは、この保険金が退職金として支払う旨の規程があった場合です。

⑴ 法人契約に基づき支払われる保険金

契約者＝法人、被保険者＝従業員、死亡保険金受取人＝従業員の遺族である場合、被保険者が死亡した場合に支払われる保険金は、通常、死亡保険金として取り扱われます（相基通3 − 17（1））。

しかし、規程により、保険金を従業員の退職金として支給することとしている場合には退職手当等として取り扱われることとなります（相基通3 − 17本文ただし書き）。

なお、保険金を従業員の退職金として支給することとしている場合というのは、具体的には、法人の退職金規程、就業規則、労働協約等においてその保険金を退職手当金等として支給する旨を定めている場合のことをいいます。

> **相続税法基本通達3－17（雇用主が保険料を負担している場合）**
> 　雇用主がその従業員（役員を含む）のためにその者（その者の配偶者その他の親族を含む。）を被保険者とする生命保険契約又はこれらの者の身体を保険の目的とする損害保険契約に係る保険料の全部又は一部を負担している場合において、保険事故の発生により従業員その他の者が当該契約に係る保険金を取得したときの取扱いは、次に掲げる場合の区分に応じ、それぞれ次によるものとする。
> 　ただし、雇用主が当該保険金を従業員の退職手当金等として支給することとしている場合には、当該保険金は法第3条第1項第2号に掲げる退職手当金等に該当するものとし、この取扱いを適用しない。

(2)　従業員の死亡を保険事故としてその相続人その他の者が当該保険金を取得した場合

　雇用主が負担した保険料は、当該従業員が負担していたものとして、当該保険料に対応する部分については、相続税法第3条第1項第1号の規定を適用します。

(3)　支給する旨の退職金規程記載例

　例えば、次のような記載例となります。
　第○条（生命保険契約の締結）
　　　退職金の支払原資を確保するため、○○生命保険会社との間で福利厚生保険契約を締結する。なお、その際支払われる保険金は、第○条又は第○条に定める退職金の額の一部もしくは全部とする。

⑷　非課税規定の適用

　上記の保険金についても、退職金についても、相続人が取得する場合、いずれも、「500万円×法定相続人の数」を限度とする非課税規定の適用があります。

　すなわち、死亡保険金として取り扱われる場合には、この限度額をベースに計算された金額が非課税額となり、取得した保険金額から控除された残額が他の遺産の額に合算して相続税額の計算が行われます。この取扱いは、死亡退職金の場合も同様です（相法12①五、六）。

Q59　入院給付金はどう経理処理しますか？

A59　入金額を原則、雑収入としてください。

◀ 解説 ▶

⑴　給付金受取人が法人である場合

　法人が入院給付金、手術給付金等を受け取った場合、その支払通知受領日と給付金受取日のいずれか早い日に、全額を雑収入として益金に算入します。

　　　　　当座預金×××　　／　雑収入×××

　法人が、この給付金を原資にして、慶弔見舞金規程などに基づき見舞金を支払った場合、原則として、その金額を損金に算入することができます。

　　　　　福利厚生費×××／　当座預金×××

　なお、「社会通念上相当」な見舞金は損金算入できますが、それを超える場合には、その超える金額については給与扱いとされ、所得税及び

住民税が課税されます。しかし、この金額については、明確な基準が税務上定められていません。見舞金を5万円とした裁決事例があるくらいです（平成14年6月13日裁決、裁決事例集第63集309頁）。これを避けるためにも、受取人を法人ではなく、被保険者としておいた方がよいと思われます。

(2) 給付金受取人が被保険者である場合

法人の処理は、不要です。個人の受け取った給付金は、所得税法上、非課税とされます（所法9①十七、所基通9－21）。

Q60 リビング・ニーズ特約保険金はどう経理処理しますか？

A60 対応する資産計上額を取り崩し、差額を雑収入とします。

◀解説▶

(1) リビング・ニーズ特約保険金の概要

この特約は、被保険者の余命が6か月以内と判断されるときに、特約保険金の受取人の請求によって、死亡保険金の全部又は一部（指定保険金額）を1回に限り支払うものです。

(2) リビング・ニーズ特約保険金の受取人

リビング・ニーズ特約保険金の受取人は、被保険者です。ただし、契約者は、被保険者の同意を得て、指定代理請求人を1人、指定することができます。契約者が法人で、かつ、満期保険金受取人及び死亡保険金受取人も法人の場合、リビング・ニーズ特約保険金は法人に支払われます。

⑶ リビング・ニーズ特約保険金の支払額

　支払額は、指定保険金額から、保険金請求日から6か月間の指定保険金額に対応する利息及び保険料に相当する金額を控除した金額で、3,000万円以内の金額とされます。

　法人が保険金を受け取ったときには、それまで保険料積立金などとして資産に計上していた金額のうち、指定保険金額に対応する部分の金額を取り崩すことになり、その仕訳は次のとおりです。

当座預金×××　／　保険料積立金×××
　　　　　　　／　雑収入　　　×××

⑷　**被保険者へ退職金を支払ったとき**

　この保険金を退職金として被保険者に支払った場合、次の仕訳となります。

退職金×××　／　当座預金×××
　　　　　　／　預り金* ×××
　　　　　　＊退職金に対する源泉徴収税額

　法人の退職規程により、退職金として被保険者に支払った場合、原則として損金に算入することができます。ただし、役員の場合には、不相当に高額な部分の金額については、損金算入が認められません。

Q61　3大疾病保険金はどう経理処理しますか？

A61　対応する資産計上額を取り崩し、差額を雑収入とします。

◀解説▶
⑴　**3大疾病保険金の益金算入**

法人が３大疾病保険金を受け取った場合、その支払通知受領日と給付金受取日のいずれか早い日に、前払保険料、配当金積立金との差額を雑収入として益金に算入します。

当座預金×××	前払保険料　×××
	配当金積立金×××
	雑収入　　　×××

　ただし、保険期間が終身で法人税基本通達９－３－４（１）で処理して保険料を全額資産計上している場合は、上記の前払保険料が保険料積立金として経理処理します（介護保険金も同様）。

⑵　見舞金の損金算入

　法人が、この保険金を原資にして、慶弔見舞金規定などに基づき見舞金を支払った場合、それが社会通念上相当な見舞金であれば、その金額を損金に算入することができます。

福利厚生費×××　/　当座預金×××

　なお、社会通念上相当な見舞金は損金算入できますが、それを超える場合には、その超える金額については、給与扱とされ、所得税及び住民税が課税されます。

　この社会通念上相当な見舞金の額については、水準がよく分からないので、入院給付金と同じく実務では困っています。

　これを避けるためにも、受取人を法人ではなく、個人としておいた方がよいと思われます。

⑶　保険受取人が被保険者である場合

　保険金受取人が被保険者である場合、法人の経理処理は、不要です。ただし、前払保険料、配当金積立金がある場合、資産計上額を全額取り

崩し、雑損失として損金算入する必要があります。

$$雑損失 \times \times \times \diagup \begin{array}{l} 前払保険料 \quad \times \times \times \\ 配当金積立金 \times \times \times \end{array}$$

　なお、被保険者が受け取った３大疾病保険金は、所得税法上、非課税とされます（所法９①十七、所基通９−21）。

Q62 総合福祉団体定期保険はどう経理処理しますか？

A62 保険料は福利厚生費として全額損金算入、保険金は全額雑収入とし、退職金の原資とします。

◀**解説**▶

(1)　総合福祉団体定期保険の概要

　総合福祉団体定期保険は、契約者を企業、被保険者を従業員・役員、保険金受取人を企業又は従業員・役員の遺族とする、１年更新の死亡保障です。

　保険料が割安で、１年ごとに収支計算を行い、剰余金があれば配当金として還元します。告知扱で加入できます。

(2)　保険料の取扱い

　保険料は全額損金（法基通９−３−５、９−３−６の２）となります。また、保険金を企業が受け取った場合、全額雑収入になりますが、同じ事業年度に死亡退職金として支払うことにより損金算入します。なお、死亡保険金受取人を直接、遺族とすることができます。

(3) 団体定期保険から総合福祉団体定期保険への変更

　従来、団体定期保険として全員加入していましたが、企業が受け取る保険金額と従業員が受け取る死亡退職金との差額が問題（平成18年4月11日最高裁判決、311頁参照）となり、今では、従業員への加入同意の徹底と福利厚生規程の作成が徹底されています。

Q63　給与扱の死亡保険金をどう経理処理しますか？

A63　保険料負担者である役員又は従業員と受取人との関係で課税関係を判断します。

◀解説▶

　給与扱契約で、法人が契約者、被保険者を役員又は従業員、死亡保険金受取人がその遺族の場合、その支払った保険料の額は、その役員又は従業員に対する給与となります。

　そして、被保険者の死亡により、役員又は従業員が死亡保険金を取得した場合、その保険料は役員又は従業員が負担していたものとして死亡保険金を取り扱います。

●図表3-4　契約形態別の取扱い

	契約形態①	契約形態②	契約形態③
契約者	法人	法人	法人
被保険者	役員又は従業員	役員又は従業員の親族	役員又は従業員の親族
死亡保険金受取人	相続人その他の者	役員又は従業員	役員又は従業員及び被保険者以外の者

課税される税目	相続税の課税対象（相法3①一に定める死亡保険金。相続人が受け取る場合、非課税規定適用）	所得税及び住民税の課税対象（一時所得）	贈与税の課税対象（相法5①に定める死亡保険金）
根拠通達	相基通3－17（1）	相基通3－17（2）	相基通3－17（3）

　ただし、法人がこの保険金を役員又は従業員の退職手当金等として支給するとしている場合、すなわち、退職金規程などで保険金を退職金として支給することを明記しているような場合には、死亡保険金としての取扱いではなく、死亡退職金として取扱い、相続税の課税対象としています。

　役員又は従業員の親族が被保険者の場合、役員又は従業員が先に死亡したときには、相続人その他の者が生命保険契約に関する権利を法人から取得することとなります。この生命保険契約に関する権利は、相続税法基本通達3－17（1）により退職手当等に該当するものとされ、相続税の課税対象となります。

相続税法基本通達3－17（雇用主が保険料を負担している場合）
　雇用主がその従業員（役員を含む。以下同じ。）のためにその者（その者の配偶者その他の親族を含む。）を被保険者とする生命保険契約又はこれらの者の身体を保険の目的とする損害保険契約に係る保険料の全部又は一部を負担している場合において、保険事故の発生により従業員その他の者が当該契約に係る保険金を取得したときの取扱いは、次に掲げる場合の区分に応じ、それぞれ次によるものとする。ただし、雇用主が当該保険金を従業員の退職手当金等として支給することとしている場合には、当該保険金は法第3条第1項第2号に掲げる退職手当金等に該当するものとし、この取扱いを適用しない。
（1）　従業員の死亡を保険事故としてその相続人その他の者が当該保険金を取得した場合　雇用主が負担した保険料は、当該従業員が負担していたものとして、当該保険料に対応する部分については、法第

３条第１項第１号の規定を適用する。

（２）　従業員以外の者の死亡を保険事故として当該従業員が当該保険金を取得した場合　雇用主が負担した保険料は、当該従業員が負担していたものとして、当該保険料に対応する部分については、相続税及び贈与税の課税関係は生じないものとする。

（３）　従業員以外の者の死亡を保険事故として当該従業員及びその被保険者以外の者が当該保険金を取得した場合　雇用主が負担した保険料は、当該従業員が負担していたものとして、当該保険料に対応する部分については、法第５条第１項の規定を適用する。

（注）　雇用主が契約者で、かつ、従業員以外の者が被保険者である生命保険契約に係る保険料を雇用主が負担している場合において、当該従業員が死亡したときは、当該生命保険契約に関する権利については、法第３条第１項第３号の規定は適用がないものとする。

Column-6

　500名程度の中堅企業が、全従業員を対象に500万円一律でこの保険に加入していました。従業員が死亡した場合、社長以下全役員が保険金を持って遺族を弔問する、とのことでした。担当者任せにしないのだと感心しました。

Q64 年金受取はどう経理処理しますか？

A64 年金受取時に資産計上額を取り崩し、収益を認識します。

◀解説▶

　契約者＝年金受取人＝死亡保険金受取人：法人、被保険者：役員・従業員を前提とします。

(1) 年金支払開始前の取扱い

ア 保険料の支払い

　法人が支払った保険料は、保険料積立金として資産に計上します。

保険料積立金×××／当座預金×××

イ 配当金の受け取り

　積立通知を受けた都度、その配当金と既積立配当金に対する利息の合計額を雑収入として益金に算入し、その相手勘定を配当金積立金として資産に計上します。

配当金積立金××× ／ 雑収入×××

　なお、積み立てた配当金を引き出した場合、配当金積立金からその額を取り崩します。

当座預金×××　　　／ 配当金積立金×××

ウ 死亡保険金の受け取り

　① 死亡保険金を法人が受け取った場合、保険料積立金及び配当金積立金の資産計上額を取り崩し、受け取った死亡保険金との差額を益

金（貸方が多い場合には損金）に算入します。

$$
当座預金×××\quad\Big/\quad
\begin{array}{l}
保険料積立金××× \\
配当金積立金××× \\
雑収入\qquad×××
\end{array}
$$

②　法人の退職金・弔慰金規定等により遺族に支払った場合、原則として、その金額は退職金・福利厚生費として損金に算入できます。ただし、役員の場合には、損金算入に限度があります。

（i）　死亡による退職の場合

$$
\begin{array}{l}
退職金\qquad××× \\
福利厚生費^{*}×××
\end{array}\Big/\;当座預金×××
$$

*一定限度を超える弔慰金は、死亡退職金とされます。

（ii）　障害による退職の場合

$$
\begin{array}{l}
退職金\qquad××× \\
福利厚生費^{*1}×××
\end{array}\Big/\;
\begin{array}{l}
当座預金××× \\
預り金^{*2}×××
\end{array}
$$

＊1　社会通念上妥当な額は損金算入。これを超える部分は給与
　　　扱となります。定期同額給与など以外の役員給与は、損金不
　　　算入。
＊2　退職金に対する源泉徴収税額

エ　入院給付金の受け取り

①　特約により支払われる入院給付金や手術給付金を法人が受け取った場合、全額を雑収入として益金に算入します。

$$
当座預金×××\qquad/\;雑収入×××
$$

②　法人の慶弔見舞金規定等により見舞金を支払った場合、支払った額は、原則として損金に算入できます。

福利厚生費＊×××／当座預金　×××

　　　＊社会通念上妥当な額は損金算入。これを超える部分は給与扱と
　　　　なります。定期同額給与など以外の役員給与は、損金不算入。

(2)　年金受取開始時

　今まで積み立ててきた保険料積立金と配当金積立金を、年金積立保険
料（取崩用の資産勘定）へ振り替えます。

　　　年金積立保険料×××／保険料積立金　×××
　　　　　　　　　　　　　／配当金積立金　×××

(3)　年金受取開始後

　受け取る配当金は益金に算入します。実際には、配当金は年金と合算
して受け取ります。年金を受け取ったとき、年金積立保険料から以下の
算式による金額を取り崩し、受取額との差額は雑収入として益金に算入
します。

　　　取崩額＝年金積立保険料 ×（年金年額[1] ／ 年金受取総額[2]）

＊１　年金年額＝「契約年金＋増額年金」（年金受取開始後配当金を含まない）
＊２　年金受取総額＝年金年額×年金受取期間（確定年金の場合）

　（例）10年確定年金で2年目の年金（配当金を含む）として420万円を
　　　受け取った。受取額のうち60万円は当年度の配当金であった。
　　　また、年金積立保険料は2,400万円、年金受取総額は3,600万円と
　　　する。
　　　年金年額420万円－60万円＝360万円
　　　取崩額2,400万円×（360万円／3,600万円）＝　240万円
　　　当座預金420万円　／年金積立保険料　　　　　240万円
　　　　　　　　　　　　／雑収入　　　　　　　　　180万円

法人の退職金規程等により退職年金を支払った場合、原則としてその金額は退職年金として損金に算入することができます。ただし、役員の場合には、損金算入に限度があります。

$$退職年金××× \quad \diagup \quad \begin{array}{l} 当座預金××× \\ 預り金^{*}××× \end{array}$$

＊退職年金の源泉徴収税額

Q65　年金開始後の受取人変更はどのように経理処理しますか？

A65　年金開始後なので、相続税法第24条評価額で処理します。

◀解説▶

(1)　名義変更の経理処理

　退職に伴い名義変更したのであれば、次のように経理処理します。退職金の額よりも取崩額の方が多かったとします。

$$\begin{array}{l} 退職金××× \\ 雑損失××× \end{array} \quad \diagup \quad \begin{array}{l} 年金積立保険料××× \\ 預り金^{*}××× \end{array}$$

＊退職金に関する源泉徴収税額

(2)　年金受給権の評価額

　問題は退職金の額です。これに関しては、法人税法には定めはないので、所得税基本通達に準拠して解約返戻金の額で評価すると思われます。しかし、年金開始後の解約はできないとされているので、年金受給権の評価額（相法24）で①以外のいずれか多い金額と思われます。

　①　解約返戻金の額

　②　年金に代えて受け取ることができる一時金の額

　③　年金年額の１年当たりの平均額×複利年金現価率（残存期間に応

ずるもの）

通常、確定年金の場合は②、終身年金の場合は③が多い金額とされます。

Q66 確定給付企業年金、確定拠出年金（企業型）はどう経理処理しますか？

A66 掛金を全額損金算入とし、運用益は現在非課税とされます。

◀ 解説 ▶

⑴ 確定給付企業年金の概要

確定給付企業年金は、年金原資の額をあらかじめ定め、掛金は給付から逆算して平準的に積み立てる全員加入の企業年金です。積立不足の場合、追加負担が必要です。

掛金は全額損金（法令135）で、会社が運用の指示をするのですが、運用益については、現在、特別法人税は課税凍結中です。

加入20年以上で必ず受給資格が発生し、年金は公的年金として、公的年金等控除額を差し引いた額が雑所得となります。また、一時金の場合は退職所得として退職所得控除が使えます。死亡の場合は相続税課税です。

年金としては、受け取る従業員にとっては確定給付型が望ましいのですが、低金利の環境下で運用難でもあるため、企業としては拠出する掛金が安定的な確定拠出年金（企業型）の導入の方が望ましいと思われます。

⑵ 確定拠出年金（企業型）の概要

確定拠出年金（企業型）は、企業が掛金を拠出して、従業員が運用の指示をする企業年金です。

掛金は全額損金（法令135三）で、拠出額には上限があります（ほか

に企業年金がなければ月5.5万円、あれば月2.75万円)。また、従業員が自分で掛金を拠出するマッチング拠出(小規模企業共済等掛金控除の対象)も可能です。また、転職時には年金資産を移すことが可能です。

運用成果により給付水準は個人ごとに異なり、元本割れも発生します。運用益については、現在、特別法人税は課税凍結中です。

給付受取は、原則として、60歳以降です。年金は公的年金として、公的年金等控除額を差し引いた額が雑所得となります。また、一時金の場合は退職所得として退職所得控除が使えます。死亡の場合は相続税課税です。

なお、確定拠出年金(個人型、iDeCo)との違いは、iDeCoの運営主体が国民年金基金連合会で、掛金を加入者自身が拠出する点が異なります。自営業者の上限額は月6.8万円で小規模企業共済等掛金控除の対象(所法75)となります。

これから年金制度を導入する企業にとっては、拠出する金額が安定的な確定拠出年金(企業型)が望ましいと思います。

Q67 契約転換の経理処理はどうなりますか？

A67 転換前契約の資産計上額を全額取り崩し、転換後契約の保険料に充当される金額を前払保険料として資産計上します。この前払保険料を均等に取り崩す経理処理を忘れがちです。

◀ 解説 ▶

　契約転換とは、昭和51年にできた制度で、既存の生命保険の責任準備金（保険金支払いのための積立準備金）を新契約の責任準備金に充当する制度です。一時払保険料や前払保険料のように活用することにより、新規に加入するより安く新しい保障に変更できます。

　契約転換後は、法人税基本通達等に従い、経理処理をします。その際、見直し後契約の保険料に充当された前払保険料をその通達に従って取り崩します。

（前提条件）
　・商品：長期平準定期保険（最高解約返戻率70％）・保険期間：60〜
　　　　　100歳（40年）
　・見直し時点での資産計上額：300万・充当価格：350万円
　・払込保険料：50万円（年払）

（経理処理例）
　①契約転換時

前払保険料350万円	保険料積立金 300万円
	雑収入　　　　　50万円

　この前払保険料350万円を残り保険期間40年で均等に取り崩します（350万円÷40年＝8.75万円）。

②転換後、当初4割相当期間（16年）〜6割損金、4割資産

（支払保険料）　定期保険料　　30万円 ／ 当座預金　　　50万円
　　　　　　　　前払保険料　　20万円

（均等取崩し）　定期保険料　5.25万円 ／ 前払保険料　8.75万円
　　　　　　　　前払保険料　　3.5万円

③転換後、当初4割〜7.5割期間（14年）〜10割損金

（支払保険料）　定期保険料　　50万円 ／ 当座預金　　　50万円
（均等取崩し）　定期保険料　8.75万円 ／ 前払保険料　8.75万円

④転換後、当初7.5割相当期間経過後（10年）〜取崩開始、10割損金

（支払保険料）　定期保険料　　50万円 ／ 当座預金　　　50万円
（均等取崩し）　定期保険料　8.75万円 ／ 前払保険料　8.75万円
（資産取崩し）　定期保険料　37.6万円 ／ 前払保険料　37.6万円

（30年間で資産計上した前払保険料376万円をさらに10年間で全額取り崩します）

　なお、保険期間が終身である第三分野保険に関しては、計算上の保険期間を116歳とするため、経理上の当期保険料を算出したうえで、保険料払込期間で均等に取り崩します。

　また、契約転換後の支払保険料は、「転換価格を残り保険期間で取り崩した部分」＋「平準保険料」を「当期分支払保険料」と考えます（「FAQ」Q19、298頁参照）。

> **法人税基本通達9−3−7（保険契約の転換をした場合）**
> 　法人がいわゆる契約転換制度によりその加入している養老保険、定期保険、第三分野保険又は定期付養老保険等を他の養老保険、定期保険、第三分野保険又は定期付養老保険等（以下9−3−7において「転換後

契約」という。）に転換した場合には、資産に計上している保険料の額
（以下9－3－7において「資産計上額」という。）のうち、転換後契約
の責任準備金に充当される部分の金額を超える部分の金額をその転換を
した日の属する事業年度の損金の額に算入することができるものとする。
この場合において、資産計上額のうち充当額に相当する部分の金額につい
ては、その転換のあった日に保険料の一時払いをしたものとして、転換後
契約の内容に応じて9－3－4から9－3－6の2までの例（ただし、9
－3－5の2の表の資産計上期間の欄の（注）を除く。）による。

Q68 経理処理の修正の仕方はどうなりますか？

A68 本来の経理処理に修正します。原則として所轄税務署とご相談ください。

◀解説▶

(1) 損金算入できるのに資産計上していた場合

損金算入できるのに資産計上していた場合、資産計上額を取り崩すとともに、同額を過年度損益修正損とします。ただし、税務上、更正の請求ができるのは申告期限から5年以内です。過年度の経理処理を修正する場合、所轄税務署と相談してください。

(2) 資産計上すべきなのに損金処理していた場合

資産計上すべきなのに損金処理していた場合、過去の保険料相当額を資産計上するとともに、同額を益金算入します。ただし、税務上、修正申告書を提出することになりますが、過年度の税額を少なく申告していることになるので、過少申告加算税と延滞税の対象となります。

⑶ 給与扱保険料を単純に損金処理していた場合

給与扱保険料を単純に損金処理していた場合、原則、法人税としては過少申告していたことにはなりません。しかし、保険料相当額は給与となるので、個人の源泉所得税を改めて計算して、差額を源泉徴収しなければなりません。

⑷ 保険料を支払ったが契約が成立せず、翌年事業年度返金する場合

年度末に保険に加入して保険料を支払ったが契約が成立せず、翌事業年度に返金する場合があります。本来的には、契約が成立するまでは預け金で処理すべきですが、実務上そうしていない場合には以下の2つの経理処理が考えられます。

① 決算内での伝票処理により修正が間に合う場合

（年度末）未収金　×××　／　前払保険料×××
　　　　　　　　　　　　　　　定期保険料×××

（返金日）当座預金×××　／　未収金　　×××

② 決算内での伝票処理により修正が間に合わない場合
（会計上）　（返金日）当座預金×××　／　雑収入×××
　　　　　　　　　　　　　　　　　　　　（過年度損益修正益）

（税務上）

前事業年度の確定申告書・別表4で損金不算入（「支払保険料損金否認」）として加算処理を行い、翌事業年度の確定申告書・別表4で損金算入（「支払保険料損金容認」）として減算処理を行い、申告調整することになると思われます。

なお、これらの取扱いは法令・通達に定められていないので、所轄税務署にご相談ください。

Q69 法人から法人への契約者変更はどう経理処理しますか？

A69 譲渡価格は、税制適格型の組織再編成を除き、時価（所得税基本通達36－37準用）として、経理処理してください。

◀解説▶

(1) 法人から法人への契約者変更における取扱い

通常、法人間で物を移転する場合は時価によりますが、生命保険の場合、解約返戻金の額（所基通36－37準用）で、有償又は無償で譲渡します。しかし、法人で払い込んだ保険料と比較して、あまりにも低い金額での譲渡の不公平を是正するため、令和3年7月1日以後、法人税基本通達9－3－5の2の定期保険等に関して、取扱いを変更しました。

ただし、終身保険、年金保険、養老保険や法人税基本通達9－3－5の定期保険等は対象外ですが、今後、見直しの可能性があると思います。

(2) ケース別の取扱い

「解約返戻金の額」が「資産計上額」の70％以上の場合は「解約返戻金の額」で移転（ケース①）、70％未満の場合は「資産計上額」で移転（ケース②）と分けて考えます。

これは、国税庁からの「保険契約等に関する権利の評価に関す所得税基本通達の解説」（274頁参照）で、法人間の移転でも新しい通達が準用されることとされました。

ケース①

契約者を法人から法人に「解約返戻金の額」で有償譲渡

転出法人の経理処理	転入法人の経理処理
当座預金××× ／ 前払保険料××× 雑損失××× ／ 配当金積立金×××	前払保険料××× ／ 当座預金××× 配当金積立金×××

契約者を法人から法人に「解約返戻金の額」で無償譲渡

転出法人の経理処理	転入法人の経理処理
寄附金××× ／ 前払保険料××× 雑損失 ××× ／ 配当金積立金×××	前払保険料××× ／ 雑収入××× 配当金積立金×××

ケース②

契約者を法人から法人に「資産計上額」で有償譲渡

転出法人の経理処理	転入法人の経理処理
当座預金××× ／ 前払保険料××× ／ 配当金積立金 ×××	前払保険料××× ／ 当座預金××× 配当金積立金 ×××

契約者を法人から法人に「資産計上額」で無償譲渡

転出法人の経理処理	転入法人の経理処理
寄附金××× ／ 前払保険料××× ／ 配当金積立金 ×××	前払保険料××× ／ 雑収入××× 配当金積立金×××

　なお、寄附金には損金算入限度額＝（資本金等の額×当期の月数/12 ×0.0025＋所得金額×0.025）/4 があります。

　また、平成22年10月1日以降に法人による完全支配関係にあるグループ内の法人間では、転出法人は寄附金の全額損金不算入（法法37 ②）、転入法人は雑収入の全額益金不算入（法法25の2）とされます。

Q70 法人から個人への契約者変更はどう経理処理しますか？

A70 譲渡価格は時価（所基通36－37）として経理処理してください。

◀**解説**▶

(1) 法人から個人への契約者変更の取扱い

　通常、法人から個人へ物を移転する場合は時価によりますが、生命保険の場合、解約返戻金の額（所基通36－37）で、有償又は無償で譲渡します。しかし、法人で払い込んだ保険料と比較して、あまりにも低い金額での譲渡の不公平を是正するため、令和3年7月1日以後、法人税基本通達9－3－5の2の定期保険等に関して、取扱いを変更しました。

　ただし、終身保険、年金保険、養老保険や法人税基本通達9－3－5の定期保険等は対象外ですが、今後、見直しの可能性があると思います。

(2) ケース別の取扱い

　「解約返戻金の額」が「資産計上額」の70％以上の場合は「解約返戻金の額」で移転（ケース①）、70％未満の場合は「資産計上額」で移転（ケース②）と分けて考えます。また、個人事業主についても、法人に準じて、同様に考えます（275頁参照）。

ケース①

契約者を法人から個人に「解約返戻金の額」で有償変更

法人の経理処理		個人の課税処理
当座預金×××　／　前払保険料　×××		課税なし
雑損失　×××　／　配当金積立金　×××		

契約者を法人から個人に「解約返戻金の額」で無償変更

法人の経理処理		個人の課税処理
退職金××× / 前払保険料　×××		退職金は退職所得となり、
雑損失 ××× / 配当金積立金 ×××		所得税・住民税の課税対象

（退職以外の事由により無償交付する場合、「退職金」が「賞与」等になる。
交付先が役員のときは、原則全額損金不算入）

ケース②

契約者を法人から個人に「資産計上額」で有償変更

法人の経理処理		個人の課税処理
当座預金××× / 前払保険料　×××		課税なし
配当金積立金 ×××		

契約者を法人から個人に「資産計上額」で無償変更

法人の経理処理		個人の課税処理
退職金××× / 前払保険料　×××		退職金は退職所得となり、
配当金積立金 ×××		所得税・住民税の課税対象

（退職以外の事由により無償交付する場合、「退職金」が「賞与」等になる。
交付先が役員のときは、原則全額損金不算入）

　なお、保険契約者や保険金の受取人を法人から取締役本人やその家族
に変更することは、会社法上の「利益相反取引」に該当する可能性があり、
取締役会の承認がない場合には、後から無効とされる可能性があります。
　また、会社が破産した場合、破産管財人から裁判所への訴えにより否
認権を行使（破産法160①一）される可能性があります。したがって、
変更する場合には、必ず取締役会の承認を得るようにしてください。ご
参考として、死亡保険金請求権と破産に関する平成28年4月28日最高
裁判所判決312頁を参照ください。

Q71　保険金受取人の変更はどう経理処理しますか？

A71　解約返戻金の額で譲渡したと考えて経理処理してください。

◀解説▶

(1)　保険金受取人の変更の考え方

　例えば、長期平準定期保険で、死亡保険金受取人を法人から役員・使用人の遺族に変更した場合、保険料は、今後、全額給与扱となります。過去には遡及して修正はしません。そして、法人は配当金受取の権利を除く保険金請求権を実質的に失います。

　その結果、受取人変更時点までに計上していた前払保険料勘定を取り崩す処理が必要になると思います。被保険者へ権利が譲渡されたと考えるからです。

(2)　保険金受取人変更時の経理処理

　従来は、保険金受取人を変更しても解約返戻金請求権は残るので、経理処理不要とも考えていました。

　しかし、令和３年の所得税基本通達36 − 37の改正時の解説（274頁参照）では、契約者としての地位（権利）と保険金受取人としての地位（権利）を区別することなく、保険契約上の地位（権利）としています。それならば、契約者変更と同様の経理処理をすべきと思われます。

　なお、無償譲渡にするか有償譲渡にするかで、経理処理が異なります。無償の場合、解約返戻金の額の給与報酬が支給されたものと考えます。これは臨時の給与報酬に該当しますから、役員の場合には、全額損金不算入となります。

```
給料報酬×××  ／  前払保険料　×××
雑損失　×××  ／  配当金積立金×××
```

有償の場合、上記の給料報酬が当座預金になります。

　ただし、保険事故発生前に解約したときはどうするのか、また、名義変更した後に再度変更したときはどうするのか、は考えておかなければなりません。

Q72　保険の譲渡価額はいつの時点の金額で経理処理しますか？

A72　権利移転日の金額で経理処理してください。

◀解説▶

(1)　生命保険契約の評価額

　生命保険契約の契約者変更にあたっては、変更時の解約返戻金の額（解約返戻金のほかに支払われることとなる前納保険料の金額、剰余金の分配額などがある場合には、これらの金額との合計額）を使うこととなっています。

　例えば、生命保険契約に関する権利を退職金の全部又は一部として支給するとき、支給日時点での金額とされます（終身保険の場合）。

(2)　退職に伴う契約者変更の場合

　退職に伴う契約者変更の場合、退職日が来て、退職金が支払われます。退職日の法人の経理処理は、次のように行います。資産計上額よりも解約返戻金の額の方が少なかった前提とします。

退職金×××	保険料積立金×××
雑損失×××	配当金積立金×××
	預り金*　　×××

＊退職金に対する源泉徴収税額

しかし、役員であれば株主総会などで支給決議日、従業員については退職日での支払決裁を行っていると思います。その場合には、次の経理処理を行います。

退職金×××　／　未払金×××
　　　　　　　　　預り金×××

　そして、支払日に資産勘定残高を取崩し、未払金を精算します。

未払金×××　／　保険料積立金×××
雑損失×××　／　配当金積立金×××

　以上から、契約者変更における解約返戻金の額は、具体的な金額が定められた退職日や支給決議日の金額とするのが適切と思われ、保険会社にその日付で処理するように依頼します。

(3)　退職以外の理由による契約者変更の場合

　退職以外の理由による契約者変更の場合、有償で譲渡される場合にはその約定された金額、無償で譲渡される場合には支給日の解約返戻金の額になるものと思われます。

Q73　保険金額の減額はどう経理処理しますか？

A73　契約締結時期により取扱いが異なります。

◀解説▶

(1)　令和元年7月8日より前の旧通達の長期平準定期保険の減額の場合

　法人が契約者かつ保険金受取人の場合、保険料は、従来の個別通達に従い、前払保険料として資産計上されていると思います（保険料が全損

の場合、資産計上額がない場合があります）。保険金額の減額は、その減額された部分が解約されたものとして取り扱われます。

したがって、減額に伴い保険料率に変動がない限り、今まで資産計上されている額のうち、減額される部分*を取り崩し、受け取ることになる減額払戻金との差額は雑損失（又は雑収入）として損金（又は益金）処理することになります。

　＊減額される部分＝資産計上額×（減額部分保険金額÷減額前保険金額）

　　当座預金×××　／　前払保険料×××
　　　　　　　　　／　雑収入　　×××

なお、全損契約の場合、減額払戻金全額が雑収入になります。また、配当金積立金の額は取り崩しません。

終身保険などの他の保険商品の減額も同様に考えます。

⑵　令和元年７月８日以後の新通達の長期平準定期保険の減額の場合

法人が契約者かつ保険金受取人の場合、保険料は最高解約返戻率により一定割合が前払保険料として資産計上されていると思います。

この場合、取り崩して減額する金額は、「減額する前の保険金額による前払保険料の累計額と減額した後の保険金額による前払保険料の累計額の差額」を取り崩します。

例えば、減額前の前払保険料の累計額が900万円で、減額した後の前払保険料の累計額が620万円の場合、取り崩す部分は900万円－620万円＝280万円となります。なお、従来どおり、配当金積立金の額は取り崩しません。

法人税基本通達９－３－５の２（定期保険等の保険料に相当多額の前払部分の保険料が含まれる場合の取扱い）
　（注）５　本文の取扱いは、保険契約時の契約内容に基づいて適用する

のであるが、その契約内容の変更があった場合、保険期間のうち当該変更以後の期間においては、変更後の契約内容に基づいて9－3－4から9－3－6の2の取扱いを適用する。

　なお、その契約内容の変更に伴い、責任準備金相当額の過不足の精算を行う場合には、その変更後の契約内容に基づいて計算した資産計上額の累積額と既往の資産計上額の累積額との差額について調整を行うことに留意する。

(3)　契約貸付有り契約の保険金額を減額した場合

　この場合、減額時に借入金を精算しますので、次の経理処理例となります。

| 当座預金×××
借入金　×××
支払利息×××
雑損失　××× | 前払保険料××× |

Q74　保険契約の解約はどう経理処理しますか？

A74　資産計上額をすべて取り崩し、解約返戻金の額との差額を雑収入（又は雑損失）として益金（又は損金）に算入します。

◀解説▶

　経理処理は、次のとおりになります。

(1)　長期平準定期保険契約を解約した場合

| 当座預金××× | 前払保険料　×××
配当金積立金×××
雑収入　　　××× |

なお、受け取った解約返戻金の額が、前払保険料と配当金積立金の合計額を下回る場合は、借方に雑損失を計上します。未経過保険料の返金は、当座預金の一部として計算し、特に分けて考えません。

(2)　経理処理が分からない場合

　契約を解約した場合、契約自体が消滅します。企業の帳簿で契約に係る資産勘定（前払保険料勘定、保険料積立金勘定、配当金積立金勘定）残高や負債勘定（借入金勘定）残高を全額取り崩します。そのために、まず、法人の帳簿上の資産勘定残高や負債勘定残高を確認します。

　ただし、他の契約と合算しており個別管理していないので分からない、という場合もあります。その場合、やむを得ないので、理論上の金額を算出します。

　その場合、前払保険料や保険料積立金については、支払いの都度、どのような経理処理を行っていたのかを確認して算出します。

　配当金積立金については、配当通知のある都度、次の経理処理を行っていたかを確認します。行っていなければ、配当金積立金は0ということで処理します。

　　　　配当金積立金×××　　　／　雑収入×××

　また、負債勘定である借入金についても、同様の方法により残高を推定します。例えば、契約者貸付を受けた場合には、次のような経理処理を行います。

　　　　当座預金×××　　　　　／　保険借入金×××

　そして、利息繰入通知があった場合には、次の経理処理となります。

　　　　支払利息×××　　　　　／　保険借入金×××

　契約者貸付を返済した場合には、次のような経理処理を行います。

　　　　保険借入金×××　　　／当座預金×××
　　　　支払利息×××

ただ、それらも不明の場合には、解約などの計算明細書に記載されている金額で経理処理をするしかないと思われます。

⑶　給与扱契約の解約の場合

　死亡保険金受取人を役員・従業員の遺族とする契約については、保険料は支払いの都度、給与扱とされます。この契約を解約する場合、解約返戻金をどのように処理するかが問題です。

　保険契約者が法人である場合、約款上の解約返戻金請求者は契約者である法人ですから、解約返戻金は法人の雑収入として計上することとなります。

　この場合、契約者である法人と被保険者である役員又は従業員との間で精算を行うときには、預り金勘定を使用する方法が妥当と思われます。なぜなら、保険料払込の都度、被保険者の給与として課税されたので、解約返戻金は被保険者に帰属するものと考えられます。この場合、解約返戻金の額をいったん会社が預り金勘定で預かり、被保険者へ支払ったと考えます。

　① 解約したとき

当座預金×××　／　預り金　　　×××
雑損失　×××　／　配当金積立金×××

　② 被保険者に支払ったとき

預り金×××　　／　　当座預金×××

　この場合、個人が解約返戻金の額を取得しますので、その額を一時所得として確定申告します。所得の金額の計算上、その総収入金額に算入する解約返戻金の額から、過去に給与課税された保険料を控除して計算します。

Q75　保険契約の払済はどう経理処理しますか？

A75　洗替が原則ですが、特約がない場合は同種類の払済保険に変更すれば経理処理は不要です。

◀解説▶

　令和元年の法人税基本通達改正により、特約が付加されていない場合、養老保険、終身保険、年金保険に加えて定期保険や第三分野保険から、同種類の保険への払済処理の経理処理は不要となりました。この払済保険への変更は、令和元年の通達改正前の契約に関する払済についても、新しい通達を適用することになりました。

　ただし、定期保険から定期保険への払済をする会社は少なく、通常は定期保険から払済終身保険への変更となり、洗替が必要です。また、定期保険でも、逓増定期保険については同種の定期保険への変更ができないとされ、洗替が必要です。

　なお、保険料が全損の定期保険から同種の定期保険に変更した場合、洗替えは不要とされます。

　経理処理をせずに払済をした場合、後に解約返戻金の額が大きく増える場合もあると思います。この取扱いについては、今後、見直しの可能性もあり注意が必要と思われます。

法人税基本通達９－３－７の２（払済保険へ変更した場合）
　法人が既に加入している生命保険をいわゆる払済保険に変更した場合には、原則として、その変更時における解約返戻金相当額とその保険契約により資産に計上している保険料の額との差額を、その変更した日の属する事業年度の益金の額又は損金の額に算入する。ただし、既に加入している生命保険の保険料の全額（特約に係る保険料の額を除く。）が役員又は使用人に対する給与となる場合は、この限りでない。

1 　養老保険、終身保険、定期保険、第三分野保険及び年金保険
　　　　（特約が付加されていないものに限る。）から同種類の払済保険
　　　　に変更した場合に、本文の取扱いを適用せずに、既往の資産計
　　　　上額を保険事故の発生又は解約失効等により契約が終了するま
　　　　で計上しているときは、これを認める。
　　　2 　本文の解約返戻金相当額については、その払済保険へ変更し
　　　　た時点において当該変更後の保険と同一内容の保険に加入して
　　　　保険期間の全部の保険料を一時払いしたものとして、9－3－
　　　　4から9－3－6までの例（ただし、9－3－5の2の表の資
　　　　産計上期間の欄の（注）を除く。）により処理するものとする。
　　　3 　払済保険が復旧された場合には、払済保険に変更した時点で
　　　　益金の額又は損金の額に算入した金額を復旧した日の属する事
　　　　業年度の損金の額又は益金の額に、また、払済保険に変更した
　　　　後に損金の額に算入した金額は復旧した日の属する事業年度の
　　　　益金の額に算入する。

Q76　契約者貸付はどう経理処理しますか？

A76　保険金受取時や契約転換時に精算されたものとして経理処理します。

◀解説▶

（1）　契約者貸付を受けた場合

借入を受けた場合、次の経理処理を行います。

当座預金×××／保険借入金×××

また、利息が元本に繰り入れられた場合、次の経理処理を行います。

支払利息×××／保険借入金×××

(2) 死亡保険金受取時に精算した場合

この場合、企業の資産勘定、負債勘定を取り崩し、受取額との差額を雑収入（又は雑損失）とします。

当座預金	×××	前払保険料	×××
保険借入金	×××	配当金積立金	×××
支払利息	×××	雑収入	×××

(3) 契約転換時に精算した場合

この場合、企業の資産勘定、負債勘定を取り崩し、保障見直し時の充当価額を資産計上し、差額を雑収入（又は雑損失）とします。

前払保険料	×××	前払保険料	×××
保険借入金	×××	配当金積立金	×××
支払利息	×××	雑収入	×××

Q77 保険契約の失効やその後の解約はどう経理処理しますか？

A77 解約するまで経理処理は不要と思われます。

◀**解説**▶

失効とは、法的には保険契約が効力を停止することをいいます。しかし、保険契約者は、約款上、解約返戻金がある場合には解約返戻金を請求する権利があります。

通常、失効時点では経理処理は不要とされますが、実際に解約することが決まった時点で、以下の経理処理を行います。

当座預金×××	前払保険料	×××
	配当金積立金	×××
	雑収入	×××

通常、益金が発生すると思いますので、同一決算年度内にどのように退職金などの損金と相殺させるかが課題かと思います。

なお、失効時に経理処理不要とする根拠としては、約款及び保険法第95条（保険給付金や保険金、解約返戻金等の消滅時効）があげられます。税務当局としては、保険契約終了時に一括して課税できればいいと割り切っているのではないかと思われます。

> 保険法
> （消滅時効）
> 第95条　保険給付を請求する権利、保険料の返還を請求する権利及び第63条又は第92条に規定する保険料積立金の払戻しを請求する権利は、これらを行使することができる時から3年間行使しないときは、時効によって消滅する。
> 2　保険料を請求する権利は、これを行使することができる時から1年間行使しないときは、時効によって消滅する。

Q78　医療法人で生命保険をどう活用しますか？

A78　相続対策として大きな保険金が必要な可能性があります。

◀解説▶

(1)　医療法人制度の概要

医療法人は、医療法第39条により設立される社団又は財団です。医療法人は令和4年3月31日現在、57,141法人あり、そのうち社団医療法人は持分の定めの有無により、持分の定めのある医療法人（経過措置医療法人37,490法人、全体の65.6％）と、持分の定めのない医療法人19,284法人に分かれます。また、一人医療法人は47,295法人（全体の82.7％）あり、顧客の多くは、経過措置医療法人で一人医療法人と思わ

れます。

　持分とは、定款の定めにより、医療法人の社員が退社した場合の持分払戻請求権と医療法人が解散した場合の残余財産分配請求権を指します。

　医療法の改正により、現在では持分あり医療法人の新規設立はできなくなり、現在の持分あり医療法人は持分なし医療法人への移行が可能となっています。

⑵　持分なし医療法人制度の概要

　上記の持分なし医療法人の制度は、持分あり医療法人が配当禁止問題もあり、利益の保留が大きく持分の評価額も相当高額となり、円滑な医業継続の妨げになることから創設されたものです。持分なし医療法人であれば、相続の問題は発生せず、残余財産は国等に帰属することになります。

　なお、持分なし医療法人への移行を促進するため、医療法人においても、出資持分に係る相続税・贈与税の納税猶予・免除制度が設けられました。

⑶　医療法人における生命保険活用

　医療法人であっても、一般法人と同じく、生命保険のニーズは存在し、経過措置医療法人の場合、役員を対象とした法人契約のニーズは、一般法人より多いと思います。事業承継対策としての生命保険の活用についても、一般法人と異なるところはありません。

　医療法人の相続対策としては、持分払戻を目的とした資金準備のための生命保険ということになります。医師の場合、体力的な問題があるのか一定年齢で理事長等を勇退することが多いので、高額の終身保険か長期平準定期保険が望ましいと思います。

　また、相続対策ではありませんが、従業員に関しては専門性をもっており転職することも多いので、養老保険による福利厚生プランのような

融通性のある保険商品が望ましいと思います。

Q79 宗教法人で生命保険をどう活用しますか?

A79 役員に関する用語は違いますが、普通法人とほぼ同じです。

◀解説▶

(1) 宗教法人制度の概要

　宗教法人は、学校法人、社会福祉法人、社会医療法人などとともに、公益法人等に属します。この公益法人等は設立目的が不特定多数の者の利益ということで、税務上有利な取扱いを受けています。

　宗教法人の所轄は、その主たる事務所の所在地を管轄する都道府県知事であり、都道府県をまたがる場合には、文部科学省となります。宗教法人は公益事業を行いますが、その目的に反しない限り、収益事業を行うことができます。

　宗教法人には、3人以上の責任役員を置き、そのうち1人が代表役員となります。責任役員が普通法人の取締役にあたり、代表役員が代表取締役にあたります。

　規則に別段の定めがなければ、宗教法人の事務は、責任役員の定数の過半数で決することとなっています。責任役員で組織する責任役員会以外に、氏子又は崇敬者で徳望が篤い者のうちから選考し代表役員が委嘱した総代で組織する総代会、あるいは教会に所属する信者などのうちから責任役員会の同意を得て代表役員が任命する評議員で組織する評議員会などがあります。重要な案件については、総代会などの同意を得たうえで、責任役員会で議決することとなっています。

⑵　宗教法人の経理

　宗教法人では、一般の企業会計とは異なり、損益計算はあまり重視されていません。これは収入のほとんどが現金収入であり、収入≒収益だからと思われます。

　そして、毎会計年度終了後4か月以内に、財産目録・収支計算書とともに、役員名簿・貸借対照表・責任役員その他規則で定める機関の議事に関する書類及び事務処理簿・収益事業に関する書類などを所轄庁に提出することとなっています。

　なお、非収益事業と収益事業は区分して経理することが必要とされています。そして、継続して費用ごとに合理的な基準によって按分することとなります。

・役職員の報酬、給料、退職金等：収益事業に従事した割合に応じて区分計算

・その他の費用：建物使用面積、建物容積、従業員数などにより按分

⑶　宗教法人の納税義務

　宗教法人は公益法人等の一種ですが、定められた47の収益事業を営む場合、法人税を納める義務があります。この収益事業とは、販売業、製造業などの事業で、継続して事業場を設けて営まれる特定のものをいいます。

　収益事業を営む宗教法人は、帳簿を備え付けて、これにその取引を簡易な方法により記録し、かつ、その帳簿を保存しなければなりません。

　宗教法人に対して課する各事業年度の所得に対する法人税の額は、各事業年度の所得の金額に19%の税率を乗じて計算した金額です。ただし、令和5年3月31日までの間に開始する各事業年度の所得金額のうち、年800万円以下の金額については、19%に代えて、15%の税率を適用することとなります。

⑷ 宗教法人における生命保険活用

　宗教法人は、退職金支払いの準備として、普通法人と同様、生命保険などで準備することとなります。また、退職金の設定の目安は、普通法人と同様です。

$$最終報酬月額×役員在任年数×功績倍率$$

　この算式については、歴任した役位ごとの報酬月額を用いて役位ごとに退職金を算出し累計する、といったきめ細かな対応を行う法人も見られます。功績倍率は、代表役員は普通法人の社長等、責任役員は取締役等に読み替えて、妥当な数値に設定します。特別な功労のある人に対しては、特別功労金を加算して支払ってもよいと思われます。法人の恣意による支給とみられないために、役員退職金規程を整備しておき、これに基づき支給することが必要です。

　大きな宗教法人もありますが、家族経営の宗教法人も多くあります。終身現役の場合も多く退任時期の予想が難しいので、終身保険が望ましいと思います。

Q80　社会福祉法人で生命保険をどう活用しますか？

A80　業界全体の制度を利用し、その上乗せを提案します。

◀解説▶

⑴ 社会福祉法人の概要

　社会福祉法人とは、社会福祉事業を行うことを目的として、この法律の定めるところにより設立された法人（社会福祉法22）をいいます。社会福祉法人は、学校法人、宗教法人などとともに、法人税法上の公益法人等に属します。

社会福祉法人は、公益事業又は収益事業を行うことができます。すなわち、その経営する社会福祉事業に支障がない限り、公益を目的とする事業又はその収益を社会福祉事業の経営に充てることを目的とする事業を行うことができるのです。ただ、収益事業を行っている社会福祉法人は、非常に少ないようです。

　収益事業は、不動産賃貸、売店、出版事業などといった事業です。収益事業から生じた収益は、社会福祉事業又は公益事業の経営に充てるものでなければならず、他の法人へ寄附することは禁じられています。

　社会福祉法人の所轄庁は、原則として都道府県知事であり、事業が2以上の都道府県の区域にわたるものについては、厚生労働大臣となっています。

　社会福祉法人には、役員として、理事3人以上及び監事1人以上を置かなければなりません。理事は、すべて社会福祉法人の業務について、社会福祉法人を代表しますが、定款をもって、その代表権を制限することもできます。さらに、定款で、理事の中から理事長を選出している法人もあります。社会福祉法人の業務は、定款に別段の定めがないときは、理事の過半数をもって決定します。

　社会福祉法人に評議員会を置くことができますが、この評議員会は、理事の定数の2倍を超える数の評議員をもって組織します。そして、社会福祉法人の業務に関する重要事項を、定款をもって、評議員会の議決を要するものとすることができます。

(2)　社会福祉法人と退職金準備

　社会福祉法人の役職員に対する退職金準備については、社会福祉・医療事業団により運営されている「社会福祉施設職員等退職手当共済制度」があります。

　管轄である厚生労働省は、社会福祉法人に対して、「社会福祉施設職員等退職手当共済制度」への加入を努力義務として課しています。すな

わち、平成5年4月14日厚生省告示第116号「社会福祉事業に従事する者の確保を図るための措置に関する基本的な指針」において、厚生省は、社会福祉法人における職員処遇は、「直接的には経営者と従事者との雇用関係を通じて、具体的に内容が決定されるものである。このため、社会福祉法人の経営者は、国及び地方公共団体が講ずる支援措置を活用しつつ、職員処遇の充実に積極的に取り組んでいく必要がある。」として、退職金については、「社会福祉施設職員等退職手当共済制度への加入に努めること」と、共済制度への加入をすすめています。

⑶ 社会福祉法人と福利厚生センター

社会福祉事業を営む者については、福利厚生センターの利用も勧奨されています。福利厚生センターは、愛称をソウェルクラブといい、平成6年7月に事業開始し、各都道府県に地方事務局があります。社会福祉事業に関する連絡及び助成を行うこと等により社会福祉事業従事者の福利厚生の増進を図ることを目的として設立（社会福祉法102）されています。

そのサービスの中に、任意加入となっていますが、生命保険（積立保険、団体生命保険、総合医療保険、入院保険）と損害保険（傷害保険、自動車保険）のサービスがあります。

加入できる職員は社会福祉事業に従事する常勤の職員が対象ですが、非常勤の職員、嘱託職員、パートなどの職員、法人の役員も、任意で加入できることとなっています。掛金は、年間1万円です。

⑷ 社会福祉法人における生命保険活用

社会福祉法人は、社会福祉がその法人の主たる目的となっているため、その行為も、目的の範囲内、あるいは目的を遂行するうえで必要な行為に限られます。

したがって、退職金等については支給水準の向上が望ましいものの、

生命保険契約の活用については、あくまで業界全体の制度に上乗せする程度の養老保険などにとどめるべきと思われます（社会福祉法人審査基準2−3、社会福祉法人定款準則15）。

Q81 外貨建保険の経理処理はどうなりますか？

A81 個人の外貨建生命保険の取扱いとほぼ一緒です。

◀解説▶

　外貨建生命保険は、一種の金融商品として、保険料の支払い、保険金の受け取り等に米ドルや豪ドルなどを利用する生命保険です。

　税務上の取扱いは、円建てとほぼ同じですが、外貨を円に換算するときの為替レートが問題となります。

　この場合、円を外貨に、又は外貨を円に換算する場合に、為替リスクが生じる可能性があります。

　なお、外貨建生命保険については、契約時の為替レートを用いて解約返戻金相当額を計算します（「FAQ」Q8、291頁参照）。

　また、外貨建生命保険は、長期の外貨建債権債務なので、期末レートでの換算は不要とされています（法法61の9）。

(1) 保険料の支払い

　法人の場合、支払日における対顧客直物電信売相場（TTS）と対顧客直物電信買相場（TTB）の仲値（TTM）によります。ただし、継続適用を条件として、支払日の電信売相場（TTS）によることができます（法基通13の2−1−2）。なお、円換算特約がある場合には、それを用います。

⑵　保険金等の受け取り

　法人の場合、受取日における対顧客直物電信売相場（TTS）と対顧客直物電信買相場（TTB）の仲値（TTM）によります。ただし、継続適用を条件として、受取日の電信買相場（TTB）によることができます（法基通13の２−１−２）。なお、円換算特約がある場合には、それを用います。

Q82　事務手数料・消費税の経理処理はどうなりますか？

A82　保険料や保険金に消費税はかかりませんが、手数料には消費税がかかります。

◀解説▶

　消費税法では、保険料を対価とする役務の提供は課税対象になじまないものとして非課税、保険金は資産等の譲渡等にかかる対価には該当せず不課税とされています。

　しかし、保険会社から受け取る給与からの引去手数料は保険料受入にかかる役務の対価ですから、課税売上になります。

　同様に、事務手数料も、保険料の取りまとめという役務の提供に対する対価なので、消費税の課税対象になります。

　事務手数料を保険会社が負担した場合、法人は、以下の経理処理を行います。

保険料積立金×××　福利厚生費　×××	当座預金　×××　雑収入　　×××　仮受消費税×××

　福利厚生プランの場合、保険料積立金、福利厚生費は本来の支払額の２分の１で、事務手数料と消費税額だけ支払う当座預金の額が減少します。

Q83 財務諸表への表記はどうなりますか？

A83 明確な根拠はありませんが、以下の表記が多いです。

◀解説▶

　保険関連の会計処理については、財務諸表（貸借対照表及び損益計算書）への表示については、明らかとなっているものがないと思われます。

(1) 貸借対照表関係

　保険料の支払いと保険金等の受け取りがあります。

ア　保険料の支払い

　法人が支払う保険料については、通常、資産計上分は前払保険料、保険料積立金勘定、損金算入分は定期保険料、保険料、生命保険料などの勘定科目を使って経理処理を行います。

前払保険料　×××／当座預金×××

　まず、資産計上分ですが、前払保険料、保険料積立金勘定残高が期末に残る場合、通常、保険期間が長期にわたることから、固定資産の部、又は投資等の部に、前払保険料、保険料積立金などとして表示しています（前払費用という科目を使う場合には、費用化する期間に応じて、流動資産の部に前払費用又は固定資産の部や投資等の部に長期前払費用などとして記載することになります）。

イ　保険金等の受け取り

　保険事故の発生に伴って保険金を受け取った場合、保険契約が消滅するので、資産勘定の前払保険料、保険料積立金や配当金積立金の残高及び借入れを行っていた場合には、負債勘定の借入金残高のすべてを取り崩します。

```
当座預金×××  ／  前払保険料　×××
借入金　×××  ／  配当金積立金×××
支払利息×××  ／  雑収入　　　×××
```

　解約に伴い、解約返戻金を受け取った場合も、これに準じます。

(2)　損益計算書関係

ア　保険料の支払い

　保険料のうち損金算入とされた部分は、損益計算書の販売費及び一般管理費の部に記載するものとされています。これは、経常的な経費とされており、財務諸表規則にも、この部に記載することが明記されています（財務諸表等規則84、85、同ガイドライン84）。

イ　保険金等の受け取り

　法人が受け取る死亡保険金や満期保険金については、この契約に係る資産計上額を全額取り崩し、差額を雑収入（保険差益）又は雑損失（保険差損）として経理処理します。

```
当座預金×××  ／  前払保険料　×××
　　　　　　　 ／  配当金積立金×××
　　　　　　　 ／  雑収入　　　×××
```

　そして、損益計算書への表示は、保険金の取得が毎期経常的に発生する場合や重要性のない場合には、原則、営業外損益の部に記載します。

　ただし、保険金額が高額の場合や保険金支払があまりない場合には、特別損益の部に記載する場合もあります。解約払戻金を受け取った場合も、これに準じます。

　給付金については、相対的に金額の少ないことが多いことから、営業外収益の部に雑収入として記載するのが適切と思われます（財務諸表等規則90、95の2、95の3、同ガイドライン90）。

Chapter *IV*

相続・贈与・事業承継での
生命保険の活用

Q84 相続贈与等での生命保険活用の税務上の勘所は何ですか？

A84 納税資金対策、節税対策としても活用できますが、何より相続を円滑に行うための争族対策で活用します。

◀解説▶

(1) これからの相続・贈与・事業承継

平成27年1月1日から、相続税の基礎控除部分が見直され、令和4年分の相続税申告割合は全国で9.6％、東京都は18.7％と改正前の倍の水準となりました。自宅と預貯金があるだけの普通の家族でも、相続税の申告が必要になる可能性があることを表しています。

また、令和5年7月28日発表の厚生労働省の令和4年簡易生命表によると日本人の平均寿命は、女性が87.09歳、男性が81.05歳、75歳の平均余命は女性15.67年、男性12.04年となっています。

これからの相続・贈与は、配偶者とともにいかに手許資金を確保して長い老後生活を過ごし、その後残余財産があれば子に相続させる、さらに余裕資金が見込まれる場合は生前贈与を使い計画的に財産を移転させる、という流れになっていくと思います。

事業承継も法人の相続と考えれば同様です。いかに本業で利益を出しつつ、従業員に給与を支払い、残すべき事業資産があれば後継者に自社株を承継させるかが重要です。

(2) 相続等に生命保険を活用するメリット

相続においては、①争族対策、②納税資金対策、③節税対策の順で大切で、これを遺言書作成とともに、生命保険を利用して乗り越える必要があります。

生命保険には、受取人を指定できるというメリットがあります。死亡保険金は受取人固有の財産なので相続放棄しても受け取れる、とよくい

います。争族を避けるために生命保険金は最も力を発揮します。

　この場合、誰が保険金を受け取って他の相続人に代償交付金などとして渡せば納得してくれるかが重要です。生前贈与や遺言がある場合、誰かに特定の財産を残せば、その他の相続人に複雑な思いが残ります。それを払拭してくれるのが、生命保険金による代償交付金だと思います。生命保険金は、原則、遺産分割や特別受益の対象にはならないので、相続人間の調整にぴったりです。

　最近は、相続人の権利の主張が強く、遺産分割協議が整わず、期限内申告での相続税申告が危ぶまれる事例が増えています。また、相続人が納得するように調整するには、不動産などではなく、最後は現金に頼るしかないと思います。

　また、現行制度では、基礎控除を超えた相続財産を取得した者は、10か月以内に相続税の申告と納税が必要とされます。相続した不動産などの換価の手間を考えれば、保険金請求をして、原則、5営業日以内に支払われる保険金はとても便利で納税資金対策にもぴったりです。

　さらに、死亡保険金の非課税規定は、相続人の6割の方が知らないとされますが、相続税において必ず利用した方がよい節税対策です。

　これらの生命保険のメリットと遺言書を利用することにより、相続問題の最大の課題である遺産分割問題をクリアすることができます。相続財産が2億円までの方は、多くの場合、これだけでクリアできると思っています。

(3)　令和6年1月1日からの贈与税制の見直し

　暦年贈与については相続税への持ち戻しが3年から7年へ延長、相続時精算課税については相続税への持ち戻しのない基礎控除110万円の新設、と大きな見直しがありました。従来は暦年贈与を使っていた生命保険料の贈与が、相続時精算課税に変更される可能性があると思います。なお、暦年贈与の時効は申告期限の翌日から6年（相法37）とされま

すが、相続時精算課税は相続時の精算なのでこの時効が延長される場合
があります。

Q85 相続税・贈与税とはどのような税制ですか？

A85 相続税と贈与税の概要は次のとおりです。

◀解説▶

　日本の相続税の計算方式は、昭和22年からの遺産課税方式、昭和25
年からの遺産取得課税方式、昭和33年からの法定相続分課税方式（現
行）と推移してきました。

(1)　相続に関する税金

　課税される遺産を、法定相続人が法定相続分で分けた前提で相続税の
総額を計算します。その相続税額を、実際にもらった遺産の額により按
分し、各人の税額控除額を計算・控除し、納付税額を決定します（**図表
4－1～4－5**）。

●図表4−1　相続税の総額と各人納付税額の計算

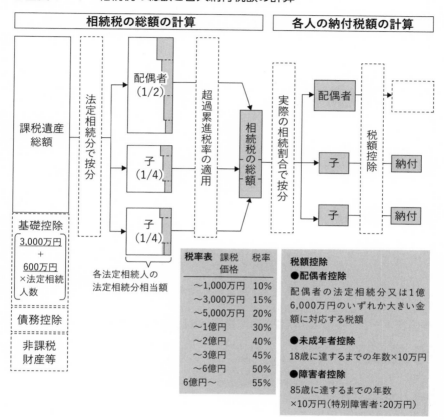

出典：財務省ＨＰ

＊1　養子も1人法定相続人に含まれます（実子がいない場合は2人）。相続放棄してもこの数には影響はありません（相法15②）。

＊2　基礎控除額は遺産の総額から控除されます。各人の遺産ではありません。

＊3　相続人以外の方が遺贈で受け取った死亡保険金額も相続税の課税対象です。

●図表4−2　相続税の速算表

法定相続分に応ずる取得金額	税率	控除額
1,000万円以下	10%	―
1,000万円超3,000万円以下	15%	50万円
3,000万円超5,000万円以下	20%	200万円
5,000万円超1億円以下	30%	700万円
1億円超2億円以下	40%	1,700万円
2億円超3億円以下	45%	2,700万円
3億円超6億円以下	50%	4,200万円
6億円超	55%	7,200万円

この速算表で計算した法定相続人ごとの税額を合計したものが相続税の総額になります
（相法16）。

出典：国税庁ＨＰ

●図表4−3　最近の相続税の税率構造・基礎控除等の推移

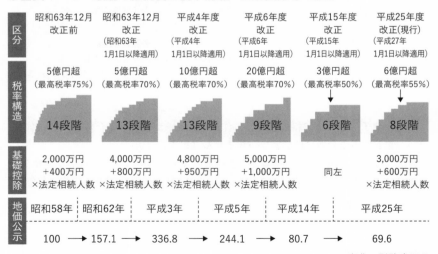

区分	昭和63年12月改正前	昭和63年12月改正（昭和63年1月1日以降適用）	平成4年度改正（平成4年1月1日以降適用）	平成6年度改正（平成6年1月1日以降適用）	平成15年度改正（平成15年1月1日以降適用）	平成25年度改正（現行）（平成27年1月1日以降適用）
税率構造	5億円超（最高税率75%）14段階	5億円超（最高税率70%）13段階	10億円超（最高税率70%）13段階	20億円超（最高税率70%）9段階	3億円超（最高税率50%）6段階	6億円超（最高税率55%）8段階
基礎控除	2,000万円+400万円×法定相続人数	4,000万円+800万円×法定相続人数	4,800万円+950万円×法定相続人数	5,000万円+1,000万円×法定相続人数	同左	3,000万円+600万円×法定相続人数
地価公示	昭和58年	昭和62年	平成3年	平成5年	平成14年	平成25年
	100 →	157.1 →	336.8 →	244.1 →	80.7 →	69.6

出典：財務省ＨＰ

●図表4－4　相続税額早見表

（単位：万円）

相続財産課税価格・基礎控除前	配偶者がいる場合（一次相続）				配偶者がいない場合（二次相続）			
	子ども1人	子ども2人	子ども3人	子ども4人	子ども1人	子ども2人	子ども3人	子ども4人
5,000	40	10	0	0	160	80	20	0
6,000	90	60	30	0	310	180	120	60
7,000	160	113	80	50	480	320	220	160
8,000	235	175	138	100	680	470	330	260
9,000	310	240	200	163	920	620	480	360
10,000	385	315	263	225	1,220	770	630	490
12,000	580	480	403	350	1,820	1,160	930	790
14,000	780	655	578	500	2,460	1,560	1,240	1,090
16,000	1,070	860	768	675	3,260	2,140	1,640	1,390
18,000	1,370	1,100	993	900	4,060	2,740	2,040	1,720
20,000	1,670	1,350	1,218	1,125	4,860	3,340	2,460	2,120
25,000	2,460	1,985	1,800	1,688	6,930	4,920	3,960	3,120
30,000	3,460	2,860	2,540	2,350	9,180	6,920	5,460	4,580
50,000	7,605	6,555	5,962	5,500	19,000	15,210	12,980	11,040
80,000	14,750	13,120	12,135	11,300	34,820	29,500	25,740	23,040
100,000	19,750	17,810	16,635	15,650	45,820	39,500	35,000	31,770

＊被相続人の遺産を法定相続人が法定相続分どおりに相続するものとして税額を算出
（配偶者がいる場合は、配偶者の相続分について「配偶者の税額軽減」を適用）

●図表4－5　相続税の負担率（相続税額÷相続財産×100）

相続財産	配偶者がいる場合（一次相続）				配偶者がいない場合（二次相続）			
	子ども1人	子ども2人	子ども3人	子ども4人	子ども1人	子ども2人	子ども3人	子ども4人
5,000	0.8%	0.2%	0.0%	0.0%	3.2%	1.6%	0.4%	0.0%
6,000	1.5%	1.0%	0.5%	0.0%	5.2%	3.0%	2.0%	1.0%
7,000	2.3%	1.6%	1.1%	0.7%	6.9%	4.6%	3.1%	2.3%
8,000	2.9%	2.2%	1.7%	1.3%	8.5%	5.9%	4.1%	3.3%
9,000	3.4%	2.7%	2.2%	1.8%	10.2%	6.9%	5.3%	4.0%
10,000	3.9%	3.2%	2.6%	2.3%	12.2%	7.7%	6.3%	4.9%
12,000	4.8%	4.0%	3.4%	2.9%	15.2%	9.7%	7.8%	6.6%
14,000	5.6%	4.7%	4.1%	3.6%	17.6%	11.1%	8.9%	7.8%
16,000	6.7%	5.4%	4.8%	4.2%	20.4%	13.4%	10.3%	8.7%
18,000	7.6%	6.1%	5.5%	5.0%	22.6%	15.2%	11.3%	9.6%
20,000	8.4%	6.8%	6.1%	5.6%	24.3%	16.7%	12.3%	10.6%
25,000	9.8%	7.9%	7.2%	6.8%	27.7%	19.7%	15.8%	12.5%
30,000	11.5%	9.5%	8.5%	7.8%	30.6%	23.1%	18.2%	15.3%
40,000	13.7%	11.5%	10.4%	9.6%	35.0%	27.3%	22.5%	19.0%
50,000	15.2%	13.1%	11.9%	11.0%	38.0%	30.4%	26.0%	22.1%
80,000	18.4%	16.4%	15.2%	14.1%	43.5%	36.9%	32.2%	28.8%
100,000	19.8%	17.8%	16.6%	15.7%	45.8%	39.5%	35.0%	31.8%

＊相続財産は基礎控除前の課税価格で単位万円、法定相続割合で相続し、配偶者の税額軽減を適用

⑵　贈与に関する税金

　個人から財産をもらったときは、贈与税の課税対象となります。生前に贈与することで相続税の課税を逃れようとする行為を防ぐという意味で、相続税を補完する役割を果たすとされます。

　贈与税の課税方法には、暦年贈与と相続時精算課税の2つの制度があり、受贈者は贈与者ごとに課税方法を選択することができます。

　令和6年1月1日から、この贈与制度が大きく変わりました。

ア　暦年贈与（相法19、相法21の5、措法70の2の4）

　受贈者が、1月1日から12月31日までの1年間に贈与された財産の合計額から、基礎控除の110万円を差し引いた残りの額に対して贈与税がかかります。

　この基礎控除額は、昭和28年の税制改正において10万円で創設され、昭和33年改正で20万円、昭和39年改正で40万円、昭和60年改正で60万円とされ、平成13年以降は110万円で据え置かれています。

　令和3年国税庁統計年報（以下、「年報」といいます）では、年間の利用者は401,007人で、平均贈与額は422万円でした。そのうち、贈与金額150万円以下の現預金での贈与が多かったようです。

　なお、相続又は遺贈により財産を取得した相続人等が相続開始前7年以内に暦年贈与により取得した贈与財産の価額は、相続税の課税対象に持ち戻しをされます。

　ただし、3年超7年以内の贈与については総額100万円が控除されます。

●図表４－６　暦年課税制度

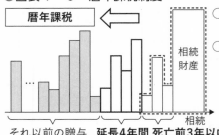

○　暦年ごとに贈与額に対し累進税率を適用。基礎控除110万円。

○　ただし、相続時には、死亡前3年以内の贈与額を相続財産に加算して相続税を課税（納付済みの贈与税は税額控除）。

☐☐☐ に相続税を課税

それ以前の贈与　延長4年間　死亡前3年以内
（暦年単位で課税）の贈与　　の贈与

・加算期間を7年間に延長
・延長4年間に受けた贈与については総額100万円まで相続財産に加算しない

相続開始日	加算期間 （令和6年1月1日以降）
令和8年12月31日まで	3年
令和9年12月31日まで	4年以内（100万円控除）
令和10年12月31日まで	5年以内（100万円控除）
令和11年12月31日まで	6年以内（100万円控除）
令和12年12月31日まで	7年以内（100万円控除）
令和13年1月1日から	7年（100万円控除）

出典：財務省資料より作成

●図表４－７　贈与税の計算方法と税額の速算表

贈与税の計算方法

| 贈与財産の価額
（資産価値） | － | 110万円
（基礎控除額） | × | 税率 | － | 控除額 |

贈与税額速算表　　　　　　　　　　　　贈与税額＝（A）×（B）－（C）

基礎控除後の金額 （A）		贈与税（特例税率）		贈与税（一般税率）	
		税率（B）	控除額（C）	税率（B）	控除額（C）
	200万円以下	10%	－	10%	－
200万円超	300万円以下	15%	10万円	15%	10万円
300万円超	400万円以下			20%	25万円
400万円超	600万円以下	20%	30万円	30%	65万円
600万円超	1,000万円以下	30%	90万円	40%	125万円
1,000万円超	1,500万円以下	40%	190万円	45%	175万円
1,500万円超	3,000万円以下	45%	265万円	50%	250万円
3,000万円超	4,500万円以下	50%	415万円	55%	400万円
4,500万円超		55%	640万円		

（特例税率は父母や祖父母から成人した子や孫への贈与時に使用し、一般税率はその他の場合）

イ　相続時精算課税（相法21の9〜21の18）

　被相続人から生前に贈与を受け、その際に相続時精算課税を適用した場合、その財産は相続税の課税対象になります。この制度は、基礎控除110万円を控除後、累計2,500万円までは贈与税の負担なしで財産を贈与できますが、適用を受けた財産は災害により被害を受けた場合を除き、贈与された時の価額で相続税の課税対象となり、過去に支払った贈与税額を相続税の計算上精算します。この贈与があったか不明の場合、開示請求（相法49）を使って課税価格の合計額を知ることができますが、2月以内開示と時間がかかるので、相続税申告を考えると早めの着手が必要です。また、相続時精算課税選択届出書は、申告納税額がない場合でも必ず提出してください。

　なお、相続時精算課税は暦年贈与との選択制で、一度選択すると取消しや変更はできません。同じ年に暦年贈与した後に相続時精算課税制度を利用した場合、年度毎に判断するので、相続時精算課税制度のみの適用となります。

　相続時精算課税制度は、平成15年度の税制改正で創設された制度ですが、事業承継税制を適用する場合や下記以外はあまり利用されていません。
①　将来確実に値上がりすると予想される財産（不動産、自社株など）
②　賃貸不動産など毎年の確実な収入が予想される財産（建物のみの贈与）
③　相続税がかからない場合で贈与したい先が決まっている財産
④　一時払保険料（保険金の形で手取額を増やす）

　前述「年報」では、利用者44,167人、平均贈与額は1,539万円で、土地の贈与が最も多かったようです。

　今後、相続税への持ち戻しのない基礎控除110万円の新設により、相続税のかからない層又は相続税がかかっても税率10%の層、及び、80歳超の年齢層の方が相続時精算課税制度を選択する可能性が高くなると

思われます。

●図表4－8　相続時精算課税制度

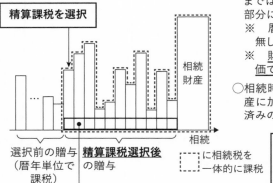

相続時精算課税（暦年課税との選択制）

精算課税を選択

相続財産

選択前の贈与（暦年単位で課税）

精算課税選択後の贈与

相続

に相続税を一体的に課税

・毎年、110万円まで課税しない（暦年課税の基礎控除とは別途措置）

○　贈与時に、軽減・簡素化された贈与税を納付（累積贈与額2,500万円までは非課税、2,500万円を超えた部分に一律20％課税）。
※　暦年課税のような基礎控除は無し。
※　財産の評価は贈与時点での時価で固定。

○相続時には、累積贈与額を相続財産に加算して相続税を課税（納付済みの贈与税は税額控除還付）。

・土地・建物が災害で一定以上の被害を受けた場合は相続時に再計算

出典：財務省資料

●図表4-9　暦年贈与と相続時精算課税の違い

改正後の相続時精算課税と暦年贈与の比較

（贈与時）	相続時精算課税	暦年課税
贈与者	1月1日現在で60歳以上（特定贈与者）	誰でもいい
受贈者	贈与者の直系卑属で18歳以上で相続時精算課税選択届出書を提出した者（相続時精算課税適用者）	贈与により財産を取得した者
基礎控除額	年110万円（2人以上の特定贈与者からの贈与は基礎控除額を贈与額で按分）	年110万円
特別控除額	2500万円	なし
贈与税額	（贈与税課税価格－特定贈与者ごとの基礎控除額－2500万円）×20%	（贈与税課税価格－基礎控除額110万円）×一般税率または特例税率
贈与税の申告	**贈与税課税価格が特定控除者ごとの基礎控除額以下の場合申告不要**	贈与税の課税価格が110万円以下の場合申告不要

（相続時）

	相続時精算課税	暦年課税
相続税への加算	贈与財産価額－特定贈与者ごとの基礎控除額	**相続開始前7年以内の加算対象贈与財産（開始前3年以内の取得財産以外の財産から100万円控除）**
申告内容開示	基礎控除後の贈与税課税価格	3年以内の課税対象贈与課税価格＋残り4年の加算対象贈与財産－100万円

	相続時精算課税	暦年課税
メリット	**①基礎控除110万円まで非課税**②税率から多額の贈与が可能③贈与価額で固定できる	**①7年経過すれば相続税と切り離せる②推定相続人以外に贈与可能③推定相続人以外なら7年関係ない④受贈者が未成年でもいい**
デメリット	**①相続時に精算義務がある②暦年贈与に戻れない③受贈者18歳以上の直系卑属限定**④贈与財産の価格下落リスク**⑤相法49の開示義務あり⑥受贈者の先死亡のリスク**	**①7年以内は相続税に持ち戻し②税率から多額の贈与ができない③7年経過前は相法49の開示義務あり**

207

●図表4－10　贈与税の負担率

贈与税の負担率（贈与税額÷贈与財産×100）

贈与金額	特例税率の場合		一般税率の場合	
	贈与税	負担率	贈与税	負担率
100	0円	0.0%	0円	0.0%
200	9万円	4.5%	9万円	4.5%
300	19万円	6.3%	19万円	6.3%
400	34万円	8.5%	34万円	8.5%
500	49万円	9.8%	53万円	10.6%
600	68万円	11.3%	82万円	13.7%
700	88万円	12.6%	112万円	16.0%
800	117万円	14.6%	151万円	18.9%
900	147万円	16.3%	191万円	21.2%
1,000	177万円	17.7%	231万円	23.1%
1,200	246万円	20.5%	316万円	26.3%
1,400	326万円	23.3%	406万円	29.0%
1,600	406万円	25.4%	496万円	31.0%
1,800	496万円	27.6%	595万円	33.1%
2,000	586万円	29.3%	695万円	34.8%
3,000	1,036万円	34.5%	1,195万円	39.8%
4,000	1,530万円	38.3%	1,740万円	43.5%
5,000	2,050万円	41.0%	2,290万円	45.8%

贈与金額は基礎控除110万円控除前の金額で、単位万円

Q86 どのような場合に生前贈与を活用しますか？

A86 老後資金を確保したうえで、相続税と贈与税の税率を比較して、納税額を減らすことを検討します。

◀ 解説 ▶

(1) 生前贈与を活用する場面

　最初にお示ししたとおり、これからは老後資金の確保をしたうえで、それでも余裕資金が見込まれる場合に生前贈与を使います。

　また、相続税と贈与税（特例税率）の税率を比較して、相続税の負担率＞贈与税の負担率の場面で生前贈与を検討します。

　例えば、相続財産２億円で子ども２人（二次相続）の場合、相続税の負担率は16.7％となります。贈与税の負担率は贈与金額900万円で16.3％なので、贈与金額900万円までの贈与を検討します（図表４−11参照）。

　900万円の暦年贈与を３年した場合、贈与税は147万円×２人×３年＝882万円かかりますが、相続税は相続財産が5,400万円減少することにより3,340万円から1,720万円に減少します。その結果、相続税＋贈与税合計額で3,340万円−（1,720万円＋882万円）＝738万円の節税効果（負担率13.0％に減少）があります。

(2) 暦年贈与と相続時精算課税の組み合わせ

　相続税の負担率が10％超の層には、暦年贈与を複数年行った方が有利な場合があります。しかし、暦年贈与の相続税への持ち戻しが令和13年までに順次７年へ延長されることから、平均余命と健康寿命を考えて、男性は81歳以降、女性は86歳以降は相続時精算課税を選択することが考えられます。ただし、この場合、認知症になるリスクを考える必要があります。

●図表４−11　相続税と贈与税の負担率

子ども１人（二次相続）　　　　　　　　　　　　　　　　　（単位：万円、％）

相続財産	負担率	100	200	300	400	500	600	700	800	900	1,000	1,200	1,400	1,600	1,800	2,000	3,000	4,000	5,000
贈与額→ 負担率→		0.0	4.5	6.3	8.5	9.8	11.3	12.6	14.6	16.3	17.7	20.5	23.3	25.4	27.6	29.3	34.5	38.3	41.0
5,000	3.2	◎																	
6,000	5.2	○	◎																
7,000	6.9	○	○	◎															
8,000	8.5	○	○	○	◎														
9,000	10.2	○	○	○	○	◎													
10,000	12.2	○	○	○	○	○	◎												
12,000	15.2	○	○	○	○	○	○	◎	◎										
14,000	17.6	○	○	○	○	○	○	○	○	◎									
16,000	20.4	○	○	○	○	○	○	○	○	○	◎								
18,000	22.6	○	○	○	○	○	○	○	○	○	○	◎							
20,000	24.3	○	○	○	○	○	○	○	○	○	○	○	◎						
25,000	27.7	○	○	○	○	○	○	○	○	○	○	○	○	◎	◎				
30,000	30.6	○	○	○	○	○	○	○	○	○	○	○	○	○	○	◎			
40,000	35.0	○	○	○	○	○	○	○	○	○	○	○	○	○	○	○	◎		
50,000	38.0	○	○	○	○	○	○	○	○	○	○	○	○	○	○	○	◎		
80,000	43.5	○	○	○	○	○	○	○	○	○	○	○	○	○	○	○	○	◎	◎
100,000	45.8	○	○	○	○	○	○	○	○	○	○	○	○	○	○	○	○	○	○

○が生前贈与を検討するゾーン◎が限界ゾーン

●図表４－12

10年贈与の効果（子１人）　　　　　　　　上段：（単位万円）　下段：（平均税率）

資産	何もしない①	暦年贈与110万円②	①-②	精算課税110万円③	①-③	暦年贈与+精算課税④	①-④
10億円	45,820	45,639	181	45,215	605	44,155	1,666
	(45.8%)	(45.6%)	(0.2%)	(45.2%)	(0.6%)	(44.2%)	(1.7%)
5億円	19,000	18,835	165	18,450	550	17,553	1,447
	(38.0%)	(37.7%)	(0.3%)	(36.9%)	(1.1%)	(35.1%)	(2.9%)
3億円	9,180	9,032	148	8,685	495	7,952	1,228
	(30.6%)	(30.1%)	(0.5%)	(29.0%)	(1.5%)	(26.5%)	(4.1%)
2億円	4,860	4,728	132	4,420	440	3,850	1,010
	(24.3%)	(23.6%)	(0.7%)	(22.1%)	(2.2%)	(19.3%)	(5.0%)
1億円	1,220	1,121	99	890	330	993	227
	(12.2%)	(11.2%)	(1.0%)	(8.9%)	(3.3%)	(9.9%)	(2.3%)
0.7億円	480	414	66	295	185	738	▲258
	(6.9%)	(5.9%)	(1.0%)	(4.2%)	(2.7%)	(10.5%)	(▲3.6%)

②暦年贈与は７年持ち戻し　　　　　　　　　④3年暦年贈与1200万円＋
　　　　　　　　　　　　　　　　　　　　　7年相続時精算課税110万円

10年贈与の効果（子１人＋孫１人）　　　　上段：（単位万円）　下段：（平均税率）

資産	暦年贈与+精算課税④	暦年贈与+精算課税⑤	④-⑤	①-⑤
10億円	44,155	43,330	825	2,490
	(44.2%)	(43.3%)	(0.8%)	(2.5%)
5億円	17,553	17,003	550	1,997
	(35.1%)	(34.0%)	(1.1%)	(4.0%)
3億円	7,952	7,457	495	1,723
	(26.5%)	(24.9%)	(1.7%)	(5.7%)
2億円	3,850	3,410	440	1,450
	(19.3%)	(17.1%)	(2.2%)	(7.3%)
1億円	993	831	162	389
	(9.9%)	(8.3%)	(1.6%)	(3.9%)

④3年暦年贈与1200万円＋7年相続時精算課税110万円
⑤④に加えて孫に10年暦年贈与110万円

贈与は計画的に長期間行い、相続財産規模によっては孫への暦年贈与も併用するのが望ましい。

⑵　生前贈与の注意点

生前贈与における注意点は、以下のとおりです。

ア　受諾の意思の重要性

贈与は、贈与者が受贈者に与える意思を示し、受贈者が受諾することにより成立します（民549）。受諾の意思が重要です。

> 民法
> （贈与）
> 第549条　贈与は、当事者の一方がある財産を無償で相手方に与える意思を表示し、相手方が受諾をすることによって、その効力を生ずる。

老後の生活資金を考慮しても、生前贈与をする資金的余裕がある場合、長期間にわたり贈与する、相続人である子以外の孫や子の配偶者などにも贈与する、ことが現行の生前贈与の基本になっています。

イ　贈与の事実の証明

① 贈与するたびに、毎年贈与契約書を作成する（原本を2部作成し、贈与者と受贈者が各1部保管する）。なお、贈与契約書については、公証役場や登記所で確定日付をもらうのが望ましいとされる（費用700円）。

② 銀行振込など、贈与の事実を証明できる方法で贈与を実行する。

③ 預金通帳や金融機関の届出印を受贈者が管理して、使用実績を積む。

④ 贈与税の基礎控除110万円超の場合は申告をする。

など、贈与の事実を証明できるように細心の注意が必要です。

また、「毎年同額の贈与はしない方がいい」「毎年同じ時期の贈与は避けた方がいい」「少しでも基礎控除を超える贈与をして納税した方がいい」といわれますが、贈与の実態があれば問題はありません。

なお、贈与契約書には、現金贈与の場合は収入印紙は不要（不動産贈与の場合は200円の収入印紙が必要）とされています。

ウ 贈与契約書の作成

贈与契約書は贈与をするたびに作成します。なお、受贈者が未成年の場合、親権は父母の共同行使が原則（民818③）です。

贈与契約書

贈与者＿＿＿＿＿＿＿（以下、甲という）と受贈者＿＿＿＿＿＿（以下、乙という）との間で、以下の通り贈与契約を締結した。

第1条　甲は、現金＿＿＿＿万円を乙に贈与するものとし、乙はこれを承諾した。
第2条　甲は前条の金額を、＿＿＿年＿＿＿月＿＿＿日までに乙の指定する銀行口座に振り込むものとする。
上記の通り契約が成立したので、これを証するため、本契約書2通を作成し、甲乙各1通を保有するものとする。

＿＿＿年＿＿＿月＿＿＿日

住所＿＿＿＿＿＿＿＿＿＿＿＿＿＿＿＿＿＿＿＿＿＿＿＿＿＿

贈与者（甲）氏名＿＿＿＿＿＿＿＿＿　㊞

住所＿＿＿＿＿＿＿＿＿＿＿＿＿＿＿＿＿＿＿＿＿＿＿＿＿＿

受贈者（乙）氏名＿＿＿＿＿＿＿＿＿　㊞

住所＿＿＿＿＿＿＿＿＿＿＿＿＿＿＿＿＿＿＿＿＿＿＿＿＿＿

乙の親権者　氏名＿＿＿＿＿＿＿＿＿　㊞

住所＿＿＿＿＿＿＿＿＿＿＿＿＿＿＿＿＿＿＿＿＿＿＿＿＿＿

乙の親権者　氏名＿＿＿＿＿＿＿＿＿　㊞

エ 贈与の特例

次の①〜⑦は、贈与の特例です。相続税への持ち戻しのない特例を検討してください。

● 図表4−13　贈与の特例のまとめ

	贈与資産	贈与者	受贈者	非課税限度	適用期限	持ち戻し
暦年贈与 (相法21の5)	何でも よい	誰でも よい	何歳でも よい	110万円	なし	7年以内 あり
相続時精算課税 (相法21の9)		1月1日 現在60歳 以上の 直系尊属	1月1日 現在18歳 以上の 直系卑属	110万円 ＋ 2,500 万円		基礎控除 110万円 なし
配偶者税額控除 (相法21の6)	住宅 又は 資金	婚姻20年以上の夫婦		2,000万円 ＋ 110万円		なし
住宅取得等資金 (措法70の2)	資金 のみ	受贈者の 直系尊属	1月1日 現在18歳 以上の 直系卑属 (合計所得 2,000万円 以下)	1,000万円 (500万円) ＋ 110万円*	令和8年 12月31日	
教育資金 一括贈与 (措法70の 2の2)			30歳 未満の 直系卑属	1,500万円 (塾等 500万円) ＋ 110万円*	令和8年 3月31日	受贈者 23歳未満 等なし (5億円超 除く)
結婚子育て資金 (措法70の 2の3)			18歳以上 50歳 未満の 直系卑属	1,000万円 (結婚 300万円) ＋ 110万円*	令和7年 3月31日	あり
扶養義務者間 贈与 (相法21の3)	通常必要 な生活費 や教育費	扶養義務者間		通常 必要な 程度	なし	なし
障害者贈与 (相法21の4)	資金	誰でも よい	障害者	特別 6,000万円 特定 3,000万円		

＊相続時精算課税との併用も可

① **贈与税の配偶者控除（相法21の6）**

　婚姻期間が20年以上の夫婦の間で、居住用不動産や居住用不動産を取得するための金銭の贈与が行われた場合、最高2,000万円までは課税されないという特例です（暦年贈与110万円控除も併用できるので、合計2,110万円まで非課税）。

　この贈与は同じ配偶者からは一度しか受けることができず、また、贈与を受けた翌年に贈与税の申告が必要となります。なお、その後の売却を考えるなら、土地だけでなく、建物の贈与もあわせて行うことが望ましいとされます。

　この贈与は相続開始前に贈与しても相続税への持ち戻しはありませんが、相続時の小規模宅地等の評価減が使えないとか、不動産取得税（3％）、登録免許税（2％）、登記費用が別途かかるので、必ずしも、利用が有利な場合だけではない特例です。年報での利用実績は、15,846人、平均630万円でした。

② **直系尊属からの住宅取得等資金の贈与（措法70の2）（※令和8年12月31日まで）**

　父母や祖父母から、成年の子や孫が、住宅取得等資金の贈与を受けた場合、1,000万円を上限（省エネ等優良住宅の場合）又は500万円を上限（その他の住宅の場合）に非課税とされます。贈与を受けた翌年に贈与税の申告が必要です。暦年贈与や相続時精算課税との併用ができます。

　住宅資金等の贈与は、相続開始前に贈与しても相続税への持ち戻しがないので有利です。ただ、翌年の贈与税の申告を忘れがちなのでご注意ください。年報での利用実績は、70,017人、平均960万円でした。

③ **直系尊属からの教育資金の一括贈与（措法70の2の2）（※令和8年3月31日まで）**

　父母や祖父母から、30歳未満の子や孫が、金融機関等との教育資金管理契約に基づき教育資金の贈与を一括して受けた場合、そのうち1,500万円（うち学校以外は500万円）までは非課税となります。暦年

贈与や相続時精算課税との併用ができます。

　この贈与の特例は３度にわたり要件が厳しくなり、現行では原則贈与されて使っていない残高が相続税の課税対象になり、かつ、相続税の２割加算の対象にもなります。また、受贈者50歳到達時の残高に対する贈与税には一般税率が適用されます。

　しかし、贈与者が死亡した場合でも、相続財産５億円超の場合を除き、受贈者が23歳未満や在学中の場合、相続税に持ち戻しをされないので、資金の引き出しに多少手間がかかりますが、有利な贈与の特例といえます。年報での利用実績は、27,937人、平均686万円でした。

④　**直系尊属からの結婚・子育て資金の一括贈与（措法70の２の３）（※令和７年３月31日まで）**

　父母や祖父母から、成年で50歳未満の子や孫が、金融機関等との結婚・子育て資金管理契約に基づき贈与を一括して受けた場合、そのうち1,000万円（うち結婚は300万円）までは非課税とされます。暦年贈与や相続時精算課税との併用ができます。また、受贈者50歳到達時の残高に対する贈与税には一般税率が適用されます。

　ただし、贈与者が死亡した場合に、残額が相続などにより取得したものとみなされ、贈与者の相続財産に加算されるので、あまり利用されていません。年報での利用実績は、396人、平均465万円でした。

⑤　**扶養義務者相互間の生活費や教育費の贈与（相法21の３①二）**

　親と子、祖父母と孫、兄弟姉妹間の通常必要と認められる生活費（食費、医療費、住居費、水道光熱費、医療費やこれらに準じるもので、その人の社会的経済的地位から通常の生活を営むのに必要な費用）や教育費（子どもや孫の教育上、通常必要と認められる学費、教材費等をいい、海外留学や私立医学部の入学金のように金額が多くても通常必要なお金とされることがある）の贈与ならば非課税とされます。必要な生活費や教育費を都度贈与することが必要です。

　ただし、生活費や教育費の名目で贈与しても、使用されずに預金等に

なっている場合は通常必要なものとされず、贈与税課税されることになります。

⑥　特定障害者に対する贈与税の非課税（相法21の4）

精神又は身体に重度の障害のある特別障害者（精神障害者保健福祉手帳1級や身体障害者手帳1級又は2級）への信託受益権贈与（上限6,000万円）に加え、平成25年税制改正で、重度でなくても特定障害者への信託受益権贈与（上限3,000万円）も非課税扱いとされました。

⑦　その他　国、地方公共団体、特定の公益法人等への寄附（措法40）

最近、相続人がいらっしゃらない方からの、遺言書による国や地方公共団体、公益法人への寄附のご相談が増えています。

Q87　事業承継税制とはどのような税制ですか？

A87　事業承継の税負担軽減のための有利な税制ですが、手続的に利用が難しい点があります。

◀ 解説 ▶

(1)　法人版事業承継税制の概要

法人版事業承継税制（措法70の7〜70の7の8）は、後継者である受贈者・相続人等が、円滑化法の認定を受けている非上場会社の株式等を贈与又は相続等により取得した場合において、その非上場株式等に係る贈与税・相続税について、一定の要件のもと、その納税を猶予し、後継者の死亡等により、納税が猶予されている贈与税・相続税の納付が免除される制度です（個人版事業承継税制もあります）。

平成30年度税制改正では、法人版事業承継税制について、それまでの一般措置に加え、10年間の特例措置として、納税猶予の対象となる非上場株式等の制限（総株式数の3分の2まで）の撤廃や、納税猶予割

合の引上げ（80％から100％）、雇用確保要件の弾力化等がされた特例
措置が創設されました。

●図表4－14　特例措置と一般措置の比較

項目	特例措置	一般措置
特例計画の策定	必要	不要
適用期限	令和9年12月31日	なし
対象株数	全株式	総株式数の3分の2まで
納税猶予割合	100％	贈与：100％　相続：80％
承継パターン	複数の株主から最大3人の後継者	複数の株主から1人の後継者
雇用確保要件	弾力化	5年間は平均8割雇用維持
免除	あり	なし
相続時精算課税の適用	18歳以上の者への贈与（直系卑属に限らない）	18歳以上の直系卑属

　特例措置は税制面でメリットはあるものの、平成30年から4年で
9,693件の適用実績（経済産業省）と、あまり利用されていない状況です。
　弁護士との勉強会でも検討しましたが、納税猶予期間中は、経営承継
期間については毎年、その期間経過後は3年ごとに一定の書類を添付し
た継続届出書を所轄の税務署へ提出する必要があり、この継続届出書の
提出がない場合には、猶予されている贈与税・相続税の全額と利子税を
納付する必要があります。この手続要件が難しいので使いにくい、とい
う結論になりました。
　なお、令和6年度税制改正において、事業承継の検討が遅れている状
況を踏まえ、特例承継計画の提出期限を令和8年3月31日まで2年延
長しました。適用期限（令和9年12月31日）は今後も延長されない見
込みのため、本制度の適用を受ける可能性がある場合、事業承継計画の

提出だけでもご検討ください。

(2)　**生命保険を活用した納税対策**

　事業承継は、自社株式の相続の問題です。納税猶予制度は自社株についての相続税を回避する制度です。しかし、納税猶予制度は簡素化の方向にあるとはいえ、適用要件が厳しく使いにくいと思います。

　そこで、企業では、生命保険を活用した納税対策が有効だと思われます。

ア　自社株対策における生命保険の活用

　まず、生命保険により、自社株評価における評価額を下げることが考えられます。類似業種比準価額方式による株価算定においては、1株あたりの利益金額が重要な要素となっています。定期保険、福利厚生プラン、第三分野保険等の損金算入が可能な保険に加入することにより、1株あたりの利益金額を下げることができ、結果的に株価を引き下げることができます。

　また、純資産価額方式においても、終身保険、年金保険のような資産性商品であっても解約控除があるので、特に契約年次の早い時期においては、解約返戻金＜払込保険料となります。資産取引としては等価の取引であっても、財産評価基本通達により相続時には生命保険は時価＝解約返戻金の額で評価されますから、純資産価額方式の場合、純資産そのものが低くなります。

　次に、生命保険で自社株式を買い取ることが考えられます。経営者が亡くなった場合、後継者が会社の株式を相続します。相続人は、多額の相続税を支払う必要があるので、相続税の納税資金を確保するために、自社株を売却すれば、株式が分散され、事業承継が困難になることがあります。また、そもそも非上場株式の場合、市場がないため売却自体が困難ということもあります。

　そこで、契約者＝会社、被保険者＝経営者、受取人＝会社で保険契約を締結し、会社は受け取った保険金で、後継者が相続した自社株を買い

取ることにします。後継者は、相続した株式の売却代金により、相続税を支払うことになります。この場合、みなし配当でなく譲渡所得金額の20.315％の課税とする特例があります（所法25、措法9の7、37の10、39）。

さらに、自社株を会社が購入するにあたり、生命保険の活用が有効である理由に、自社株取得にあたっての財源規制の問題もあります。会社が自社株式を買い取るということは、実質的に資本の払い戻しとされます。会社法上、会社が計上した利益の範囲内でしか自社株の買い取りを認めていません。単に資金があっても買い取りをすることはできず、剰余金分配可能額が必要です（なお、純資産額が300万円未満の場合、剰余金があっても株主に配当をすることはできません）。

イ　相続税納税資金としての生命保険の活用

自社株取得に限らず、事業承継において最も重要なポイントは相続税の納税資金対策です。上記は、相続人が会社に自社株を売り渡した代金で相続税を納税するものでした。一般的には、契約者＝被保険者を経営者とし、死亡保険金受取人を後継者として、個人で生命保険に加入することになります。後継者は受け取った保険金を財源として、相続税を納付することになります。また、契約者を会社とし、死亡保険金受取人も会社とする場合、死亡退職金の支払を通して、相続人に資金を移転することができます。

Q88 死亡保険金の非課税制度をどう活用しますか？

A88 500万円×法定相続人の数の非課税枠は最大限に活用してください。

◀解説▶

保険料負担者と被保険者が同じで、死亡保険金受取人が相続人である

場合、その保険金には500万円×法定相続人の数の非課税規定があります（相法12①五）。受取人が相続人でない場合は遺贈で受け取ることになりますが、この場合は相続人でないので、非課税規定の適用はありません。

　もし、相続財産が相続税の基礎控除額をギリギリ上回る場合、現預金を保険金に置き換えることで相続税の基礎控除の範囲内におさめて、相続税の申告を不要にすることができます。

　例えば、90歳近い方が、自らを保険料負担者と被保険者として一時払終身保険に加入することにより、保険料≒保険金ですが、この非課税規定を利用できます。この場合、保険金額によっては告知扱いといって申告だけで保険に加入することができますが、保険金額が多くなると、被保険者の健康状態について医師の診断が必要になる場合があります。平成30年の生命保険文化センター調査では、この非課税規定を知っている割合は38.5％でした。

Q89 死亡保険金受取人を誰にすればよいですか？

A89 子どもが受け取るのが原則ですが、老後資金を考えて配偶者も検討してください。

◀ 解説 ▶

　配偶者には、最低でも相続財産1億6,000万円までは相続税がかからない配偶者の税額軽減制度があります。そこで、死亡保険金受取人を子にすることが原則とされています。しかし、配偶者の老後資金が十分かを検証したうえで、死亡保険金の受取人を決めるべきです。十分ならば受取人は子がよいと思います。

　なお、死亡保険金受取人が被保険者より先に死亡している場合は、死

亡保険金受取人の死亡時の法定相続人が死亡保険金を受け取ります。また、受取人が複数の場合、現行、約款により同額の保険金を受け取ることになります（保険の加入時期により、法定相続割合の場合があります）。

　誤りやすいのが、被保険者から見て、受取人が代襲相続人の場合のみ、死亡保険金の非課税規定度の対象となります。

　保険金受取人が死亡した場合、必ず新たな受取人に変更することが必要です。実務では、被保険者や死亡した保険金受取人との血縁関係を証明する戸籍の取り寄せ等の面倒な手続が発生します。

Q90　二次相続対策で生命保険をどう活用しますか？

A90　契約者死亡による契約者変更が二次相続対策になります。

◀解説▶

　相続税の支払いは一次相続だけではありません。配偶者を亡くした後の二次相続の相続税は、相続人が減る、また、配偶者の税額軽減がないので、意外と高額となります。その場合、契約者死亡による契約者変更を使って二次相続対策ができないか、を検討します。

　例えば、最初、契約者＝保険料負担者＝保険金受取人：夫、被保険者：妻で保険に加入した場合、保険契約者である夫が先に死亡したならば、保険契約者の地位を解約返戻金の額で妻が相続します（相基通3－36、評基通214）。

　以降、夫が支払った保険料は妻が支払ったものとされます（相法3②）。

　契約者変更の結果、契約者＝保険料負担者＝被保険者：妻、受取人：子と変更することができ、これも立派な二次相続対策となります。

Q91 代償交付金として生命保険をどう活用しますか？

A91 保険金受取人を、必ず、代償交付金を渡す人にして活用してください。

◀ 解説 ▶

　相続をもめることなく無事終わらせるには、遺産分割を円満に終わらせる必要があります。ただ、生前贈与がある場合には何らかの不公平感が必ずあります。そこで、遺産分割対策として、生命保険金を活用します。

　注意しないといけないのは、保険金受取人を、生前贈与も含め相続財産を多くもらい、その他の相続人に代償交付金を渡す必要のある方にすることです。

　例えば、事業承継のため自社株式の多くを相続する後継者は、被保険者を被相続人とし自分自身を死亡保険金受取人として保険に加入します。死亡保険金は受取人固有の財産とする最高裁判例（最高裁昭和40年2月2日判決「保険金受取人としてその請求発生当時の相続人たるべき個人を特に指定した場合には、右請求権は、保険契約の効力発生と同時に右相続人の固有財産となり、被保険者兼保険契約者の遺産より離脱しているものといわねばならない。」、大審院昭和11年5月13日判決同旨）がありますから、死亡保険金を受け取った後継者は、その保険金を後継者以外の相続人への代襲交付金として使います。死亡保険金受取人を後継者以外の相続人にしてはいけません。その場合、その他の相続人は、自らの保険金を別にして、遺留分等を請求することができてしまいます。

Q92 保険料の生前贈与を誰にしますか？

A92 相続人への生前贈与が原則ですが、相続人以外への保険料の生前贈与も検討してください。

◀**解説**▶

　相続人に生命保険料を生前贈与することは有効な相続税対策です。その場合、相続税への持ち戻しの期間に注意してください。また、何年分かをまとめて贈与する場合、その総額が贈与税課税の対象とされますので注意が必要です。

　また、相続人がその贈与された保険料を、誰を被保険者にして保険に加入して税引後の手取額を増やすかを検討してください。税額ではありません。

　なお、意外と知られていないのが、相続人以外に生命保険料を生前贈与することでこれも、相続対策として有効な手段です。例えば、相続人以外の兄弟姉妹への保険料の贈与です。その場合、生前贈与した資金で、契約者＝保険料負担者＝受取人：受贈者、被保険者：贈与者として保険に加入してもらいます。死亡保険金は受贈者の一時所得となるので、贈与者の相続人と一緒に相続税を共同して申告する必要がありません。相続財産の総額がわかる相続税の申告は、相続人以外と一緒にするのは、できたら避けたいものです。

　円満に事業を承継させるために資金を渡したい親族がいる場合に、有効な対策だと思います。

　最近、孫への贈与を考えている方が多いようです。その場合、暦年贈与がよいのか、相続時精算課税がよいのかとご質問をいただいています。代襲相続人でない孫は相続税への持ち戻しがないので、原則、暦年贈与でよいと思います。ただし、孫を死亡保険金受取人としている場合はご注意ください。遺贈で死亡保険金を受け取る孫への暦年贈与は、相

続人でなくても持ち戻しの対象となります。

Q93 個人から個人への契約者変更では、どのように生命保険を活用しますか？

A93 契約した後に最終的に資金を渡したい方に契約者を変更して活用する方法もあります。

◀解説▶

　年齢的に近い将来に自分自身の認知症の不安がある場合、もしもの場合に備えて子や孫に一定の現金を渡したい場合もあると思います。

　その場合、契約者＝保険料負担者＝保険金受取人：親、被保険者：子や孫、として一時払終身保険や短期払込の終身保険や長期平準定期保険に加入します。

　その後、保険料払込終了後に、契約者を子や孫に変更します。保険料負担者が親であることは変わりません。

　以降、現金が必要になる都度、子や孫が保険金を減額（100万円超の場合は支払調書が発行）することにより、資金を準備することが可能です。子や孫には贈与税がかかりますが、子や孫に一定の現金を渡したいという目的は達成できます。この場合、贈与税の110万円の基礎控除が利用できます。これは暦年贈与だけでなく、相続時精算課税でも利用できます。

　もし、全額の減額や解約が終了する前に前の契約者である親が死亡した場合、解約返戻金の額でみなし相続（100万円超でも支払調書は出ません）され、以降、契約者＝保険料負担者＝被保険者：子や孫、受取人：子や孫の配偶者等として、契約を継続することも解約することも可能です（相法3①三、相基通3－35）。

Q94 法人から個人への契約者変更では、どのように生命保険を活用しますか？

A94 法人で準備した保険の含み益を個人で活用することができます。

◀解説▶

　法人から個人に契約者変更する場合、解約返戻金の額（解約返戻金のほかに支払われることとなる前納保険料の金額、剰余金の分配額等がある場合には、これらの金額との合計額）で変更するのが原則です。令和3年に、法人税基本通達9－3－5の2が適用される定期保険や第三分野保険を対象（養老保険、終身保険や年金保険は対象外）に、この所得税基本通達36－37が改正されました。

　低解約返戻金型逓増定期保険などの払い込んだ保険料と比較して、低い価値の解約返戻金での譲渡を問題にした改正でしたが、通常、払込保険料総額の方が解約返戻金の額より多いので、譲渡金額に改正があっても、保険契約を引き継ぐ個人にとっては、これも有利な相続対策と言えます。

　所得税基本通達36－37（保険契約等に関する権利の評価）
　使用者が役員又は使用人に対して生命保険契約若しくは損害保険契約又はこれらに類する共済契約（以下「保険契約等」という。）に関する権利を支給した場合には、その支給時において当該保険契約等を解除したとした場合に支払われることとなる解約返戻金の額（解約返戻金のほかに支払われることとなる前納保険料の金額、剰余金の分配額等がある場合には、これらの金額との合計額。以下「支給時解約返戻金の額」という。）により評価する。
　ただし、次の保険契約等に関する権利を支給した場合には、それぞれ次のとおり評価する。
（1）支給時解約返戻金の額が支給時資産計上額の70％に相当する金額

未満である保険契約等に関する権利（法人税基本通達9－3－5の2の取扱いの適用を受けるものに限る。）を支給した場合には、当該支給時資産計上額により評価する。

（注）「支給時資産計上額」とは、使用者が支払った保険料の額のうち当該保険契約等に関する権利の支給時の直前において前払部分の保険料として法人税基本通達の取扱いにより資産に計上すべき金額をいい、預け金等で処理した前納保険料の金額、未収の剰余金の分配額等がある場合には、これらの金額を加算した金額をいう。

附　則

（経過的取扱い）

この法令解釈通達による改正後の所得税基本通達は、令和3年7月1日以後に行う保険契約等に関する権利の支給について適用し、同日前に行った保険契約等に関する権利の支給については、なお従前の例による。

Q95　生命保険は特別受益になりますか？

A95　原則、特別受益にはならず、かつ、遺産分割の対象外です。

◀解説▶

被相続人が死亡した場合に支払われる死亡保険金は、遺産分割に際し、相続人の特別受益として相続財産への持ち戻しの対象となるのか、財産に含まれるのかという問題があります。

(1)　特別受益

共同相続人の中に、被相続人から特別の利益（遺贈及び一定の生前贈与）を受けていた者がいる場合、相続財産を単純に法定相続分どおりに分けると不公平が生じます。これを遺産分割時に精算しようとするの

が、特別受益の制度です。

　その方法は、相続財産に特別受益である生前贈与財産を加算します（遺贈された財産は相続財産に含まれているので、改めて相続財産に加算する必要はありません）。これを特別受益の持ち戻しといい、その加算した額を基礎として各人の具体的相続分を計算します。

　なお、持ち戻しの対象となるのは、被相続人から相続人に対する遺贈又は生前贈与ですから、原則として、相続人でない者に対する遺贈又は生前贈与は対象外となります。

　また、特別受益額が相続分を超えるときでも、その超過分を返還する必要はありません。しかし、その相続において新たに財産を取得することはできないとされています。なお、被相続人が遺言などで、このような特別受益の持ち戻しをしないという意思表示をしていれば、その意思に従うことになります。

(2)　死亡保険金の取扱い

　死亡保険金は、保険金受取人の固有財産とされているため、相続財産には含まれません。しかし、その効果において遺贈と同様の機能を有しているとして、遺産分割にあたっては、特別受益に準じて持ち戻しを考慮すべきではないかとして問題となることがあります。

　学説上は、相続人間の公平を重視して持ち戻しの対象となるとする見解もありますが、平成16年10月29日の最高裁判決では、以下が判示されました。

　「保険金受取人である相続人と他の共同相続人との間に生ずる不公平が民法903条の趣旨に照らし到底是認することができないほどに著しいものであると評価すべき特段の事情」が存する場合には、同条を類推適用し、「特別受益に準じて持戻しの対象となる」とし、特段の事情の有無は、「保険金の額、この額の遺産総額に対する比率のほか、同居の有無、被相続人の介護に対する貢献の度合いなどの、保険金受取人である

相続人及び他の共同相続人と被相続人との関係、各相続人の生活実態等の諸般の事情を総合考慮して判断する。」

　下級審の判決を分析していると、個別案件ごとに判断はされるのですが、生命保険に関しては、「生命保険金が遺産総額の過半を占めるかどうか」が一つの判断基準になっていると思われます（例えば、平成25年10月28日東京地裁判決、平成27年6月25日東京地裁判決）。

　また、特段の事情が認められた事例としては、平成17年10月27日東京高裁決定（遺産総額1億134万円、保険金額1億129万円）や平成18年3月27日名古屋高裁決定（遺産総額8721万円、保険金額5154万円）があります。

　これらを踏まえると、保険金額が5,000万円の場合、その他の遺産が1億円以内ならば、持ち戻しの検討がされる可能性があると思います。

Q96　遺贈による死亡保険金の相続税申告はどこが問題ですか？

A96　死亡保険金だけの相続税申告ができないのが問題です。

◀解説▶

　実務において一番困っているのは、遺贈により取得した死亡保険金の相続税申告です。遺贈も相続税課税なので、他の相続財産が分からないと相続税額の計算や相続税申告自体ができません。相続人と仲が良いとは限らず、むしろ、仲が悪い場合のご相談を受けています。

　そこで、相続税の計算方式を法定相続分課税方式から遺産取得課税方式に変更になれば、単独での相続税申告が可能になるのにと思ってしまいます。

　令和6年度税制改正において、申告方法は変更になりませんでした。

Column-7 相続登記の義務化と相続不動産の国庫帰属が気になります！

　令和3年4月28日に公布された民法、不動産登記法の改正や相続土地国庫帰属法により、以下の見直しが行われました。

1. 相続登記、住所変更登記の義務化（相続登記は令和6年4月1日施行）
   （1）　不動産を取得した相続人に対し、取得を知った時から3年以内に相続登記をすることを義務付け、正当な理由なく相続登記を怠った場合は10万円以下の過料が科されます（不登法76の2、164①）。
   （2）　所有権の登記名義人に対し、住所等の変更日から2年以内に変更登記を義務付け、正当な理由なく申請を怠った場合は5万円以下の過料が科されます（不登法76の5、164②）。
   （3）　遺産分割協議がまとまらずに速やかに相続登記ができない場合、新設の相続人申告登記制度により相続人であることを申告すれば相続登記をする義務を免れることができます。相続人申告制度を利用した場合には法務局が登記簿に申告した相続人に住所や氏名などを記録します。その後、遺産分割協議がまとまったら、その日から3年以内に登記しなければなりません（不登法76の2②、76の3④）。
   （4）　被相続人名義の所有不動産一覧を登記官が作成することになりました（不登法119の2）。

2. 相続土地国庫帰属制度の創設（令和5年4月27日施行）
   　相続又は遺贈により土地の所有権を取得した相続人が、審査手数料と10年分の負担金を支払って、土地を国庫に帰属させる制度です（国庫帰属法2③、5①、10①）。
   　建物が建っていない、担保権が設定されていない、土壌汚染が無いなどいくつか要件があります（国庫帰属法2③）。

しかし、放棄可能要件を満たしていれば法務大臣に国庫へ帰属させることについて承認を求めて、認められた場合は所有権を放棄することが可能となります。実務では、地方の親が居住していた土地を不要とする相続人は多く、この制度の実効性が期待されます。

　法務省によれば、令和5年12月28日現在、1,505件の申請があり、85件が認められました。

３．遺産分割の制限（令和5年4月1日施行）

　相続開始から10年経過した遺産分割は、法定相続分又は指定相続分によることになりました（民904の3、令和5年4月1日施行）。

４．令和6年1月1日以降の相続・贈与にかかる居住用マンションの評価の見直しの通達が出ました。

改正後の評価額＝（敷地利用権の価額＋建物区分所有権の価額）×補正率
評価乖離率＝A＋B＋C＋D＋3.220
1を評価乖離率で除したものを評価水準とし、それが0.6未満の場合、評価乖離率×0.6を補正率とする。
「A」＝当該一棟の区分所有建物の築年数×△0.033
「B」＝当該一棟の区分所有建物の総階数指数×0.239（小数点以下第4位切り捨て）
「C」＝当該一室の区分所有権等に係る専有部分の所在階×0.018
「D」＝当該一室の区分所有権等に係る敷地持分狭小度×△1.195（小数点以下第4位切り上げ）

　マンションの低評価の全般的是正が目的ですが、新しい高層マンションの高層階が顕著に評価額が上がります。

　それでも平成30年価格を基準としており、現行市場価額との乖離の可能性があります。

　（居住用一棟マンションや区分所有された二世代住宅、区分所有オフィスは対象外）

**相続対策の不動産購入に関する
最高裁判決が気になります！**

1. 相続税対策としての不動産購入

　不動産は、相続税額の計算において、時価そのものというより評価額によって計算されるイメージがあります。建物は固定資産税評価額という時価の約7割、土地は主に路線価方式で時価の約8割で評価されます。現金を不動産に換えるだけでも2～3割程度、相続税の対象となる評価額を減らすことができると考えられています。

　また、居住用等で一定の条件を満たす土地には、小規模宅地等の特例の適用により、相続税の評価額から居住用なら80％、貸付用なら50％が減額されます。入居者が入らないリスクもありますが、東京等の都心で賃貸住宅の経営により小規模宅地等の特例を相続税対策としてうまく使うことが考えられます。相続開始3年前までの事業化が必要なので、早めに着手したうえで、場合によっては借入金も含めて、有効な生前の相続税対策をと考えてきました。

　しかし、これらの相続税対策に、不安を抱かせる令和4年4月19日の最高裁の判決と決定がありました。

2. 令和4年4月19日の最高裁判決

　案件は、札幌の不動産会社のオーナーが東京と神奈川県のマンションを総額13億8,700万円で購入しましたが、そのうち10億5,500万円は銀行等からの借入でした（借入割合76％）。3年後オーナーは死亡しましたが、借入金を債務控除した結果、相続税は0円として申告しました。

　税務署長は国税庁長官と相談のうえ、財産評価基準を使わず、鑑定評価額で評価し、相続税額を2億4,050万円としました。この訴訟

は、地裁・高裁とも納税者が負け、最高裁でも結果は覆りませんでした。

　最高裁の判断は以下のとおりです。

（1）　相続税法22条から判断すると、時価とは客観的交換価値である。しかし、評価通達は時価の評価方法だが、通達なので国民への直接法的効力はない。課税価額は客観的交換価値としての時価を上回らない限り適法で、評価通達の定める方法を上回るか否かに左右されない。鑑定評価額は客観的交換価値としての時価なので、通達評価額を上回っても相続税法22条に違反しない。

（2）　平等原則から判断すると、租税法上の一般原則としての平等原則は、租税法の適用に関し、同様の状況にあるものは同様に取り扱うことを要求している。

　　　また、評価通達は評価の一般的な方法で、課税庁がこれにより画一的に評価をしているのは公知の事実であり、特定の者の相続財産の価額のみ評価通達の価額を上回るのは、客観的交換価値としての時価を上回らなくても合理的な理由がない限り、平等原則違反で違法となる。ただし、評価通達による画一的な評価が実質的な租税負担の公平に反するというべき事情がある場合は合理的な理由があると認められ、財産の価額を評価通達の定める方法により評価した価額を上回る価額で評価しても平等原則に反するものでない。

（3）　本件は両方の評価額に大きな乖離があるが、このことをもって上記事情があるといえない。しかし、本件は、近い将来発生が予想される相続において相続税の負担を減じ又は免れさせるものであることを知り、かつ、これを期待して、あえて購入・借入を企画・実行したものである。そうすると、本件購入・借入れのような行為をせず、又はすることのできない他の納税者

と看過し難い不均衡を生じさせ、実質的な租税負担の公平に反するというべきで、上記事情があるといえる。本件は上記事情があるので、評価通達の価額を上回る価額としても平等原則に違反せず、鑑定評価額による評価は適法である。

（参考条文等）

　相続税法
　（評価の原則）
　第22条　この章で特別の定めのあるものを除くほか、相続、遺贈又は贈与により取得した財産の価額は、当該財産の取得の時における時価により、当該財産の価額から控除すべき債務の金額は、その時の現況による。

　財産評価基本通達1（2）（評価の原則）
　1　財産の評価については、次による。（平3課評2−4外改正）
　（2）　時価の意義
　　　財産の価額は、時価によるものとし、時価とは、課税時期（相続、遺贈若しくは贈与により財産を取得した日若しくは相続税法の規定により相続、遺贈若しくは贈与により取得したものとみなされた財産のその取得の日又は地価税法第2条《定義》第4号に規定する課税時期をいう。以下同じ。）において、それぞれの財産の現況に応じ、不特定多数の当事者間で自由な取引が行われる場合に通常成立すると認められる価額をいい、その価額は、この通達の定めによって評価した価額による。

　財産評価基本通達6（この通達の定めにより難い場合の評価）
　　　この通達の定めによって評価することが著しく不適当（＝特別の事情）と認められる財産の価額は、国税庁長官の指示を受けて評価する。

3. 最高裁判決を踏まえた今後の対応

　最高裁判決では、どのような場合に鑑定評価を使うのか、判断基準は明示されませんでした。また、下級審のように「時価＝通達評価額」を前提にするのではなく、「時価≠通達評価額」を前提に「租税法上の平等原則に反しないか」を問題としたのが特徴的でした。

　国税庁では、この最高裁判決を踏まえて、以下の3つの判断基準で総合判断するとされます。

① 評価通達に定められた評価方法以外に、他の合理的な評価方法があるか？（不動産鑑定士による鑑定価額等）

② 評価通達に定められた評価方法による評価額と他の合理的な評価方法による評価額との間に著しい価額乖離があるか？

③ 評価通達に定められた評価方法による評価額と異なる価額にすることについて合理的な理由があるか？

　租税回避の意図や借入金の有無、購入時の年齢、相続開始までの期間等なども合理的理由のなかで検討されるようです。

　今後の対応としては、不動産活用による相続税対策は継続してもよいと思いますが、借入金による不動産購入は、相続税への影響が大きすぎる場合もあるので、避けた方がよいと思います。何事もやりすぎはダメだと思います。

Chapter V

退職金での生命保険の活用

Q97 退職金で生命保険に加入する場合の税務上の勘所は何ですか？

A97 退職金を支給するための事前準備として効率的に資金の準備をするために活用します。

◁**解説**▷

　退職金は、本来は従業員にも役員にも支払う義務はありません。退職金規程がない企業もあると思います。ただ、実際には多くの企業で退職金制度を採用しています。人材確保につながることや、経営者自身も含め長年働いたことへの感謝の気持ちの表れになることも理由だと思います。

　しかし、実際には、自分の会社の経営基盤の安定や資金繰りのため、利益が出ているときに生命保険を使って含み益を確保したい、との経営者の思いもあります。そのため、比較的資金面での融通がきく、従業員向けでは全員加入の養老保険を使った福利厚生プラン、役員向けでは長期平準定期保険などを顧客が選んできたと思います。

(1)　従業員向けの退職金

　従業員向けの退職金には、一時金制度と年金制度があります。ともに労務提供の後払いと功労金としての性格があり、退職金規程があれば、退職の事実があるだけで債務性（退職金請求権）が発生するとされます。

　一時金は社内留保資金で支払うこともできますが、事前に資金準備を行うため、国の制度では掛金が全額損金の共済制度（中退共、特退共等）、保険会社の保険では保険料の半分が損金となる養老保険を使った福利厚生プランがよく活用されています。

　年金は、従来は税制適格年金や厚生年金基金がありましたが、現在は、掛金が全額損金の確定給付企業年金（規約型又は基金型）、確定拠出年金（企業型）がよく活用されています。

　各制度をよく検討して、給付の確実性を重視するのか、資金確保を重

視するかにより、採用する制度をアドバイスします。

(2)　役員向けの退職金

　役員向けの退職金には、一時金制度が多いと思います。役員としての貢献を評価して慰労金を支給すると考えるので、職務執行の対価としての報酬とされ、株主総会決議がないと債務が確定しないとされます。中小法人なら、株主総会で退職金支給額まで決議することも多いと思われます。

　一時金は、従業員向けと同じく、社内留保資金で支払うこともできますが、国の制度で個人事業主や小規模法人が利用できる、掛金が全額損金の小規模企業共済、保険会社の保険で保険料の一定部分が損金となる長期平準定期保険などの保険期間の長い定期保険や終身保険がよく活用されています。

　役員の場合、いつ退職するか分からないことが多いのですが、役員の退職する時期と希望する金額を想定しつつ、「最終報酬月額×役員在任年数×功績倍率（実務では３を上限）」を念頭に置き、採用する制度をアドバイスします。

Q98　従業員の退職一時金制度や退職年金制度は活用されていますか？

A98　退職金規程等に従って多くの企業で活用されています。

◀解説▶

(1)　従業員の退職一時金制度

ア　退職金制度の概要

　退職金は、通常、企業が役員や従業員の退職時に支払う一時金です。ただ、日本では、退職金の全部又は一部を分割して退職年金の形で支

払っています。

　退職金は、給与の後払い、長年の勤続や企業への貢献に対する報償、老後の生活保障などの性質をあわせ持っています。退職金は、もともと江戸時代の「のれん分け」から始まり功労の色彩が強かったのですが、高度成長期には物価上昇に給与が追い付かず給与の後払いの側面が強まり、今では、役員や従業員の老後の生活資金として、国の公的年金とともに老後の生活を支える大きな柱となっています。

　令和4年の総務省統計局の家計調査年報によると、夫婦2人の老後の生活費は毎月23.2万円とされ、さらにゆとりある老後に必要な生活費は毎月37.9万円とされます。

　また、厚生労働省によると、令和3年末の老齢基礎年金の年金受給平均額は月5.6万円、老齢厚生年金の年金受給平均額は月14.6万円（基礎年金を含む）とされ、生活費の多くはまかなえるにしても、ゆとりある生活には足りません。

　現在は、高年齢者雇用安定法により、70歳までの就労機会確保を企業の努力義務とされていますが、60歳以降は収入が大きく減ることがほとんどなので、その支えになる大きな柱が退職金制度です。

イ　退職金制度等の導入状況

　令和3年の人事院調査（50人以上の3,677社を集計、以下「調査」という）によると、92.3％の企業が退職金制度を導入しており、そのうち、退職一時金制度は89.2％、退職年金制度は47.9％、両制度併用しているのは37.0％の導入実績で、多くの日本の企業で活用されています。これは、企業規模が大きいほど、導入率や支給額が高くなっています。

　退職金制度は、組合などとの合意が必要なので簡単に廃止はできず、企業が継続し役員や従業員がいる限り、支払いが続きます。継続的に支払いが可能な制度にするため、計画をしっかり立て、退職金が企業の存続を揺るがすことがないようにアドバイスします。

ウ　企業にとってのメリット

上記のとおり、退職金には一時金によるものと年金によるものがあります。退職金を一時金で支払うと、支払った年の全額損金になります。

　上記「調査」によると、民間企業の定年退職金の平均金額は、勤続37年で、年金を一時金換算した金額もあわせると、2,381.8万円と高額です。事前準備をせずに、社内留保資金で支払えば、退職した年にその全額が損金になります。

　しかし、通常は費用の平準化のため社外で退職金の事前準備をするのですが、事前準備のための掛金等は支払った年の損金になります。

　退職金のうち、一時金に関しては上記調査によると社内準備が74.0％と多く、これは単なる社内留保による支出のため、事前に損金にできません。

　また、社外積立としては、中小企業退職金共済制度（中退共）29.3％、社会福祉施設職員等共済制度8.0％や特定退職金共済制度（特退共）5.9％のほか、全員加入の養老保険による福利厚生プランが実務でよく使われています。

エ　従業員にとってのメリット

　退職金を受け取った役員・従業員にとっては、節税効果の高い退職所得となります。退職所得は、給与や不動産所得等と合算されて税額が計算される総合所得でなく、別個に計算する分離課税です。その計算には、まず、退職金を受け取った人の勤続年数を確認（年未満の端数切上げ）して、勤続年数に応じた退職所得控除額を計算します。

（退職所得控除額）
　　　　勤続20年以下　40万円×勤続年数（最低80万円）
　　　　勤続20年超　　800万円＋70万円×（勤続年数－20年）
　　　　（障害者となったことによる退職の場合は100万円加算）

　なお、令和7年度税制改正において、勤続20年超の1年あたりの退職所得控除70万円が見直される可能性があります。

次に、退職金としての収入金額から退職所得控除額を控除し、それを2分の1にした額が退職所得になります。これに所得税・住民税の税率を掛けたものが退職金の納税額になります。

　なお、令和4年分以後の、勤続5年以下の従業員退職の場合、短期退職手当等とされ、退職所得控除額を控除した残額のうち、300万円以下の部分は2分の1課税なのですが、300万円超の部分は2分の1課税の適用がなくなりました（所法30②）。

　この改正に先立ち、平成25年1月以後の役員や国・地方の議員・公務員が勤続5年以下（端数切上げ）で役員等を退職した場合、役員等として勤務した部分にかかる退職所得を2分の1にできないとする特定役員退職手当等の改正がありました（所令71の2①）。

　なお、死亡退職の場合、退職金がみなし相続財産となり、500万円×法定相続人の数が非課税となります（相法12①六）。

(2)　従業員の退職年金制度
ア　退職年金制度の概要

　我が国では、一時金で支払う退職金負担を軽減するため、昭和37年の税制適格年金（平成24年3月末に廃止）、昭和41年の厚生年金基金と、順次、退職年金制度を導入してきました。

　その多くは退職金から移行したもので、資金の事前準備や税制上の優遇措置のためでした。

　また、退職年金は退職金以上に制度を廃止するのが難しいので、老後の安定した生活を送るうえで大きなPRポイントとして、従業員の安心感につながっていました。

　退職年金には、前記調査によると、以下が採用されています。

①　退職者が将来受け取る年金額が決まっている確定給付年金（規約型・基金型）：58.1％

②　企業が拠出する掛金額が決まっている確定拠出年金（企業型）：

48.7％

イ　退職年金のメリット

　従業員の退職年金の掛金は、企業が拠出し、社外積立をすることで掛金全額を損金に算入できます。年金制度の掛金計算は、確定給付型でも確定拠出型でも法律による多くの制約があり、生命保険会社や信託銀行に依頼します。

　ただし、損金にできるからといって、企業の利益の多く出た年に掛金を多くし、逆に利益の少ない年には掛金を払わないという訳にはいきません。年金の掛金を使った利益操作になるからです。

　また、原則として退職年金は減額が認められません。組合等の同意と厚生労働省の承認や認可が必要だからです。そのためには、毎年の掛金支払いが可能な、継続できる年金制度にする必要があります。

　さらに、退職年金を受け取る従業員も優遇されています。退職年金を受け取る場合、毎年の年金収入額から公的年金等控除額を差し引いたものが公的年金等に係る雑所得として課税されます。

　なお、退職年金は、一時金としてまとめて受け取ることも可能です。その場合、受け取った一時金から退職所得控除を引いた額の2分の1に対して分離課税されることとなります。

Q99 役員の退職一時金制度や退職年金制度は活用されていますか？

A99 退職一時金はよく活用されていますが、適正とされる退職金額の算定が難しいです。

◀解説▶

(1) 役員の退職一時金制度

ア 役員退職金の概要

近年、1,000人以上の大企業を中心に、業績との連動性が低いとして役員退職慰労金規程を廃止して役員報酬に振り替える動きがあります。しかし、中堅中小企業では、まだ5割前後の企業で役員退職慰労金制度は活用されています。

また、一時金を受け取った役員個人としては退職所得となり、節税効果が大きい制度です。役員退職金は退任後の生活保障という面でとても重要です。

イ 役員退職金の算出方法

役員退職金は原則損金とされますが、不相当に高額とされた部分は損金とされません（法法34②）。通常、以下の平均功績倍率方法により役員退職金額が算出されます。

$$役員退職金＝最終報酬月額×役員在任年数×功績倍率$$

$$（在任年数は年未満切上げ）$$

この最終報酬月額は、役員の在職期間を通じての会社に対する貢献を適正に反映したものとされます。なお、役員在任年数については、法人成りの場合、法人となってからの年数であり個人事業時代の年数を役員在任年数に含めることはできません（平成4年10月19日福島地裁判決）。

結局、役員退職金が過大かどうかは、功績倍率次第ということになります。実務では、功績倍率は3を上限として運営されています。これを

超えると、所轄税務署は上級官庁との打ち合わせが必要ともいわれます。

　また、功績倍率は、国税不服審判所や裁判となると、より低くなる傾向があり、所轄税務署で解決すべきとされます。現地の方が、その企業の置かれている状況を理解できているからとされます。

　ただ、税務上は、同種・同規模他社での支給状況が妥当な金額かどうかの判断要素の一つとなっているので、これら他社の功績倍率の平均的な数値が一応の目安になるのですが、この数値の収集が困難です。

法人税基本通達9－2－27の3（業績連動給与に該当しない退職給与）
　いわゆる功績倍率法に基づいて支給する退職給与は、法第34条第5項《役員給与の損金不算入》に規定する業績連動給与に該当しないのであるから、同条第1項の規定の適用はないことに留意する。
（注）　本文の功績倍率法とは、役員の退職の直前に支給した給与の額を基礎として、役員の法人の業務に従事した期間及び役員の職責に応じた倍率を乗ずる方法により支給する金額が算定される方法をいう。

ウ　役員退職金の功績倍率

　功績倍率については、勤続年数、退職の事情、同業種で同規模の企業の役員退職金の実態が参考にされ、一般的に、社長・会長＝3倍、副社長＝2.8倍、専務＝2.5倍、常務＝2.2倍、取締役・監査役＝2倍などと定めます。

　しかし、この功績倍率は法律などで明文化されたものではありません。以下の判決における調査実績の数値によるとされます。

昭和55年5月26日東京地方裁判所判決
　そこで、右退職給与金額の相当性について検討する。
1　まず、被告は原告と同業種、類似規模の法人について得られた功績倍率を基準として退職給与金額の相当性を判断すべき旨主張するのに

対し、原告は右方法は適切でない旨主張するので、この点について検討する。

　法人税法第36条は、法人がその退職した役員に対して支給する退職給与の額のうち損金経理をした金額で不相当に高額な部分の金額として政令で定める金額は所得の金額の計算上損金の額に算入しない旨規定し、これをうけて同法施行令第72条は、右損金の額に算入しない金額は、法人がその退職した役員に対して支給した退職給与の額が、当該役員のその法人の業務に従事した期間、その退職の事情、その法人と同種の事業を営む法人でその事業規模が類似するものの役員に対する退職給与の支給の状況等に照らし、その退職した役員に対する退職給与として相当であると認められる金額を超える場合におけるその超える部分の金額とする旨規定しているが、右各規定の趣旨は、役員に対する退職給与が利益処分たる性格をもつことが多いため、一定の基準以下の部分は必要経費としてその損金算入を認めるが、一定の基準を超える部分は利益処分としてその損金算入を認めないというところにあると解されるところ、成立に争いのない乙第一号証によれば、株式会社政経研究所が昭和47年6月20日現在で全上場会社1,603社及び非上場会社101社を調査したところ、何らかの形で役員退職給与金額の計算の基準を有しているものが682社、そのうち右基準を明示したものが265社あったが、左265社のうち167社が退任時の最終報酬月額を基礎として退職金を算出する方式をとっており、さらに、そのうち154社が最終報酬月額と在任期間の積に一定の数値を乗じて退職給与金額を算出する方式をとっていることが認められるのであるから、退職給与金額の損金算入の可否、すなわちその相当性の判断にあたって原告と同業種、類似規模の法人を抽出し、その功績倍率を基準とすることは、前記法令の規定の趣旨に合致し合理的であるというべきである。

なお、この基準をはずれたら直ちに否認されるわけではありません。何よりその役員の功績を一番理解しているのはその企業です。功労加算金も含めて会社への貢献度を考えて適正な金額を設定することになります。ただし、功労加算金は適正な金額に加算されるのではなく、功労加算金も含めて適正な金額を判断するとされています（平成25年5月25日裁決仙裁（法）平22－15）。

エ　その他の役員退職金の算出方法

　また、中堅以上の企業では、取締役としていくら、常務取締役としていくら、と役位別に退職金を算出してそれを累計する方式も採用されています。

役員退職金＝（役位別最終報酬月額×役位別在任年数×役位別功績倍率）
の合計額

　さらに、1年当たり平均額法を用いる場合もあります。これは、何らかのやむをえない事情により最終報酬月額が低くなっていたり、また、無報酬の場合に、比較の対象となるべき法人における退職した役員の勤続年数1年当たりの平均退職給与の額に、当該役員の勤続年数を乗じて相当な退職給与の額を算出する方法です。

役員退職金＝1年当たりの退職給与の額×役員在任年数

昭和58年5月27日札幌地裁判決
　1年当たり平均額法は、当該法人の比較の対象となるべき法人における退職した役員の勤続年数1年当たりの平均退職給与の額に当該役員の勤続年数を乗じて相当な退職給与の額を算出する方法であるが平均功績倍率法とともに、法人税法36条（過大な役員退職給与の損金不算入）及び同法施行令72条の（過大な役員退職給与の額）趣旨に合致する合理的な算式である。

平成21年12月1日裁決

2　役員退職給与の適正額の具体的な判定基準については「平均功績倍率法」と「１年当たり平均額法」が税法の趣旨に沿ったものであるとされており、一般的には「平均功績倍率法」が多く採用されているが、退職役員の最終報酬月額が適正でない場合、又は適正額に修正することができない場合、例えば、長年代表取締役として会社の中枢にあった者が退職時には非常勤役員となっており、その最終報酬月額がその役員の在職期間中の職務内容から見て、著しく低額であるような場合にまで平均功績倍率を適用すると、役員退職給与の適正額が著しく低額となることから、このような場合には、１年当たり平均額法を採用することも合理的でないとはいえない。

3　原処分庁が採用すべきと主張する最終報酬月額の130万円が役員在職中における法人に対する功績を最もよく反映しているものであるとまでは言えず、当該最終報酬月額を採用しない特段の事情があるものと認められるから、適正な役員退職給与額を平均功績倍率法により算定するに当たり、130万円を算定の基礎とすることが相当であるとは言えない。

4　次に請求人が採用すべきと主張する223万円について検討するに、臨時株主総会議事録において150万円を死亡時月給として退職金の計算をする方法を承認可決していることからみると、適正な役員退職給与を平均功績倍率法により計算するに当たり、223万円を算定の基礎とすることも相当であるとはいえない。

5　そうすると、本件においては、適正な役員退職給与を算定するに当たり、報酬月額を基礎として算定する平均功績倍率法よりも、むしろ、１年当たり平均額法を採用することが相当であり、合理性が認められる。（熊裁（法）平21－5）

オ 相当な役員退職金の判断基準

　結局問題なのは、相当な役員退職金が「具体的にいくらか」です。

　①業務に従事した期間、②退職の事情、③同種の事業を営む法人でその事業規模が類似するものの役員に対する退職給与の支給の状況等、に照らし相当であると認められる金額を超える場合におけるその超える部分の金額をいいます。

　③の最後に「等」がありますから、判定においてはこの３つだけではなく、その他の事情も含めて総合的に勘案するものとされています。

法人税法施行令

（過大な役員給与の額）

第70条　法第34条第２項（役員給与の損金不算入）に規定する政令で定める金額は、次に掲げる金額の合計額とする。

　二　内国法人が各事業年度においてその退職した役員に対して支給した退職給与の額が、当該役員のその内国法人の業務に従事した期間、その退職の事情、その内国法人と同種の事業を営む法人でその事業規模が類似するものの役員に対する退職給与の支給の状況等に照らし、その退職した役員に対する退職給与として相当であると認められる金額を超える場合におけるその超える部分の金額

　例えば、平成21年２月26日大分地裁判決の役員報酬を減額していた事例では、功績倍率法を合理的な方法と認めたうえで、退職金額の判断上考慮すべき「特有の事情」を指摘し、「役員報酬の額」及び「適正な功績倍率を3.5」に上方修正（「納税者4.6」主張対「課税庁2.3」主張）しています。その「特有の事情」は、以下のとおりです。

　①　報酬額の変動が業績の変動と連動しており、合理性がある。

　②　国が主張する同業類似法人に比べ、経営内容が良好である。

　③　比較法人数が５件と少ないので、平均値は容易に変動し、また、功績倍率にばらつきがある。

④ 創業者として多大なる功労等、退職金額に相当の影響を及ぼすと
考えられる事情が基本的に考慮されていない。

業種や規模等の国税局管内の同業類似法人との比較を原則としつつ、
適正な報酬月額や功労性を検討するとされますが、そもそも、事前に国
税局管内の同業類似法人の退職金額は分かりません。

また、通常言われる世間相場に関する業種別・規模別といった民間
データベースが裁判所に認められているかは分かりません。「役員報
酬・賞与・退職金」（日本実業出版社発行）などの書籍はありますが、
裁判事例や裁決事例で利用される国税局管内の類似事例は、退職時に
は把握できないのが現実です。

結局、算出した支給金額そのものが社会通念又は一般の支給慣行・事
例に照らして明らかに高額となるかどうかを判断するのは所轄税務署で
す。否認されると影響が大きいので、個別案件に関して明確な回答がな
いとしても、顧問先から相談してもらうしかないと思います。

注意すべきは、功績倍率は、国税不服審判所や裁判所に移行すると、
より厳しい判断が下される可能性があります。ですから、現場レベルで
解決した方がよいと思います。

カ　最高功績倍率方式

役員退職金の支給方式としては、判例等で一般的に使われるのは、上
記のとおり、平均功績倍率方法です。最高功績倍率方式を使えないかと
のご質問もいただきます。判決では、優先すべきは平均功績倍率方式で
あり、最高功績倍率を用いるときは、同業類似法人の抽出基準が必ずし
も十分でない場合や抽出件数が僅少であり、かつ、最高功績倍率を示す
同業類似法人が極めて類似している場合に限る、としています。

平成25年7月18日東京高裁判決（平成26年5月19日最高裁決定　上
告棄却・不受理）

役員退職給与の適正額を判断するに当たり、最高功績倍率法を採ると、比較法人中に極めて多額で不相当な退職給与を支給した法人があった場合に不合理な結論となり、これを避けるために異常に多額なものは除外すると、その対象や範囲が不明確となり、恣意の入り込む余地が生じる。したがって、平均功績倍率法を採ることが旧施行令72条、施行令70条2号の趣旨に合致するというべきであり、退職直前に無報酬の期間がある等、平均功績倍率法を採ると適正を欠く結果となる場合には、1年当たり平均額法を採るのが相当と考えられる。そして、処分行政庁が亡乙について原則的な平均功績倍率法を採用し、14年間にわたり代表取締役を務めたが退職前の2年間余は無報酬であった丙について1年当たり平均額法を採用したことに不合理な点は見当たらない。

キ　弔慰金

　　役員が死亡退職した場合、退職金とは別に弔慰金を支給することがあります。支給する場合、必ず退職金とは別の項目としてください。そうしなければ、退職金額と合算されて、相当な退職金かどうかの税務判断が行われるからです。

　　なお、弔慰金として支給する場合、業務上死亡のときには最終報酬月額の36か月分、業務外死亡のときには最終報酬月額の6か月分までの金額を支給しても、問題とされることはありません（相基通3－18～3－20、3－23）。

ク　役員退職金の規程制定の意義

　　役員退職金については、予め決められた役員退職金慰労規程に基づき算定されるのが一般的です。中小法人の中にはこのような規程を設けておらず、その都度、その役員の資産形成状況、法人の資金的事情、相続税対策などの点から決めているところもあります。しかし、役員間の公平性、税務トラブルの回避などといった点から、事前に役員退職金規程を制定しておいた方がよいと思われます。

ケ　その他留意点

　なお、社会保険料を下げるために、事前確定届出給与を使って月額を下げる事例があります。しかし、課税庁はあくまでも月額で適正額を判断しており、賞与は対象外としています。規程を作成しても認められませんからご注意ください（平成27年6月23日関裁（法）平26-50）。

⑵　役員の退職年金制度

ア　役員の退職年金制度の概要

　退任する役員に退職金を年金形式で支給する場合、以下のように取り扱います。退職給与とは、役員に対して退職という事実により支払われる一切の給与をいいますから、退職年金も退職給与に該当し、過大退職金の認定が行われます。

イ　退職年金の損金算入

　法人が役員に支給する退職金で相当な額は、損金の額に算入されます。その退職金の損金算入時期は、原則として、株主総会等の決議によって退職金の額が具体的に確定した日の属する事業年度となります。ただし、法人が退職金を実際に支払った事業年度において、損金経理をした場合は、その支払った事業年度において損金の額に算入することも認められます。

　法人が退職年金制度を実施している場合に支給する退職年金は、その年金を支給すべき事業年度が損金算入時期となります。したがって、退職した時に年金の総額を計算して未払金に計上しても損金の額に算入することができず、年金を支給すべき時に損金算入することとなります（法基通9-2-29）。

　決議日及び支給日には、次のような経理処理となります。

決議日	役員退職年金	×××　／	未払金	×××
支給日	未払金	×××　／	当座預金	×××
			預り金	×××

会計上は、役員退職年金を計上していますが、税務上はその年金を支給すべき事業年度が損金算入時期ですので、申告書上、いったん所得金額に加算し、次年度以降年金額相当額を減算することになります。

法人税基本通達9－2－29（退職年金の損金算入の時期）
　法人が退職した役員又は使用人に対して支給する退職年金は、当該年金を支給すべき時の損金の額に算入すべきものであるから、当該退職した役員又は使用人に係る年金の総額を計算して未払金等に計上した場合においても、当該未払金等に相当する金額を損金の額に算入することはできないことに留意する。

ウ　退職年金の所得税法上の取扱い

　個人が受け取った退職年金は、所得税法上、雑所得に該当します。過去の勤務に基づき使用者であった者から支給される年金については、国民年金や厚生年金などと同様、雑所得とされる公的年金等に該当します。その雑所得の金額の計算は「公的年金等の収入金額－公的年金等控除額」となります。

Q100 役員退職金のために生命保険をどのように活用しますか？

A100 事前に退職金原資として準備して、退職時に支給します。

◀解説▶

(1)　生命保険の加入目的

　役員を対象とした生命保険に加入する目的としては、法人の経営上の損失を補填することです。具体的には、以下のとおりです。

　① 　死亡退職金の確保

② 勇退退職慰労金の確保

③ 事業運転資金の確保

④ 借入金返済資金の確保

　したがって、生命保険の加入を検討する場合、退職金や弔慰金の支給予定額をベースに、支払能力や当期及び翌期以降の収益状況などを勘案して、保険金額を決めることになります。

　保険商品としては、役員が勇退すると見込まれる時期に合わせた、保険期間と解約返戻率ピークが長い長期平準定期保険が望ましいと思います。最高解約返戻率により、保険料の一部を損金として利益を繰り延べつつ、役員退職金の準備ができます。また、思いがけない役員の死亡時にも対応可能です。

　また、全額資産計上になりますが、終身保険で準備されている法人も多いです。

⑵　保険金受取時の益金発生

　保険期間中の解約や保険事故の発生による保険金の受け取りの場合、益金が発生します。

　一方で、資産に計上していた前払保険料及び配当金がある場合、これらを全額取り崩して損金算入します。その結果、益金の方が多い場合、その金額が法人税の課税対象となります。

　特に定期保険の場合、通常、払込保険料のうち資産に計上する金額が一部なので、受取金額に比べて資産計上額が少ないため、多額の益金が発生する場合があります。

　その益金発生と同じ事業年度に、その加入目的とした退職金の支払いがあれば、その益金算入額と相殺され、課税所得に対する影響は少なくなります。

⑶　保険金がそのまま退職金として損金算入可能か？

　受け取った保険金をそのまま役員退職金として支給しても、保険金額すべてを損金算入できるとは限りません。税務上、受け取った保険金とは別個に、過大な役員退職給与なのかどうか、の判定を行うとされています。

　昭和62年4月16日の長野地裁判決では、「役員退職給与の損金性は、法人税法36条の趣旨からすると役員の法人に対する役員としての役務提供による貢献度によって決せられるべきものであるから、退職給与の支給とその原資は切り離して考えるべきであり、その原資が当該役員の死亡を原因として支払われた生命保険金であるからといって、当然に支払額の全部又は一部が相当な金額として損金に算入されるべき理由はない。また、役員を被保険者、保険金受取人を法人とする生命保険契約は、その目的に役員の退職給与の原資の準備が含まれていることは否定できないが、その主たる目的は役員死亡に伴う法人の経営上の損失を補填することにあると認められるから、生命保険契約の実態は、必ずしも、生命保険金を原資とする退職給与を損金に算入すべき根拠たりえない。」とされました。

　また、平成元年1月23日東京高裁判決（昭和63年9月30日静岡地裁判決控訴審）では、「保険金収入と同額の金員を当該死亡役員の退職給与として支給した場合であっても、利益金としての保険金収入と損金としての退職金支給とは、それぞれ別個に考えるべきものである。」とされました。

⑷　保険金額はいくらが適当か？

　「最終報酬月額」も、「役員在任年数」も客観的な数字ですから、結局、役員退職慰労金が過大かどうかは、「功績倍率」次第ということになってきます。

　実務では、功績倍率は3倍を使って考えています。ただし、この3倍には特別加算金も含みます。保険金額は想定される勇退時期の退職金額

を前提で考えれば、税務上の問題はないと思います。

　このようにして計算したうえで、算出された金額が、「社会通念又は一般の支給慣行・事例に照らして明らかに高額となっていないかどうかの判断が必要」とされています。

　あとは、必要と考えるならば、株主総会などで決議を得て、支給したい金額を支給することは、会社の自由です。ただし、「過大な退職給与」とされた場合は、その方への報酬扱いとなり、損金不算入となります。

Column-9　退職金を複数回もらう場合の退職所得控除の調整が変わった？

　令和4年から退職金を複数回もらう場合の退職所得控除の調整方法が変わりました。退職金を受け取った場合、勤務期間に応じて退職所得控除が適用できます。また、確定拠出年金も掛金拠出期間を対象に退職所得控除の対象となります。

　通常、退職金を受け取った同じ年及び前年以前4年内に別の退職金を受け取る場合、重複期間があるものとして、退職所得控除を減額調整することになっています。逆に言えば、4年を超えて退職金を複数回もらう場合は、原則、重複期間の調整は不要とされます。

　ただし、確定拠出年金の老齢給付金を一時金で受け取る場合は例外とされ、通常の退職金受取に適用される4年内ではなく、14年内までが調整対象とされていました。確定拠出年金の一時金受取の取扱いが異なるのは、確定拠出年金の一時金受取は受給時期を選択できるからです。そこで、受給時期を調整することにより多額の退職所得控除を受けることがないよう、14年内までが調整の対象とされていました。

　令和4年4月以後、確定拠出年金の一時金受取の最終年齢が70歳から75歳に延長されたことに伴い、この期間が19年内に5年延長されました。

　退職所得控除の影響は大きいので、複数の退職金を受け取る場合、前回の退職時期の確認をしっかりしたいものです。

Chapter VI

知っておきたい
法令・通達と判例・裁決

VI-1 知っておきたい法令

　生命保険税務において、関連法令は少なく、ほとんど通達で決められています。ただ、裁判では、通達はあくまでも国税庁内部での判断基準とされるので、まずは、法令を理解してください。

(1) 所得税関係

ア 所得税法

（非課税所得）

第9条　次に掲げる所得については、所得税を課さない。

　　十七　相続、遺贈又は個人からの贈与により取得するもの（相続税法（昭和25年法律第73号）の規定により相続、遺贈又は個人からの贈与により取得したものとみなされるものを含む。）

　　十八　保険業法（平成7年法律第105号）第2条第4項（定義）に規定する損害保険会社又は同条第九項に規定する外国損害保険会社等の締結した保険契約に基づき支払を受ける保険金及び損害賠償金（これらに類するものを含む。）で、心身に加えられた損害又は突発的な事故により資産に加えられた損害に基因して取得するものその他の政令で定めるもの

（退職手当等とみなす一時金）

第31条　次に掲げる一時金は、この法律の規定の適用については、前条第1項に規定する退職手当等とみなす。

　　三　確定給付企業年金法（平成13年法律第50号）の規定に基づいて支給を受ける一時金で同法第25条第1項（加入者）に規定する加入者の退職により支払われるもの（同法第3条第1項（確定給付企業年金の実施）に規定する確定給付企業年金に係る規約に基づいて拠出された掛金のうちに当該加入者の負担した金額がある場合には、その一時金の額からその負担した金額を控除した金額に相当する部分に限る。）その他これに類する一時金として政令で定めるもの

（一時所得）

第34条　一時所得とは、利子所得、配当所得、不動産所得、事業所得、給与所得、退職所得、山林所得及び譲渡所得以外の所得のうち、営利を目的とする継続的行

為から生じた所得以外の一時の所得で労務その他の役務又は資産の譲渡の対価としての性質を有しないものをいう。

2　一時所得の金額は、その年中の一時所得に係る総収入金額からその収入を得るために支出した金額（その収入を生じた行為をするため、又はその収入を生じた原因の発生に伴い直接要した金額に限る。）の合計額を控除し、その残額から一時所得の特別控除額を控除した金額とする。

3　前項に規定する一時所得の特別控除額は、50万円（同項に規定する残額が50万円に満たない場合には、当該残額）とする。

（家事関連費等の必要経費不算入等）

第45条　居住者が支出し又は納付する次に掲げるものの額は、その者の不動産所得の金額、事業所得の金額、山林所得の金額又は雑所得の金額の計算上、必要経費に算入しない。

一　家事上の経費及びこれに関連する経費で政令で定めるもの

（小規模企業共済等掛金控除）

第75条　居住者が、各年において、小規模企業共済等掛金を支払つた場合には、その支払つた金額を、その者のその年分の総所得金額、退職所得金額又は山林所得金額から控除する。

2　前項に規定する小規模企業共済等掛金とは、次に掲げる掛金をいう。

一　小規模企業共済法（昭和40年法律第102号）第2条第2項（定義）に規定する共済契約（政令で定めるものを除く。）に基づく掛金

二　確定拠出年金法（平成13年法律第88号）第3条第3項第7号の2（規約の承認）に規定する企業型年金加入者掛金又は同法第55条第2項第4号（規約の承認）に規定する個人型年金加入者掛金

イ　所得税法施行令

（非課税とされる保険金、損害賠償金等）

第30条　法第9条第1項第18号（非課税所得）に規定する政令で定める保険金及び損害賠償金（これらに類するものを含む。）は、次に掲げるものその他これらに類するもの（これらのものの額のうちに同号の損害を受けた者の各種所得の金額の計算上必要経費に算入される金額を補填するための金額が含まれている場合には、当該金額を控除した金額に相当する部分）とする。

一　損害保険契約（保険業法（平成7年法律第105号）第2条第4項（定義）に

規定する損害保険会社若しくは同条第9項に規定する外国損害保険会社等の締結した保険契約又は同条第18項に規定する少額短期保険業者（以下この号において「少額短期保険業者」という。）の締結したこれに類する保険契約をいう。以下この条において同じ。）に基づく保険金、生命保険契約（同法第2条第3項に規定する生命保険会社若しくは同条第八項に規定する外国生命保険会社等の締結した保険契約又は少額短期保険業者の締結したこれに類する保険契約をいう。以下この号において同じ。）又は旧簡易生命保険契約（郵政民営化法等の施行に伴う関係法律の整備等に関する法律（平成17年法律第102号）第2条（法律の廃止）の規定による廃止前の簡易生命保険法（昭和24年法律第68号）第3条（政府保証）に規定する簡易生命保険契約をいう。）に基づく給付金及び損害保険契約又は生命保険契約に類する共済に係る契約に基づく共済金で、身体の傷害に基因して支払を受けるもの並びに心身に加えられた損害につき支払を受ける慰謝料その他の損害賠償金（その損害に基因して勤務又は業務に従事することができなかつたことによる給与又は収益の補償として受けるものを含む。）

　三　心身又は資産に加えられた損害につき支払を受ける相当の見舞金（第94条の規定に該当するものその他役務の対価たる性質を有するものを除く。）

（家事関連費）
第96条　法第45条第1項第1号（必要経費とされない家事関連費）に規定する政令で定める経費は、次に掲げる経費以外の経費とする。

　一　家事上の経費に関連する経費の主たる部分が不動産所得、事業所得、山林所得又は雑所得を生ずべき業務の遂行上必要であり、かつ、その必要である部分を明らかに区分することができる場合における当該部分に相当する経費

　二　前号に掲げるもののほか、青色申告書を提出することにつき税務署長の承認を受けている居住者に係る家事上の経費に関連する経費のうち、取引の記録等に基づいて、不動産所得、事業所得又は山林所得を生ずべき業務の遂行上直接必要であつたことが明らかにされる部分の金額に相当する経費

（生命保険契約等に基づく年金に係る雑所得の金額の計算上控除する保険料等）
第183条　生命保険契約等に基づく年金（法第35条第3項（公的年金等の定義）に規定する公的年金等を除く。以下この項において同じ。）の支払を受ける居住者のその支払を受ける年分の当該年金に係る雑所得の金額の計算については、次に定めるところによる。

　一　当該年金の支払開始の日以後に当該年金の支払の基礎となる生命保険契約等

に基づき分配を受ける剰余金又は割戻しを受ける割戻金の額は、その年分の雑所得に係る総収入金額に算入する。

二　その年に支払を受ける当該年金の額に、イに掲げる金額のうちにロに掲げる金額の占める割合を乗じて計算した金額は、その年分の雑所得の金額の計算上、必要経費に算入する。

　　イ　次に掲げる年金の区分に応じそれぞれ次に定める金額

　　　(1)　その支払開始の日において支払総額が確定している年金　当該支払総額

　　　(2)　その支払開始の日において支払総額が確定していない年金　第82条の3第2項（確定給付企業年金の額から控除する金額）の規定に準じて計算した支払総額の見込額

　　ロ　当該生命保険契約等に係る保険料又は掛金の総額

三　当該生命保険契約等が年金のほか一時金を支払う内容のものである場合には、前号ロに掲げる保険料又は掛金の総額は、当該生命保険契約等に係る保険料又は掛金の総額に、同号イ(1)又は(2)に定める支払総額又は支払総額の見込額と当該一時金の額との合計額のうちに当該支払総額又は支払総額の見込額の占める割合を乗じて計算した金額とする。

四　前二号に規定する割合は、小数点以下2位まで算出し、3位以下を切り上げたところによる。

2　生命保険契約等に基づく一時金（法第31条各号（退職手当等とみなす一時金）に掲げるものを除く。以下この項において同じ。）の支払を受ける居住者のその支払を受ける年分の当該一時金に係る一時所得の金額の計算については、次に定めるところによる。

一　当該一時金の支払の基礎となる生命保険契約等に基づき分配を受ける剰余金又は割戻しを受ける割戻金の額で、当該一時金とともに又は当該一時金の支払を受けた後に支払を受けるものは、その年分の一時所得に係る総収入金額に算入する。

二　当該生命保険契約等に係る保険料又は掛金（第82条の3第1項第2号イからリまでに掲げる資産及び確定拠出年金法第54条第1項（他の制度の資産の移換）、第54条の2第1項（脱退一時金相当額等の移換）又は第74条の2第1項（脱退一時金相当額等又は残余財産の移換）の規定により移換された同法第2条第12項（定義）に規定する個人別管理資産に充てる資産を含む。第4項において同じ。）の総額は、その年分の一時所得の金額の計算上、支出した金額に算入する。ただし、次に掲げる掛金、金額、企業型年金加入者掛金又は個人型年金加入者掛金の総額については、当該支出した金額に算入しない。

三　当該生命保険契約等が一時金のほか年金を支払う内容のものである場合に

は、前号に規定する保険料又は掛金の総額は、当該生命保険契約等に係る保険料又は掛金の総額から、当該保険料又は掛金の総額に前項第三号に規定する割合を乗じて計算した金額を控除した金額に相当する金額とする。

4　第1項及び第2項に規定する保険料又は掛金の総額は、当該生命保険契約等に係る保険料又は掛金の総額から次に掲げる金額を控除して計算するものとする。

四　当該年金の支払開始の日前又は当該一時金の支払の日前に当該生命保険契約等に基づく剰余金の分配若しくは割戻金の割戻しを受け、又は当該生命保険契約等に基づき分配を受ける剰余金若しくは割戻しを受ける割戻金をもつて当該保険料若しくは掛金の払込みに充てた場合における当該剰余金又は割戻金の額

⑵　**法人税関係**

ア　法人税法

　　　　第二款　各事業年度の所得の金額の計算の通則

第22条　内国法人の各事業年度の所得の金額は、当該事業年度の益金の額から当該事業年度の損金の額を控除した金額とする。

2　内国法人の各事業年度の所得の金額の計算上当該事業年度の益金の額に算入すべき金額は、別段の定めがあるものを除き、資産の販売、有償又は無償による資産の譲渡又は役務の提供、無償による資産の譲受けその他の取引で資本等取引以外のものに係る当該事業年度の収益の額とする。

3　内国法人の各事業年度の所得の金額の計算上当該事業年度の損金の額に算入すべき金額は、別段の定めがあるものを除き、次に掲げる額とする。

一　当該事業年度の収益に係る売上原価、完成工事原価その他これらに準ずる原価の額

二　前号に掲げるもののほか、当該事業年度の販売費、一般管理費その他の費用（償却費以外の費用で当該事業年度終了の日までに債務の確定しないものを除く。）の額

三　当該事業年度の損失の額で資本等取引以外の取引に係るもの

4　第二項に規定する当該事業年度の収益の額及び前項各号に掲げる額は、別段の定めがあるものを除き、一般に公正妥当と認められる会計処理の基準に従つて計算されるものとする。

（役員給与の損金不算入）

第34条　内国法人がその役員に対して支給する給与（退職給与で業績連動給与に該当しないもの、使用人としての職務を有する役員に対して支給する当該職務

に対するもの及び第3項の規定の適用があるものを除く。以下この項において同じ。）のうち次に掲げる給与のいずれにも該当しないものの額は、その内国法人の各事業年度の所得の金額の計算上、損金の額に算入しない。

一　その支給時期が一月以下の一定の期間ごとである給与（次号イにおいて「定期給与」という。）で当該事業年度の各支給時期における支給額が同額であるものその他これに準ずるものとして政令で定める給与（同号において「定期同額給与」という。）

二　その役員の職務につき所定の時期に、確定した額の金銭又は確定した数の株式（出資を含む。以下この項及び第5項において同じ。）若しくは新株予約権若しくは確定した額の金銭債権に係る第54条第1項（譲渡制限付株式を対価とする費用の帰属事業年度の特例）に規定する特定譲渡制限付株式若しくは第54条の2第1項（新株予約権を対価とする費用の帰属事業年度の特例等）に規定する特定新株予約権を交付する旨の定めに基づいて支給する給与で、定期同額給与及び業績連動給与のいずれにも該当しないもの（当該株式若しくは当該特定譲渡制限付株式に係る第54条第1項に規定する承継譲渡制限付株式又は当該新株予約権若しくは当該特定新株予約権に係る第54条の2第1項に規定する承継新株予約権による給与を含むものとし、次に掲げる場合に該当する場合にはそれぞれ次に定める要件を満たすものに限る。）

イ　その給与が定期給与を支給しない役員に対して支給する給与（同族会社に該当しない内国法人が支給する給与で金銭によるものに限る。）以外の給与（株式又は新株予約権による給与で、将来の役務の提供に係るものとして政令で定めるものを除く。）である場合　政令で定めるところにより納税地の所轄税務署長にその定めの内容に関する届出をしていること。

2　内国法人がその役員に対して支給する給与（前項又は次項の規定の適用があるものを除く。）の額のうち不相当に高額な部分の金額として政令で定める金額は、その内国法人の各事業年度の所得の金額の計算上、損金の額に算入しない。

4　前三項に規定する給与には、債務の免除による利益その他の経済的な利益を含むものとする。

（同族会社等の行為又は計算の否認）
第132条　税務署長は、次に掲げる法人に係る法人税につき更正又は決定をする場合において、その法人の行為又は計算で、これを容認した場合には法人税の負担を不当に減少させる結果となると認められるものがあるときは、その行為又は計算にかかわらず、税務署長の認めるところにより、その法人に係る法人税の課税標準若しくは欠損金額又は法人税の額を計算することができる。

一　内国法人である同族会社

二　イからハまでのいずれにも該当する内国法人

イ　法人税法施行令

（過大な役員給与の額）

第70条　法第34条第2項（役員給与の損金不算入）に規定する政令で定める金額
は、次に掲げる金額の合計額とする。

二　内国法人が各事業年度においてその退職した役員に対して支給した退職給与
（法第34条第1項又は第3項の規定の適用があるものを除く。以下この号にお
いて同じ。）の額が、当該役員のその内国法人の業務に従事した期間、その退
職の事情、その内国法人と同種の事業を営む法人でその事業規模が類似するも
のの役員に対する退職給与の支給の状況等に照らし、その退職した役員に対す
る退職給与として相当であると認められる金額を超える場合におけるその超え
る部分の金額

(3)　相続税関係

ア　相続税法

（相続又は遺贈により取得したものとみなす場合）

第3条　次の各号のいずれかに該当する場合においては、当該各号に掲げる者が、
当該各号に掲げる財産を相続又は遺贈により取得したものとみなす。この場合に
おいて、その者が相続人（相続を放棄した者及び相続権を失つた者を含まない。
第15条、第16条、第19条の2第1項、第19条の3第1項、第19条の4第1項及
び第63条の場合並びに「第15条第2項に規定する相続人の数」という場合を除
き、以下同じ。）であるときは当該財産を相続により取得したものとみなし、そ
の者が相続人以外の者であるときは当該財産を遺贈により取得したものとみなす。

一　被相続人の死亡により相続人その他の者が生命保険契約（保険業法（平成7
年法律第105号）第2条第3項（定義）に規定する生命保険会社と締結した保
険契約（これに類する共済に係る契約を含む。以下同じ。）その他の政令で定
める契約をいう。以下同じ。）の保険金（共済金を含む。以下同じ。）又は損害
保険契約（同条第4項に規定する損害保険会社と締結した保険契約その他の政
令で定める契約をいう。以下同じ。）の保険金（偶然な事故に基因する死亡に
伴い支払われるものに限る。）を取得した場合においては、当該保険金受取人
（共済金受取人を含む。以下同じ。）について、当該保険金（次号に掲げる給与

及び第5号又は第6号に掲げる権利に該当するものを除く。）のうち被相続人が負担した保険料（共済掛金を含む。以下同じ。）の金額の当該契約に係る保険料で被相続人の死亡の時までに払い込まれたものの全額に対する割合に相当する部分

二　被相続人の死亡により相続人その他の者が当該被相続人に支給されるべきであつた退職手当金、功労金その他これらに準ずる給与（政令で定める給付を含む。）で被相続人の死亡後3年以内に支給が確定したものの支給を受けた場合においては、当該給与の支給を受けた者について、当該給与

三　相続開始の時において、まだ保険事故（共済事故を含む。以下同じ。）が発生していない生命保険契約（一定期間内に保険事故が発生しなかつた場合において返還金その他これに準ずるものの支払がない生命保険契約を除く。）で被相続人が保険料の全部又は一部を負担し、かつ、被相続人以外の者が当該生命保険契約の契約者であるものがある場合においては、当該生命保険契約の契約者について、当該契約に関する権利のうち被相続人が負担した保険料の金額の当該契約に係る保険料で当該相続開始の時までに払い込まれたものの全額に対する割合に相当する部分

四　相続開始の時において、まだ定期金給付事由が発生していない定期金給付契約（生命保険契約を除く。）で被相続人が掛金又は保険料の全部又は一部を負担し、かつ、被相続人以外の者が当該定期金給付契約の契約者であるものがある場合においては、当該定期金給付契約の契約者について、当該契約に関する権利のうち被相続人が負担した掛金又は保険料の金額の当該契約に係る掛金又は保険料で当該相続開始の時までに払い込まれたものの全額に対する割合に相当する部分

五　定期金給付契約で定期金受取人に対しその生存中又は一定期間にわたり定期金を給付し、かつ、その者が死亡したときはその死亡後遺族その他の者に対して定期金又は一時金を給付するものに基づいて定期金受取人たる被相続人の死亡後相続人その他の者が定期金受取人又は一時金受取人となつた場合においては、当該定期金受取人又は一時金受取人となつた者について、当該定期金給付契約に関する権利のうち被相続人が負担した掛金又は保険料の金額の当該契約に係る掛金又は保険料で当該相続開始の時までに払い込まれたものの全額に対する割合に相当する部分

六　被相続人の死亡により相続人その他の者が定期金（これに係る一時金を含む。）に関する権利で契約に基づくもの以外のもの（恩給法（大正12年法律第48号）の規定による扶助料に関する権利を除く。）を取得した場合においては、当該定期金に関する権利を取得した者について、当該定期金に関する権利（第

２号に掲げる給与に該当するものを除く。）

2　前項第１号又は第３号から第５号までの規定の適用については、被相続人の被相続人が負担した保険料又は掛金は、被相続人が負担した保険料又は掛金とみなす。ただし、同項第３号又は第４号の規定により当該各号に掲げる者が当該被相続人の被相続人から当該各号に掲げる財産を相続又は遺贈により取得したものとみなされた場合においては、当該被相続人の被相続人が負担した保険料又は掛金については、この限りでない。

3　第１項第３号又は第４号の規定の適用については、被相続人の遺言により払い込まれた保険料又は掛金は、被相続人が負担した保険料又は掛金とみなす。

（贈与により取得したものとみなす場合）

第５条　生命保険契約の保険事故（傷害、疾病その他これらに類する保険事故で死亡を伴わないものを除く。）又は損害保険契約の保険事故（偶然な事故に基因する保険事故で死亡を伴うものに限る。）が発生した場合において、これらの契約に係る保険料の全部又は一部が保険金受取人以外の者によつて負担されたものであるときは、これらの保険事故が発生した時において、保険金受取人が、その取得した保険金（当該損害保険契約の保険金については、政令で定めるものに限る。）のうち当該保険金受取人以外の者が負担した保険料の金額のこれらの契約に係る保険料でこれらの保険事故が発生した時までに払い込まれたものの全額に対する割合に相当する部分を当該保険料を負担した者から贈与により取得したものとみなす。

2　前項の規定は、生命保険契約又は損害保険契約（傷害を保険事故とする損害保険契約で政令で定めるものに限る。）について返還金その他これに準ずるものの取得があつた場合について準用する。

3　前２項の規定の適用については、第１項（前項において準用する場合を含む。）に規定する保険料を負担した者の被相続人が負担した保険料は、その者が負担した保険料とみなす。ただし、第３条第１項第３号の規定により前二項に規定する保険金受取人又は返還金その他これに準ずるものの取得者が当該被相続人から同号に掲げる財産を相続又は遺贈により取得したものとみなされた場合においては、当該被相続人が負担した保険料については、この限りでない。

4　第１項の規定は、第３条第１項第１号又は第２号の規定により第１項に規定する保険金受取人が同条第１項第１号に掲げる保険金又は同項第２号に掲げる給与を相続又は遺贈により取得したものとみなされる場合においては、当該保険金又は給与に相当する部分については、適用しない。

（相続税の非課税財産）

第12条　次に掲げる財産の価額は、相続税の課税価格に算入しない。

二　墓所、霊びよう及び祭具並びにこれらに準ずるもの

三　宗教、慈善、学術その他公益を目的とする事業を行う者で政令で定めるものが相続又は遺贈により取得した財産で当該公益を目的とする事業の用に供することが確実なもの

五　相続人の取得した第3条第1項第1号に掲げる保険金（前号に掲げるものを除く。以下この号において同じ。）については、イ又はロに掲げる場合の区分に応じ、イ又はロに定める金額に相当する部分

イ　第3条第1項第1号の被相続人のすべての相続人が取得した同号に掲げる保険金の合計額が500万円に当該被相続人の第15条第2項に規定する相続人の数を乗じて算出した金額（ロにおいて「保険金の非課税限度額」という。）以下である場合　当該相続人の取得した保険金の金額

ロ　イに規定する合計額が当該保険金の非課税限度額を超える場合　当該保険金の非課税限度額に当該合計額のうちに当該相続人の取得した保険金の合計額の占める割合を乗じて算出した金額

六　相続人の取得した第3条第1項第2号に掲げる給与（以下この号において「退職手当金等」という。）については、イ又はロに掲げる場合の区分に応じ、イ又はロに定める金額に相当する部分

イ　第3条第1項第2号の被相続人のすべての相続人が取得した退職手当金等の合計額が500万円に当該被相続人の第15条第2項に規定する相続人の数を乗じて算出した金額（ロにおいて「退職手当金等の非課税限度額」という。）以下である場合　当該相続人の取得した退職手当金等の金額

ロ　イに規定する合計額が当該退職手当金等の非課税限度額を超える場合　当該退職手当金等の非課税限度額に当該合計額のうちに当該相続人の取得した退職手当金等の合計額の占める割合を乗じて算出した金額

2　前項第3号に掲げる財産を取得した者がその財産を取得した日から2年を経過した日において、なお当該財産を当該公益を目的とする事業の用に供していない場合においては、当該財産の価額は、課税価格に算入する。

（定期金に関する権利の評価）

第24条　定期金給付契約で当該契約に関する権利を取得した時において定期金給付事由が発生しているものに関する権利の価額は、次の各号に掲げる定期金又は一時金の区分に応じ、当該各号に定める金額による。

一　有期定期金　次に掲げる金額のうちいずれか多い金額
　　イ　当該契約に関する権利を取得した時において当該契約を解約するとしたな
　　　　らば支払われるべき解約返戻金の金額
　　ロ　定期金に代えて一時金の給付を受けることができる場合には、当該契約に
　　　　関する権利を取得した時において当該一時金の給付を受けるとしたならば給
　　　　付されるべき当該一時金の金額
　　ハ　当該契約に関する権利を取得した時における当該契約に基づき定期金の給
　　　　付を受けるべき残りの期間に応じ、当該契約に基づき給付を受けるべき金額
　　　　の一年当たりの平均額に、当該契約に係る予定利率による複利年金現価率
　　　　（複利の計算で年金現価を算出するための割合として財務省令で定めるもの
　　　　をいう。第３号ハにおいて同じ。）を乗じて得た金額

VI-2 知っておきたい通達

(1) 保険契約等に関する権利の評価（令和3年改正）

所得税基本通達36-37（保険契約等に関する権利の評価）

　使用者が役員又は使用人に対して生命保険契約若しくは損害保険契約又はこれらに類する共済契約（以下「保険契約等」という。）に関する権利を支給した場合には、その支給時において当該保険契約等を解除したとした場合に支払われることとなる解約返戻金の額（解約返戻金のほかに支払われることとなる前納保険料の金額、剰余金の分配額等がある場合には、これらの金額との合計額。以下「支給時解約返戻金の額」という。）により評価する。

　ただし、次の保険契約等に関する権利を支給した場合には、それぞれ次のとおり評価する。

(1)　支給時解約返戻金の額が支給時資産計上額の70%に相当する金額未満である保険契約等に関する権利（法人税基本通達9-3-5の2の取扱いの適用を受けるものに限る。）を支給した場合には、当該支給時資産計上額により評価する。

(2)　復旧することのできる払済保険その他これに類する保険契約等に関する権利（元の契約が法人税基本通達9-3-5の2の取扱いの適用を受けるものに限る。）を支給した場合には、支給時資産計上額に法人税基本通達9-3-7の2の取扱いにより使用者が損金に算入した金額を加算した金額により評価する。

(注)　「支給時資産計上額」とは、使用者が支払った保険料の額のうち当該保険契約等に関する権利の支給時の直前において前払部分の保険料として法人税基本通達の取扱いにより資産に計上すべき金額をいい、預け金等で処理した前納保険料の金額、未収の剰余金の分配額等がある場合には、これらの金額を加算した金額をいう。

◀解説▶

　令和３年６月25日、国税庁から「所得税基本通達の制定について」
の一部改正（法令解釈通達）（保険契約等に関する権利の評価に関する
所得税基本通達の解説）が公表されました。

　これは、令和元年７月８日以降に締結した法人税基本通達９−３−５
の２（定期保険等の保険料に相当多額の前払部分の保険料が含まれる場
合の取扱い）に基づく契約につき、令和３年７月１日以後に契約者変更
した場合、所得税基本通達36−37（保険契約等に関する権利の評価）
の取扱いを遡及して変更するものです。

ア　問題の所在

　生命保険契約は保険期間が長期間であり、契約締結後の諸事情の変化
により契約者の変更が必要となることがあります。このため、通常、約款
において契約者変更が規定されています。約款上、保険契約者はその権
利・義務のすべてを第三者に継承させることができる旨規定しています。

　「個人から個人」「個人から法人」「法人から法人」「法人から個人」と、
契約者変更は、原則、自由に行えます。また、それぞれ、有償による契
約者変更と無償による契約者変更を分けて考えます。令和３年６月25
日に一部見直しされたのが、このうち「法人から個人」「法人から法人」
への契約者変更です。

　通常、契約者変更に伴う移転価格は時価（所得税基本通達36−37に
より、解約返戻金のほかに支払われる前納保険料の金額、剰余金の分配
額等がある場合にはこれらの金額との合計額である解約返戻金の額）と
されます。今回の見直しは、この所得税基本通達36−37への但書での
追加の形式をとりました。

　通常、解約返戻金の額は、契約者が保険期間の途中で保険契約を解約
した時に保険者から契約者に支払うことを約束している金額とされ、「責
任準備金−解約控除」という算式で定められています。

　保険者が将来保険金を確実に支払うために準備する責任準備金額は、

各保険会社においてほぼ同額とされますが、10年以内に解約した場合に引かれる解約控除の額は、保険会社ごと、保険商品ごとに任意とされ、10年以内の解約返戻金の額を低くして保険料を安くする保険商品の設計が可能とされています。

今回改めて問題になったのは、契約当初から一定期間の解約返戻金の額が低く設定されている法人契約の「低解約返戻金型逓増定期保険」の取扱いです。

① 法人で契約後数年間保険料を支払う。

② 低解約返戻期間のうちに、保険契約者の地位を法人から個人（又は法人）に変更する（変更は有償でも無償でも可能だが、有償でも法人が支払った保険料と比較しても低い金額での契約者変更になる）。

③ その後、1回、個人として保険料を支払う。

④ 低解約返戻期間終了後に契約を解約すると、この時点で個人が受け取る解約返戻金の額は大きく跳ね上がっている。

このような変更は、第三者との通常の取引においては、想定されないものです。

「低解約返戻金型逓増定期保険」をめぐって、国税庁と外資系保険会社顧客との間で国税不服審判所を中心に争いがありました（平成27年4月21日国税不服審判所裁決（東裁（所）平26第96号、裁決事例集99号参照）。

ただ、この時は解約した個人が必要経費にできるのは一時金を受け取った個人が自ら負担して支出したといえる金額、すなわち「法人から個人に契約者変更した時の解約返戻金の額＋個人で支払った保険料の合計額」であり、「法人が支払った保険料＋個人が支払った保険料の合計額」ではないことが争点となっていました。

法人から個人への契約者変更に伴う移転価格が、所得税基本通達36－37による前納保険料や剰余金の分配額等を含んだ解約返戻金の額で

ある点は、それでよいのかとの批判を受けつつ、他に評価方法がなかったためか、そのまま準用されることとなった経緯があります。

イ 具体例計算例

問題とされる保険は、法人を契約者と保険金受取人、経営者を被保険者として契約を締結します。この場合、通達に定められた最高解約返戻率により一定割合を資産計上します。

例えば、最高解約返戻率70％超85％以下の場合、保険期間の当初40％相当期間は保険料の60％相当額を前払保険料として資産計上しますが、解約返戻金の額とは乖離が発生します。

（例）年間保険料1,000万円、最高解約返戻率70％超85％以下

	解約返戻金額	資産計上額
1年目	0（0％）	600万円
2年目	20（1％）	1,200万円
3年目	60（2％）	1,800万円
4年目	120（3％）	2,400万円⇒契約者変更
5年目	4,250万円（85％）	0万円

法人から個人に、4年目の保険料支払い後、解約返戻金の額120万円で、有償で契約者変更をします。この場合、個人は時価での移転なので課税はされません。法人の損金算入額は、以下のとおりとなります。

法人の損金算入額：保険料損金算入額1,600万円（過去4年分）
　　　　　　　　　＋（資産計上額2,400万円－受取金額120万円）
　　　　　　　　　＝3,880万円（支払った保険料4,000万円の97％相当額）

その後、個人は5年目に保険料1,000万円を支払った後に解約すると、4,250万円を受け取ります。その場合の個人の一時所得の計算における支出金額は以下となり、50万円特別控除後の一時所得は3,080万円で

す。その２分の１だけが他の所得と合わせて課税対象となります。

個人の支出金額：支払額（解約返戻金の額）120万円＋支払保険料1,000万円＝
1,120万円

　このように、法人が支払った保険料の大部分を損金にしつつ、個人に
２分の１課税の形で有利に利益移転をすることが可能とされていました。

ウ　改正の結果

　この改正により、「低解約返戻期間」を「支給時解約返戻金の額」が「支
給時資産計上額」の70％に相当する金額未満である期間としました。
そして、時価を「支給時解約返戻金の額」での評価を原則としつつ、「支
給時解約返戻金の額」が法人の資産計上額の70％未満の場合には、「支
給時資産計上額」で評価することとしました。

　上記の例で見ると、

　資産計上額2,400万円×70％＝1,680万円＞解約返戻金の額120万円

　なので、法人から個人への移転価格は「支給時資産計上額」の2,400
万円となります。

　その結果、以下のとおり節税メリットはこれまでより大きく低減します。

法人の損金算入額：3,880万円⇒1,600万円
　　　　　　　　（＝保険料損金算入額1,600万円（過去４年分）
　　　　　　　　＋資産計上額2,400万円－受取金額2,400万円）

個人の支出金額：1,120万円⇒3,400万円
　　　　　　　　（＝支払額（資産計上額）2,400万円
　　　　　　　　＋支払保険料1,000万円）

　また、一旦保険料払込を中止して保障内容の低い払済保険等にして、

その後、元の契約内容に復旧ができる場合（ただし、元の契約が法人税基本通達９－３－５の２を適用）は、払済保険に変更時、法人税基本通達９－３－７の２により資産計上額が解約返戻金の額に洗替えられるので、「支給時資産計上額」に「法人税基本通達９－３－７の２により損金算入した額」を加算して評価することになりました。これは、想定される抜け穴をあらかじめふさいだだけです。

　なお、年払保険料については、期間対応で処理しても、法人税基本通達２－２－14により短期の前払保険料として処理してもよいとされます。さらに、解約返戻金の額には、据置保険金など移転するすべての経済的利益が含まれます。

保険契約等に関する権利の評価に関する所得税基本通達の解説（令和３年７月９日　国税庁）

【改正（下線部）】
（保険契約等に関する権利の評価）
36－37　使用者が役員又は使用人に対して生命保険契約若しくは損害保険契約又はこれらに類する共済契約（以下「保険契約等」という。）に関する権利を支給した場合には、その支給時において当該保険契約等を解除したとした場合に支払われることとなる解約返戻金の額（解約返戻金のほかに支払われることとなる前納保険料の金額、剰余金の分配額等がある場合には、これらの金額との合計額。以下「支給時解約返戻金の額」という）により評価する。
　　ただし、次の保険契約等に関する権利を支給した場合には、それぞれ次のとおり評価する。
(1)　支給時解約返戻金の額が支給時資産計上額の70％に相当する金額未満である保険契約等に関する権利（法人税基本通達９－３－５の２の取扱いの適用を受けるものに限る。）を支給した場合には当該支給時資産計上額により評価する。
(2)　復旧することのできる払済保険その他これに類する保険契約等に関する権利（元の契約が法人税基本通達９－３－５の２の取扱いの適用を受けるものに

限る。）を支給した場合には、支給時資産計上額に法人税基本通達9－3－7の2の取扱いにより使用者が損金に算入した金額を加算した金額により評価する。

(注) 「支給時資産計上額」とは、使用者が支払った保険料の額のうち当該保険契約等に関する権利の支給時の直前において前払部分の保険料として法人税基本通達の取扱いにより資産に計上すべき金額をいい、預け金等で処理した前納保険料の金額、未収の剰余金の分配額等がある場合には、これらの金額を加算した金額をいう。

附則

（経過的取扱い）

　この法令解釈通達による改正後の所得税基本通達は、令和3年7月1日以後に行う保険契約等に関する権利の支給について適用し、同日前に行った保険契約等に関する権利の支給については、なお従前の例による。

1　使用者が、契約者として保険料を払い込んでいた場合において、その契約者としての地位（権利）や保険金受取人としての地位（権利）を、役員又は使用人（以下「役員等」という。）に支給するような場合がある。

　本通達は、使用者が、役員等に対して保険契約上の地位（権利）を支給した場合の当該地位（権利）の評価の方法を定めたものである。

（注）　ここでいう使用者は、法人又は個人事業者を問わない。

2　本通達の前段では、保険契約上の地位（権利）について、原則として、その支給時において当該保険契約等を解約した場合に支払われる解約返戻金の額（解約返戻金のほかに支払われる前納保険料の金額、剰余金の分配額等がある場合には、これらの金額との合計額。以下「支給時解約返戻金の額」という。）により評価することを明らかにしている。

（注）　前納保険料とは、解約時に解約返戻金とともに保険会社から返還される保険料をいう。

3　保険契約上の地位（権利）は、上記2のとおり、「支給時解約返戻金の額」で評価することが原則であるが、「低解約返戻金型保険」など解約返戻金の額が著しく低いと認められる期間（以下「低解約返戻期間」という。）のある保険契約等については、第三者との通常の取引において低い解約返戻金の額で名義変更等を行うことは想定されないことから、低解約返戻期間の保険契約等については、

「支給時解約返戻金の額」で評価することは適当でない。

　法人税基本通達では、法人の期間損益の適正化を図る観点から、法人が最高解約返戻率の高い保険契約等を締結している場合には、支払保険料の一部を資産に計上する取扱いが定められており、本取扱いの資産計上額は、各保険商品の解約返戻金の実態を精査したうえで、納税者の事務負担や計算の簡便性を考慮した最高解約返戻率に基づく一定の割合から算出した金額としており、低解約返戻期間においては保険契約等の時価に相当するものと評価できる。

　したがって、使用者が低解約返戻期間に保険契約上の地位（権利）を役員等に支給した場合には、次により評価することとし、その旨を本通達の後段で明らかにしている。

(1)　支給時解約返戻金の額が支給時資産計上額の70％に相当する金額未満である保険契約等に関する権利を支給した場合には、支給時資産計上額により評価する。

(2)　復旧することのできる払済保険その他これに類する保険契約等に関する権利を支給した場合には、支給時資産計上額に法人税基本通達9－3－7の2の取扱いにより使用者が損金に算入した金額を加算した金額により評価する。

　　(注)　低解約返戻期間については、支給時解約返戻金の額が支給時資産計上額よりも低い期間とすることも考えられるが、保険商品の実態や所得税基本通達39－2の取扱いを踏まえ、支給時解約返戻金の額が支給時資産計上額の70％に相当する金額未満である期間を低解約返戻期間と取り扱うこととしている。

4　上記3(1)の取扱いについて、対象とする保険契約等は法人税基本通達9－3－5の2の取扱いの適用を受けるものに限ることとしている。

　したがって、法人税基本通達9－3－6その他法人税基本通達の取扱いにより法人税基本通達9－3－5の2の取扱いを適用するとされている保険契約等は上記3(1)の取扱いの対象となるが、法人税基本通達9－3－4(1)と9－3－5の2の取扱いの選択適用が認められている組込型保険については、使用者が継続して法人税基本通達9－3－4(1)の取扱いにより支払保険料を処理している場合には、上記3(1)の取扱いの対象とならず、支給時解約返戻金の額で評価することとなる。

5　上記3(2)の取扱いについて、保険契約等では、「保険契約等は維持したいが、保険料の負担が難しい者」への対応として、「保障内容が低く、追加保険料が発生しない保険契約等」（払済保険）に変更することができる場合があり、この払済保険については、一定期間、元の契約に戻す（復旧する）ことができる場合がある。

　保険契約等を払済保険に変更した場合、法人税基本通達9－3－7の2では、資産計上額と解約返戻金の額との差額を益金の額又は損金の額に算入するとされ

ており、使用者の資産計上額が解約返戻金の額に洗替えされることとなる。

　改正後の本通達では、低解約返戻期間における保険契約等について、支給時資産計上額で評価するとしているが、復旧することのできる低解約返戻金型保険を低解約返戻期間に払済保険に変更して役員等に支給した場合、支給時資産計上額は低い解約返戻金の額に洗替えされることから、上記3(1)の取扱いの抜け穴となるおそれがある。

　したがって、復旧することのできる払済保険その他これに類する保険契約等に関する権利を役員等に支給した場合には、支給時資産計上額に使用者が法人税基本通達9-3-7の2の取扱いにより、損金に算入した金額を加算した金額（元の契約の資産計上額）で評価することとしている。

（注）　復旧することのできる払済保険に類する保険契約等とは、保険契約等を変更した後、元の保険契約等に戻すことのできる保険契約等の全てが含まれる。

6　本通達における「支給時資産計上額」は、使用者が支払った保険料の額のうち保険契約上の地位（権利）の支給時の直前において前払保険料として法人税基本通達の取扱いにより資産に計上すべき金額としている。

　使用者が、前払保険料として資産に計上すべき金額については、年払保険料を期間対応で処理する場合と短期の前払保険料として処理する場合（法人税基本通達2-2-14）で金額が異なることとなるが、支給時資産計上額は、使用者が選択した経理方法によって資産に計上している金額として差し支えない。

　また、預け金等で処理した前納保険料の金額、未収の剰余金の分配額等がある場合には、これらの金額を加算した金額が支給時資産計上額とされているが、この加算する金額には、据置保険金など保険契約上の地位（権利）の支給により、役員等に移転する全ての経済的利益が含まれることとなる。

7　なお、法人が他の法人に名義変更を行うなど法人が他の法人に保険契約上の地位（権利）を移転した場合の当該地位（権利）の評価についても、本通達に準じて取り扱うこととなる。

⑵ 法人契約の定期保険及び第三分野保険の保険料等（令和元年改正）

法人税基本通達9−3−5（定期保険及び第三分野保険に係る保険料）

　法人が、自己を契約者とし、役員又は使用人（これらの者の親族を含む。）を被保険者とする定期保険（一定期間内における被保険者の死亡を保険事故とする生命保険をいい、特約が付されているものを含む。以下9−3−7の2までにおいて同じ。）又は第三分野保険（保険業法第3条第4項第2号《免許》に掲げる保険（これに類するものを含む。）をいい、特約が付されているものを含む。以下9−3−7の2までにおいて同じ。）に加入してその保険料を支払った場合には、その支払った保険料の額（特約に係る保険料の額を除く。以下9−3−5の2までにおいて同じ。）については、9−3−5の2《定期保険等の保険料に相当多額の前払部分の保険料が含まれる場合の取扱い》の適用を受けるものを除き、次に掲げる場合の区分に応じ、それぞれ次により取り扱うものとする。

⑴　保険金又は給付金の受取人が当該法人である場合　その支払った保険料の額は、原則として、期間の経過に応じて損金の額に算入する。

⑵　保険金又は給付金の受取人が被保険者又はその遺族である場合　その支払った保険料の額は、原則として、期間の経過に応じて損金の額に算入する。ただし、役員又は部課長その他特定の使用人（これらの者の親族を含む。）のみを被保険者としている場合には、当該保険料の額は、当該役員又は使用人に対する給与とする。

（注）1　保険期間が終身である第三分野保険については、保険期間の開始の日から被保険者の年齢が116歳に達する日までを計算上の保険期間とする。

　　　2　⑴及び⑵前段の取扱いについては、法人が、保険期間を通じて解約返戻金相当額のない定期保険又は第三分野保険（ごく少額の払戻金のある契約を含み、保険料の払込期間が保険期間より短いものに限る。以下9−3−5において「解約返戻金相当額のない短期払の定期保険又は第三分野保険」という。）に加入した場合において、当該事業年度に支払った保険料の額（一の被保険者につき2以上の解約返戻金相当額のない短期払の定期保険又は第三分野保険に加入している場合にはそれぞれについて支払った保険料の額の合計額）が30万円以下であるものについて、その支払った日の属する事業年度の損金の額に算入しているときには、これを認める。

法人税基本通達9-3-5の2
（定期保険等の保険料に相当多額の前払部分の保険料が含まれる場合の取扱い）

　法人が、自己を契約者とし、役員又は使用人（これらの者の親族を含む。）を被保険者とする保険期間が3年以上の定期保険又は第三分野保険（以下9-3-5の2において「定期保険等」という。）で最高解約返戻率が50％を超えるものに加入して、その保険料を支払った場合には、当期分支払保険料の額については、次表に定める区分に応じ、それぞれ次により取り扱うものとする。ただし、これらの保険のうち、最高解約返戻率が70％以下で、かつ、年換算保険料相当額（一の被保険者につき2以上の定期保険等に加入している場合にはそれぞれの年換算保険料相当額の合計額）が30万円以下の保険に係る保険料を支払った場合については、9-3-5の例によるものとする。

(1)　当該事業年度に次表の資産計上期間がある場合には、当期分支払保険料の額のうち、次表の資産計上額の欄に掲げる金額（当期分支払保険料の額に相当する額を限度とする。）は資産に計上し、残額は損金の額に算入する。

　(注)　当該事業年度の中途で次表の資産計上期間が終了する場合には、次表の資産計上額については、当期分支払保険料の額を当該事業年度の月数で除して当該事業年度に含まれる資産計上期間の月数（1月未満の端数がある場合には、その端数を切り捨てる。）を乗じて計算した金額により計算する。また、当該事業年度の中途で次表の資産計上額の欄の「保険期間の開始の日から、10年を経過する日」が到来する場合の資産計上額についても、同様とする。

(2)　当該事業年度に次表の資産計上期間がない場合（当該事業年度に次表の取崩期間がある場合を除く。）には、当期分支払保険料の額は、損金の額に算入する。

(3)　当該事業年度に次表の取崩期間がある場合には、当期分支払保険料の額（(1)により資産に計上することとなる金額を除く。）を損金の額に算入するとともに、(1)により資産に計上した金額の累積額を取崩期間（当該取崩期間に1月未満の端数がある場合には、その端数を切り上げる。）の経過に応じて均等に取り崩した金額のうち、当該事業年度に対応する金額を損金の額に算入する。

区分	資産計上期間	資産計上額	取崩期間
最高解約返戻率50%超70%以下	保険期間の開始の日から、当該保険期間の100分の40相当期間を経過する日まで	当期分支払保険料の額に100分の40を乗じて計算した金額	保険期間の100分の75相当期間経過後から、保険期間の終了の日まで
最高解約返戻率70%超85%以下		当期分支払保険料の額に100分の60を乗じて計算した金額	
最高解約返戻率85%超	保険期間の開始の日から、最高解約返戻率となる期間（当該期間経過後の各期間において、その期間における解約返戻金相当額からその直前の期間における解約返戻金相当額を控除した金額を年換算保険料相当額で除した割合が100分の70を超える期間がある場合には、その超えることとなる期間）の終了の日まで （注）　上記の資産計上期間が5年未満となる場合には、保険期間の開始の日から、5年を経過する日まで（保険期間が10年未満の場合には、保険期間の開始の日から、当該保険期間の100分の50相当期間を経過する日まで）とする。	当期分支払保険料の額に最高解約返戻率の100分の70（保険期間の開始の日から、10年を経過する日までは、100分の90）を乗じて計算した金額	解約返戻金相当額が最も高い金額となる期間（資産計上期間がこの表の資産計上期間の欄に掲げる（注）に該当する場合には、当該（注）による資産計上期間）経過後から、保険期間の終了の日まで

（注）1 「最高解約返戻率」、「当期分支払保険料の額」、「年換算保険料相当額」及び「保険期間」とは、それぞれ次のものをいう。

　　イ　最高解約返戻率とは、その保険の保険期間を通じて解約返戻率（保険契約時において契約者に示された解約返戻金相当額について、それを受けることとなるまでの間に支払うこととなる保険料の額の合計額で除した割合）が最も高い割合となる期間におけるその割合をいう。

　　ロ　当期分支払保険料の額とは、その支払った保険料の額のうち当該事業年度に対応する部分の金額をいう。

　　ハ　年換算保険料相当額とは、その保険の保険料の総額を保険期間の年数で除した金額をいう。

　　ニ　保険期間とは、保険契約に定められている契約日から満了日までをいい、当該保険期間の開始の日以後1年ごとに区分した各期間で構成されているものとして本文の取扱いを適用する。

　　2　保険期間が終身である第三分野保険については、保険期間の開始の日から被保険者の年齢が116歳に達する日までを計算上の保険期間とする。

　　3　表の資産計上期間の欄の「最高解約返戻率となる期間」及び「100分の70を超える期間」並びに取崩期間の欄の「解約返戻金相当額が最も高い金額となる期間」が複数ある場合には、いずれもその最も遅い期間がそれぞれの期間となることに留意する。

　　4　一定期間分の保険料の額の前払をした場合には、その全額を資産に計上し、資産に計上した金額のうち当該事業年度に対応する部分の金額について、本文の取扱いによることに留意する。

　　5　本文の取扱いは、保険契約時の契約内容に基づいて適用するのであるが、その契約内容の変更があった場合、保険期間のうち当該変更以後の期間においては、変更後の契約内容に基づいて9－3－4から9－3－6の2の取扱いを適用する。

　　　なお、その契約内容の変更に伴い、責任準備金相当額の過不足の精算を行う場合には、その変更後の契約内容に基づいて計算した資産計上額の累積額と既往の資産計上額の累積額との差額について調整を行うことに留意する。

6　保険金又は給付金の受取人が被保険者又はその遺族である場合であっ
て、役員又は部課長その他特定の使用人（これらの者の親族を含む。）のみ
を被保険者としているときには、本文の取扱いの適用はなく、9-3-5の(2)の
例により、その支払った保険料の額は、当該役員又は使用人に対する給与と
なる。

法人税基本通達9-3-7の2（払済保険へ変更した場合）

　法人が既に加入している生命保険をいわゆる払済保険に変更した場合には、
原則として、その変更時における解約返戻金相当額とその保険契約により資産
に計上している保険料の額との差額を、その変更した日の属する事業年度の益
金の額又は損金の額に算入する。ただし、既に加入している生命保険の保険
料の全額（特約に係る保険料の額を除く。）が役員又は使用人に対する給与と
なる場合は、この限りでない。

（注）1　養老保険、終身保険、定期保険、第三分野保険及び年金保険（特
　　　　　約が付加されていないものに限る。）から同種類の払済保険に変更し
　　　　　た場合に、本文の取扱いを適用せずに、既往の資産計上額を保険事
　　　　　故の発生又は解約失効等により契約が終了するまで計上していると
　　　　　は、これを認める。

　　　　2　本文の解約返戻金相当額については、その払済保険へ変更した時
　　　　　点において当該変更後の保険と同一内容の保険に加入して保険期間
　　　　　の全部の保険料を一時払いしたものとして、9-3-4から9-3-6まで
　　　　　の例（ただし、9-3-5の2の表の資産計上期間の欄の（注）を除く。）
　　　　　により処理するものとする。

　　　　3　払済保険が復旧された場合には、払済保険に変更した時点で益金の
　　　　　額又は損金の額に算入した金額を復旧した日の属する事業年度の損金
　　　　　の額又は益金の額に、また、払済保険に変更した後に損金の額に算入
　　　　　した金額は復旧した日の属する事業年度の益金の額に算入する。

◀ 解説 ▶

　従来、個別通達により商品別に保険料の取扱いを規定していましたが、基本通達として取扱いが統一されました。主な内容は以下のとおりです。

①　法人が、自己を契約者とし、役員又は使用人（これらの者の親族を含む）を被保険者とする、保険期間3年以上の定期保険と第三分野保険について、個別通達を廃止し、「定期保険及び第三分野保険に係る保険料」として、取扱いを統一。

②　そして、最高解約返戻率（運用益除きの解約返戻金相当額を累計保険料で除した割合が最も高い割合になるもの、以下同じ）により3区分（50％超70％以下、70％超85％以下、85％超）され、新たなルールが創設（最高解約返戻率が50％以下の場合、保険期間を通じて全額損金算入（資産計上なし））。

　　最高解約返戻率85％以下の商品については、支払保険料の額に一定割合を乗じた金額を一律の期間資産計上するという現行の取扱いと同様な簡便なルールとしましたが、最高解約返戻率85％超の商品については、資産計上額の累計額が前払部分の保険料の累計額に近似するよう、最高解約返戻率に応じてより高い割合で資産計上することとなりました。

③　新通達は、令和元年7月8日（法人税基本通達9－3－5に定める解約返戻金相当額のない短期払の定期保険又は第三分野保険は令和元年10月8日）以後の契約に適用されることになりました。それぞれの日前の契約に遡及することはありません。

ア　法人税基本通達9－3－5の改正と9－3－5の2の創設

　改正前の法人税基本通達9－3－5は「定期保険に係る保険料」を対象にしていましたが、改正後は「定期保険及び第三分野保険に係る保険料」が対象となりました。

　また、法人税基本通達9－3－5の2として「定期保険等の保険料に相当多額の前払部分の保険料が含まれる場合の取扱い」が創設されました。

そもそも法人税法上、前払部分の保険料は資産計上するのが原則です。保険期間が複数年となる定期保険の支払保険料は、保険料を平準化するため、保険期間の前半において後半のための前払保険料が含まれており、その部分は資産計上するのが原則です。

　従来、保険期間が長期にわたる定期保険や保険金が逓増する定期保険については、平成20年2月28日付課法2－3、課審5－18「法人が支払う長期平準定期保険等の保険料の取扱いについて」（個別通達）等により、支払保険料の損金算入時期や割合の適正化が図られてきました。

　また、第三分野保険に係る保険料も同様に、昭和54年6月8日付直審4－18「法人契約の新成人病保険の保険料の取扱いについて」、平成元年12月16日付直審4－52、直審3－77「法人又は個人事業主が支払う介護費用保険の保険料の取扱いについて」、平成13年8月10日付課審4－100「法人契約の『がん保険（終身保障タイプ）・医療保険（終身保障タイプ）』の保険料の取扱いについて（法令解釈通達）」及び平成24年4月27日付課法2－5、課審5－6「法人が支払う『がん保険』（終身保障タイプ）の保険料の取扱いについて」（法令解釈通達）により、支払保険料の損金算入時期や割合の適正化が図られてきました。

　しかし、その後、保険商品の多様化や長寿命化等により前払部分の保険料の割合に変化が見られたこと、類似の商品であっても取扱いが明らかでないことから差異が生じないように、保険商品の実態確認を通じた新たな統一ルールの策定が必要となりました。

　なお、通達改正前の契約については、これらの取扱いが継続されます。

イ　統一ルールの内容

（ア）　法人税基本通達9－3－5に以下の内容が追加

① 　保険期間が終身である第三分野保険については、保険期間の開始の日から被保険者の年齢が116歳に達する日までを計算上の保険期間とすることになりました。通常、保険期間が終身といっても105歳満期なので、多くの場合、短期払となります。

② 解約返戻金相当額のない定期保険又は第三分野保険（ごく少数の払戻金のある契約を含み、保険料の払込期間が保険期間より短いものに限る。）の当該事業年度に支払った保険料の額が、被保険者一人当たり合計30万円以下である場合は、全額損金算入が認められました。

なお、保険期間３年未満又は保険期間３年以上であっても最高解約返戻率50％以下の定期保険及び第三分野保険に係る保険料については、この法人税基本通達９－３－５が適用されます。

（イ）　新しく創設された法人税基本通達９－３－５の２（定期保険等の保険料に相当多額の前払部分の保険料が含まれる場合の取扱い）で最高解約返戻率に応じて次の３つに区分（資産計上額は当期分支払保険料相当額を限度。事業年度中途での資産計上期間終了は月割、ただし１月未満の端数切捨て。資産取崩期間の１月未満の端数切上げ。）

① 最高解約返戻率50％超70％以下の場合
　（i）　保険期間の当初40％相当期間において、支払保険料の40％を資産計上、60％を損金に算入する（資産計上期間）。
　（ii）　保険期間の40％相当期間経過後から75％相当期間までの間は支払保険料の全額を損金算入する。
　（iii）　保険期間の75％相当期間経過後は、支払保険料の全額を損金算入しつつ、資産計上した金額を保険期間満了まで均等に取り崩し、損金算入する（資産取崩期間）。

ただし、被保険者１人当たり年換算保険料相当額の合計額30万円以下である場合は全額損金算入（９－３－５の適用）が認められました。

② 最高解約返戻率70％超85％以下の場合
　（i）　保険期間の当初40％相当期間において、支払保険料の60％を資産計上、40％を損金に算入する（資産計上期間）。
　（ii）　保険期間の40％相当期間経過後から75％相当期間までの間は支払保険料の全額を損金算入する。

(iii) 保険期間の75％相当期間経過後は、支払保険料の全額を損金算入しつつ、資産計上した金額を保険期間満了まで均等に取り崩し、損金算入する（資産取崩期間）。

③ 最高解約返戻率85％超の場合

（i） 最高解約返戻率までの当初10年間、支払保険料×最高解約返戻率×90％を資産計上、11年目以後、年換算保険料に対する解約返戻金相当額の増加割合が70％を超えている期間は、保険料×最高解約返戻率×70％を資産計上し、残額を損金算入する（資産計上期間）。

　ただし、上記資産計上期間が5年未満の場合は当初5年を経過する日まで、保険期間が10年未満の場合は当初保険期間の100分の50相当期間を経過する日までとする。

　また、「最高解約返戻率となる期間」及び「100分の70を超える期間」が複数ある場合は、いずれもその最も遅い期間とする。

（ii） 資産計上期間経過後は解約返戻金相当額が最も高い金額となる期間までは支払保険料の全額を損金算入する（資産維持期間）。

（iii） 解約返戻金相当額が最も高い金額となる期間経過後から、資産計上した金額を保険期間満了まで均等に取り崩し、損金算入する（資産取崩期間）。

　ただし、「解約返戻金相当額が最も高い金額となる期間」が複数ある場合は、いずれもその最も遅い期間とする。

　なお、本文の取扱いは、保険契約時の契約内容に基づいて適用されますが、契約内容に変更があった場合は、変更後の期間は変更後の契約内容に従って適用されます。

ウ　通達の適用時期

　この通達は、令和元年7月8日（法人税基本通達9－3－5に定める解約返戻金相当額のない短期払の定期保険又は第三分野保険は令和元年10月8日）以後の新契約に係る保険料に適用されることになりました。過去の契約に遡及することはありません。

定期保険及び第三分野保険に係る保険料の取扱いに関するFAQ
（令和元年7月8日国税庁）

　定期保険及び第三分野保険に係る保険料の取扱いについては、令和元年6月28日付課法2-13他2課共同「法人税基本通達等の一部改正について」（法令解釈通達）が発遣され、取扱通達（法基通9-3-4等）の改正とともに、個別通達の廃止が行われており、令和元年7月8日以後の契約に係る定期保険又は第三分野保険の保険料については改正後の取扱いが適用されます（解約返戻金相当額のない短期払の定期保険又は第三分野保険の保険料については、令和元年10月8日以後の契約に係るものについて、改正後の取扱いが適用されます。）。

　このFAQは、改正後の通達に関して寄せられた主な質問に対する回答を取りまとめたものです。

　（注）
　1．このFAQは、令和元年6月28日現在の法令・通達に基づいて作成しています。
　　　なお、「法人税基本通達」のほか、「連結納税基本通達」についても同様の改正が行われています（連基通8-3-4から8-3-9まで）。
　2．このFAQにおいて使用している次の省略用語は、それぞれ次に掲げる通達を示します。
　　　法基通：法人税基本通達、連基通：連結納税基本通達

【適用時期】
［Q1］　改正通達の適用時期はどのようになりますか。
［A］　改正後の法基通及び連基通の取扱い（解約返戻金相当額のない短期払の定期保険又は第三分野保険を除きます。）は、令和元年7月8日以後の契約に係る定期保険又は第三分野保険の保険料について適用されますので、同日前の契約に遡って改正後の取扱いが適用されることはありません。

　また、法基通9-3-5の（注）2及び連基通8-3-5の（注）2に定める解約返戻金相当額のない短期払の定期保険又は第三分野保険の保険料については、令和元年10月8日以後の契約に係るものについて、改正後の取扱いが適用されますので、同日前の契約に遡って改正後の取扱いが適用されることはありません。

　なお、上記のそれぞれの日前の契約に係る定期保険又は第三分野保険の保険料については、引き続き、改正前の法基通若しくは連基通又は廃止前の各個別通達の取扱いの例によることとなります。

保険の種類	適用関係			
	7／8前契約	7／8以後契約	10／8前契約	10／8以後契約
定期保険	旧9-3-5他 廃止前個別通達	新9-3-5、9-3-5の2他		
無解約返戻金・短期払	旧9-3-5他			新9-3-5他
30万以下				新9-3-5の （注）2
第三分野保険	廃止前 個別通達	新9-3-5、9-3-5の2他		
無解約返戻金・短期払	廃止前個別通達 （廃止前のがん保険 通達の（3）例外的取扱い）			新9-3-5他
30万以下				新9-3-5の （注）2

【当期分支払保険料の額】

［Q2］　法基通9－3－5の2では、「当期分支払保険料の額」について、一定額を資産に計上し、あるいは損金の額に算入するとされていますが、この「当期分支払保険料の額」はどのように計算するのですか。

　また、保険料を年払としている場合には、法基通2－2－14（（短期の前払費用））により損金算入した金額を当期分支払保険料の額とすることは認められますか。

［A］　「当期分支払保険料の額」とは、その支払った保険料の額のうち当該事業年度に対応する部分の金額をいいます（法基通9－3－5の2（注）1のロ）。したがって、例えば、いわゆる前納制度を利用して前納金を支払った場合や保険料を短期払した場合など、一定期間分の保険料の額の前払をしたときには、その全額を資産に計上し、資産に計上した金額のうち当該事業年度に対応する部分の金額が、当期分支払保険料の額として法基通9－3－5の2の本文の取扱いによることとなります（法基通9－3－5の2（注）4）。

　また、法基通2－2－14により、支払日から1年以内に提供を受ける役務に係るものを支払った場合（例えば、保険料を年払としている場合）において、その支払額に相当する金額を継続して支払日の属する事業年度の損金の額に算入しているときは、その金額を当期分支払保険料の額とすることは認められます。

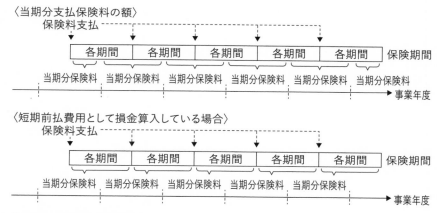

〈当期分支払保険料の額〉

保険料支払

| 各期間 | 各期間 | 各期間 | 各期間 | 各期間 | 保険期間 |

当期分保険料　当期分保険料　当期分保険料　当期分保険料　当期分保険料　当期分保険料

　　　　　　　　　　　　　　　　　　　　　　　　　　　　　　　　　　　　　事業年度

〈短期前払費用として損金算入している場合〉

保険料支払

| 各期間 | 各期間 | 各期間 | 各期間 | 各期間 | 保険期間 |

当期分保険料　当期分保険料　当期分保険料　当期分保険料　当期分保険料

　　　　　　　　　　　　　　　　　　　　　　　　　　　　　　　　　　　　　事業年度

【資産計上期間と取崩期間】

［Q3］　法基通9−3−5の2の表のうち、最高解約返戻率が85％超の区分となる場合の資産計上期間の欄や取崩期間の欄にある「期間」とは、どのような意味ですか。

［A］　法基通9−3−5の2では、保険期間を基に資産計上期間及び取崩期間を設定し、各事業年度に資産計上期間又は取崩期間があるか否かにより、当期分支払保険料の額の取扱いを定めています。

　ここで、「保険期間」とは、保険契約に定められている契約日から満了日までの期間をいい、当該保険期間の開始の日（契約日）以後1年ごとに区分した各期間で構成されているものとしています（法基通9−3−5の2（注）1のニ）。したがって、最高解約返戻率が85％超の区分となる場合における資産計上期間の欄や取崩期間の欄にある「期間」とは、保険期間の開始の日（契約日）以後1年ごとに区分した各期間のうちの特定の期間（例えば、「最高解約返戻率となる期間」や「解約返戻金相当額が最も高い金額となる期間」など）のことをいい、当該法人の各事業年度とは異なります。

【（最高）解約返戻率と解約返戻金相当額】

［Q4］　（最高）解約返戻率の計算や、最高解約返戻率が85％超の区分となる場合の資産計上期間の判定に用いる「解約返戻金相当額」は、どのように把握するのですか。また、解約返戻率に端数が生じた場合はどうするのですか。

［A］　保険期間中の各期間における解約返戻金相当額は、契約時に保険会社から各期間の解約返戻金相当額として保険契約者に示された金額（「○年目の解約返戻金△△円」などと示された金額）によることとなります。

　なお、この金額は、各保険商品の標準例としてパンフレット等に記載された金額

ではなく、保険設計書等に記載される個々の契約内容に応じて設定される金額となります。

　また、解約返戻率は、解約返戻金相当額について、それを受けることとなるまでの間に支払うこととなる保険料の額の合計額で除した割合としていますので（法基通9－3－5の2（注）1のイ）、これに端数が生じた場合、原則として、端数の切捨て等を行わずに最高解約返戻率を計算することとなりますが、現状、各保険会社は小数点1位までの数値により解約返戻率を通知しているという実務や経理事務の簡便性を考慮し、小数点2位以下の端数を切り捨てて計算した解約返戻率が保険設計書等に記載されている場合には、その解約返戻率を用いて最高解約返戻率の区分を判定しても差し支えありません。

［Q5］　いわゆる前納制度を利用して前納金を支払った場合や、保険料を短期払込とした場合、（最高）解約返戻率はどのように計算するのですか。

［A］　いわゆる前納制度を利用して前納金を支払った場合には、各期間の保険料として充当されることとなる部分の額の合計額を分母とし、その合計額に係る解約返戻金相当額を分子として（最高）解約返戻率を計算することとなります。

　一方で、保険料を短期払込とした場合には、各期間までに実際に支払うこととなる短期払込の保険料の額の合計額を分母とし、その合計額に係る解約返戻金相当額を分子として（最高）解約返戻率を計算することとなります。

　また、最高解約返戻率が85％超の区分となる場合の資産計上期間の判定における解約返戻金相当額についても同様に計算することになります。

　なお、契約者には、上記のことを踏まえた解約返戻金相当額が保険会社から示されるものと考えられます。

［Q6］　特約に係る保険料や特別保険料を支払った場合、（最高）解約返戻率はどのように計算するのですか。

［A］　保険給付のない特約に係る保険料（例えば、保険料払込免除特約等）や特別保険料は、主契約に係る保険料に含め、

　また、当該特約保険料や特別保険料を含めたところで計算される解約返戻金相当額により、（最高）解約返戻率を計算することとなります。

　なお、保険給付のある特約に係る保険料は、主契約に係る保険料とは区分して取り扱われることとなります（法基通9－3－6の2）（［Q18］参照）。

［Q7］　契約者配当の額や、いわゆる「生存給付金」、「無事故給付金」は、解約返戻金相当額に含まれますか。

［Ａ］　契約者配当の額は、一般に、利差益、死差益及び費差益から成り、将来の払戻しを約束しているものではないため、解約返戻金相当額には含まれません。したがって、契約時の参考指標として、過去の契約者配当の実績を踏まえた予想配当額が示されている場合でも、解約返戻金相当額に含める必要はありません。ただし、契約時に、契約者配当が確実に見込まれているような場合は、この限りではありません。

　次に、いわゆる「生存給付金」や「無事故給付金」は、契約者に将来の払戻しを約束しているものですので、解約返戻金相当額に含まれます。したがって、契約時に、保険会社が各期間の「解約返戻金」として示す金額と「生存給付金」や「無事故給付金」とを区分して表示している場合には、これらの金額を合計した金額が解約返戻金相当額となります。

［Ｑ８］　いわゆる「変額保険」、「積立利率変動型保険」、「外貨建て保険」及び「健康増進型保険」のように、将来の解約返戻金相当額が確定していない場合、解約返戻金相当額はどのように把握するのですか。

［Ａ］　いわゆる「変額保険」や「積立利率変動型保険」については、契約時に示される予定利率を用いて計算した解約返戻金相当額を用いて差し支えありません。また、「外貨建て保険」については、契約時の為替レートを用いて計算した解約返戻金相当額を用いて差し支えありません。

　なお、いわゆる「健康増進型保険」については、保険商品ごとにその契約内容が異なりますので、その取扱いは個別に判断する必要がありますが、将来の達成が不確実な事由（例えば、毎日１万歩歩くなど）によって、キャッシュバックが生じたり支払保険料等が変動するような商品については、そのキャッシュバックが生じないあるいは支払保険料等の変動がないものとして、契約時に示される解約返戻金相当額とこれに係る保険料によって（最高）解約返戻率を計算して差し支えありません。

　また、これらの事由が契約後に確定した場合には、契約内容の変更（［Ｑ11］参照）には該当しないものとして差し支えありません。

【年換算保険料相当額が30万円以下の場合】

［Ｑ９］　年換算保険料相当額が30万円以下か否かは、どのように判定するのですか。

［Ａ］　年換算保険料相当額が30万円以下か否かは、保険会社やそれぞれの保険契約への加入時期の違いにかかわらず、一の者（例えば、代表取締役：甲）を被保険者として、その法人が加入している全ての定期保険等に係る年換算保険料相当額の合計額で判定することとなりますが、その判定に際しては、特に次の点に留意する必要があります。

① 合計額に含めるのは、保険期間が3年以上の定期保険又は第三分野保険で最高解約返戻率が50%超70%以下のものに係る年換算保険料相当額となります。

　　なお、役員又は部課長その他特定の使用人（これらの者の親族を含みます。）のみを被保険者としている場合で、その保険料の額が当該役員又は使用人に対する給与となるものは、判定に含める必要はありません。

② 事業年度の途中で上記①の定期保険等の追加加入又は解約等をした場合の取扱いは次のとおりです。

　　最初に加入した定期保険等に係る年換算保険料相当額が30万円以下で、当期に追加加入した定期保険等に係る年換算保険料相当額を合計した金額が30万円超となる場合には、最初に加入した定期保険等に係る当期分支払保険料の額のうちその追加加入以後の期間に対応する部分の金額については、法基通9－3－5の2の取扱いによることとなります（経理事務が煩雑となるため、追加加入した日を含む事業年度に係る当期分支払保険料の額の全額について同通達の取扱いによることとしている場合には、それでも差し支えありません。）。

　　反対に、2つの定期保険等に加入している場合で、事業年度の途中に一方の定期保険等を解約等したことにより、年換算保険料相当額の合計額が30万円以下となるときには、他の定期保険等に係る当期分支払保険料の額のうちその解約等以後の期間に対応する部分の金額については、法基通9－3－5の2の取扱いの適用はありません（経理事務が煩雑となるため、解約等した日を含む事業年度に係る当期分支払保険料の額の全額について同通達の取扱いによらないこととしている場合には、それでも差し支えありません。）。この場合、既往の資産計上額の累積額については、保険期間の100分の75相当期間経過後から、保険期間の終了の日までの取崩期間の経過に応じて取り崩すこととなります。

③ 改正通達の適用日前に契約した定期保険等に係る年換算保険料相当額は判定に含める必要はありません。

【最高解約返戻率が85%超となる場合の資産計上期間】

［Q10］　最高解約返戻率が85%超の区分となる場合の資産計上期間は、どのように

判定するのですか。特に、法基通9－3－5の2の表中の資産計上期間の欄の（注）は、どのような場面で適用されるのですか。

［Ａ］　最高解約返戻率が85％超の区分となる場合の資産計上期間は、原則として、保険期間の開始日から、最高解約返戻率となる期間の終了の日までとなります。ただし、最高解約返戻率となる期間経過後の期間においても、その支払保険料の中に相当多額の前払部分の保険料が含まれている場合（解約返戻金相当額の対前年増加額を年換算保険料相当額で除した割合が7割を超える場合）には、7割を超える期間の終了の日まで資産計上期間が延長されることとなります。

　なお、この増加割合が7割を超える期間が複数ある場合には、その最も遅い期間の終了の日までが資産計上期間となります（法基通9－3－5の2（注）3）。

　また、最高解約返戻率となる期間が極めて早期に到来し、その後、解約返戻率が急減するような商品については、資産計上期間を最低でも5年間とする必要があります。ただし、そのような商品であっても、保険期間が10年未満である場合の資産計上期間については、保険期間の5割相当期間となります。したがって、例えば、法基通9－3－5の2の表中の資産計上期間の欄の本文に従って計算された資産計上期間が3年、かつ、保険期間が8年の保険契約の場合、その資産計上期間は4年となります。

【契約内容の変更】

［Q 11］　法基通9－3－5の2（注）5にある「契約内容の変更」とは、どのような変更をいうのですか。

［Ａ］　法基通9－3－5の2は、契約時の最高解約返戻率の区分に応じて資産計上期間、資産計上割合及び取崩期間を設定していますので、解約返戻率の変動を伴う契約内容の変更や保険期間の変更は、原則として、「契約内容の変更」に当たり、例えば、次に掲げるような変更が該当します。

(1)　払込期間の変更（全期払（年払・月払）を短期払に変更する場合等）
(2)　特別保険料の変更
(3)　保険料払込免除特約の付加・解約
(4)　保険金額の増額、減額又は契約の一部解約に伴う高額割引率の変更により解約返戻率が変動する場合
(5)　保険期間の延長・短縮
(6)　契約書に記載した年齢の誤りの訂正等により保険料が変動する場合
　　　一方で、例えば、次に掲げるような変更は、原則として、「契約内容の変更」には当たりません。
(7)　払込方法の変更（月払を年払に変更する場合等）

⑻　払込経路の変更（口座振替扱いを団体扱いに変更する場合等）

⑼　前納金の追加納付

⑽　契約者貸付

⑾　保険金額の減額（部分解約）

　なお、保険給付のある特約に追加加入した場合、その特約に係る保険料は、主契約に係る保険料とは区分して取り扱われることとなりますので、特約の付加に伴う高額割引率の変更により主契約の保険料が変動するようなことがない限り、主契約の「契約内容の変更」としては取り扱われません（法基通９－３－６の２）（［Ｑ18］参照）。

　また、契約の転換、払済保険への変更、契約の更新も、法基通９－３－５の２（注）５の「契約内容の変更」としては取り扱われません（［Ｑ14］参照）。

　上記のとおり、解約返戻率の変動を伴う契約内容の変更は、原則として、「契約内容の変更」に当たることから、次の［Ｑ12］の処理を行う必要がありますが、「契約内容の変更」により最高解約返戻率が低くなることが見込まれる場合で、経理事務が煩雑となるため、あえて［Ｑ12］の処理を行わないこととしているときに　は、それでも差し支えありません。

［Ｑ12］　定期保険等に加入後、「契約内容の変更」があった場合、具体的には、どのような処理を行うのですか。

［　Ａ　］　法基通９－３－５の２は、契約時の契約内容に基づいて適用されますので、その契約後に契約内容の変更があった場合、保険期間のうち当該変更があった時以後の期間においては、変更後の契約内容に基づいて法基通９－３－４から９－３－６の２までの取扱いを適用することとなります（法基通９－３－５の２（注）５）。

　なお、保険料や保険金額の異動（これに伴い解約返戻率も変動）を伴う契約内容の変更がある場合には、変更前の責任準備金相当額と変更後の契約内容に応じて必要となる責任準備金相当額との過不足の精算を行うのが一般的であり、これにより、責任準備金相当額は契約当初から変更後の契約内容であったのと同じ額となりますので、税務上の資産計上累積額もこれに合わせた調整を行う必要があります。

　具体的には、変更時に精算（追加払い又は払戻し）される責任準備金相当額を損金の額又は益金の額に算入するとともに、契約当初から変更後の契約内容であったとした場合の各期間の解約返戻率を基にその保険期間に係る最高解約返戻率の区分を再判定して契約当初から変更時までの資産計上累積額を計算し、これと既往の資産計上累積額との差額について、変更時の益金の額又は損金の額に算入することとなります。この調整により、税務上の資産計上累積額は契約当初から変更後の契約

内容であったのと同じ額となります（この処理は、契約変更時に行うものですので、過去の事業年度に遡って修正申告等をする必要はありません。）。

　変更後の各事業年度における当期分支払保険料の額については、上記の新たな最高解約返戻率の区分に応じて取り扱い、上記の調整後の資産計上累積額についても、この新たな区分に応じた取崩し期間に従って取り崩すこととなります。

　また、最高解約返戻率が85％以下の場合で、最高解約返戻率の区分に変更がないときには、資産計上期間や資産計上割合は変わらないことから、必ずしも上記の処理によることなく、責任準備金相当額の精算のみを行う処理も認められます。例えば、①責任準備金相当額の追加払があった場合に、変更後の保険料に含めて処理することや、②責任準備金相当額の払戻しがあった場合に、既往の資産計上累積額のうち払い戻された責任準備金相当額に応じた金額を取り崩すといった処理も認められます。

〔責任準備金相当額の追加払がある場合〕

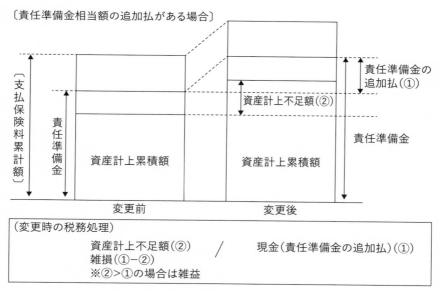

［Q13］　改正通達の適用日前の契約に係る定期保険等について、改正通達の適用日以後に契約内容の変更があった場合はどのように取り扱われるのですか。
［　A　］　改正通達の適用日前の契約に係る定期保険等の保険料については、改正通達の適用日以後に契約内容の変更があった場合であっても、改正前の取扱い又は廃止前の個別通達の取扱いの例によりますので、改正後の取扱いは適用されません。

［Q14］ 改正通達の適用日前の契約に係る定期保険等について、改正通達の適用日後に、転換、払済保険への変更、契約の更新、保険給付のある特約の付加があった場合はどのように取り扱われるのですか。

［ Ａ ］ 契約の転換は、既契約の保険契約を新たな契約に切り替えるものですので、改正通達の適用日前の契約に係る定期保険等を改正通達の適用日後に転換した場合には、転換後の契約については、改正後の取扱いによることとなります（［Q19］参照）。このことは、改正通達の適用日後に払済保険に変更した場合も同様です。

次に、契約の更新も、既契約の保険契約を新たな契約に切り替えるものですので、改正通達の適用日前の契約に係る定期保険等を改正通達の適用日後に更新した場合には、更新後の契約については、改正後の取扱いによるのが相当と考えられます。ただし、実務的には自動更新される場合が多く、契約者にとっては新たな保険に加入したとの認識もないため、自動更新を前提に保険に加入した契約者の予測可能性の確保等の観点から、保障内容に変更のない自動更新については新たな契約とは取り扱わずに、改正前の取扱いによって差し支えありません。

なお、改正通達の適用日前の契約に係る定期保険等について、改正通達の適用日後に、保険給付のある特約を付加した場合には、その特約に係る保険料については、改正後の取扱いによることとなります。

【解約返戻金相当額のない短期払の定期保険又は第三分野保険】

［Q15］ 法基通９－３－５の(1)及び(2)では、支払った保険料の額は、原則として、保険期間の経過に応じて損金の額に算入するとされていますが、同通達の（注）２では、保険料を支払った日の属する事業年度の損金の額に算入することが認められています。具体的には、どのような場合に（注）２の対象となるのですか。

［ Ａ ］ 法人が支払った保険料の額は、原則として、保険期間の経過に応じて損金の額に算入することとなりますが、納税者の事務負担に配慮し、法人が、保険期間を通じて解約返戻金相当額のない短期払の定期保険又は第三分野保険に加入した場合において、一の被保険者につき当該事業年度に支払った保険料の額が30万円以下であるものについて、その支払った日の属する事業年度の損金の額に算入しているときには、その処理が認められます（法基通９－３－５の（注）２）。

なお、役員又は部課長その他特定の使用人（これらの者の親族を含みます。）のみを被保険者としている場合で、その保険料の額が当該役員又は使用人に対する給与となるものについては、（注）２の取扱いは適用されません。

（注） 法基通９－３－５の２では、年換算保険料相当額（保険料総額を保険期間の年数で除した金額）により、同通達の適用対象となるかを判定しますが、同９－３－５の（注）２では、年換算保険料相当額とは異なり当該事業年度中

に支払った保険料の額で適用関係を判定することに留意する必要があります。

［Q16］　保険期間のうち一定期間のみ解約返戻金のない商品は、法基通9－3－5の（注）2の対象となりますか。

　　また、「ごく少額の払戻金がある契約」とは、どのような契約をいうのですか。

［A］　法基通9－3－5の（注）2は、「保険期間を通じて」解約返戻金相当額のない定期保険又は第三分野保険と定めていますので、例えば、保険料払込期間中は解約返戻金相当額がないものの、払込期間終了以後は解約返戻金相当額があるような商品は、同通達の対象となりません。

　　なお、ここでいう解約返戻金相当額とは、法基通9－3－5の2の解約返戻金相当額と同じ意味です（［Q7］参照）。

　　また、現行の終身保障の第三分野保険のなかには、払込期間終了以後、ごく少額の解約返戻金や死亡保険金が支払われる商品や、保険期間中にごく少額の健康祝金や出産祝金などが支払われる商品が多くありますが、このように、ごく少額の払戻金しかない商品については、解約返戻金相当額のない保険に含まれます。

　　「ごく少額の払戻金」の範囲について、現行の商品では、入院給付金日額などの基本給付金額（5千円～1万円程度）の10倍としている商品が多いようであり、このような払戻金は、一般的にはごく少額のものと考えられますが、ごく少額か否かは、支払保険料の額や保障に係る給付金の額に対する割合などを勘案して個別に判断することとなります（廃止された、いわゆる「がん保険通達」と考え方が変わるものではありません。）。

［Q17］　当該事業年度に支払った保険料の額が30万円以下か否かは、どのように判定するのですか。

［A］　当該事業年度に支払った保険料の額が30万円以下か否かについては、特に次の点に留意する必要があります。

①　一の被保険者（例えば、代表取締役：甲）につき、法基通9－3－5の（注）2に定める「解約返戻金相当額のない短期払の定期保険又は第三分野保険」に複数加入している場合は、保険会社やそれぞれの保険契約への加入時期の違いにかかわらず、その全ての保険について当該事業年度に支払った保険料の額を合計して判定することとなります。したがって、例えば、年払保険料20万円の無解約返戻金型終身医療保険（払込期間30年）と年払保険料100万円の無解約返戻金型終身がん保険（払込期間5年）に加入して当該事業年度に保険料を支払った場合、いずれの保険料についても、同通達の（注）2の取扱いは認められず、それぞれの保険期間（保険期間の開始から116歳までの期間）の経過に応じて損金算入す

ることとなります。

　なお、役員又は部課長その他特定の使用人（これらの者の親族を含みます。）のみを被保険者としている場合で、その保険料の額が当該役員又は使用人に対する給与となるものは、判定に含める必要はありません。

② 事業年度の途中で「解約返戻金相当額のない短期払の定期保険又は第三分野保険」の追加加入又は解約等をした場合の取扱いは次のとおりです。

　最初に加入した定期保険又は第三分野保険の年払保険料の額が30万円以下で、事業年度の途中で追加加入した定期保険又は第三分野保険について当該事業年度に支払った保険料の額との合計額が30万円超となる場合には、当該事業年度に支払ったいずれの保険料についても、同通達の（注）２の取扱いは認められず、それぞれの保険期間の経過に応じて損金の額に算入することとなります。

　反対に、２つの定期保険又は第三分野保険に加入している場合で、事業年度の途中に一方の保険を解約等したことにより、当該事業年度に支払った保険料の合計額が30万円以下となるときには、当該事業年度に支払った保険料の額を当期の損金の額に算入することができます。

③ 改正通達の適用日前に契約した「解約返戻金相当額のない短期払の定期保険又は第三分野保険」に係る支払保険料の額は判定に含める必要はありません。

【特約に係る保険料】

［Q18］　特約に係る保険料を支払った場合、どのように取り扱われるのですか。

［　Ａ　］　法人が、自己を契約者とし、役員又は使用人（これらの者の親族を含みます。）を被保険者とする特約を付した養老保険、定期保険、第三分野保険又は定期付養老保険等に加入し、当該特約に係る保険料を支払った場合には、その支払った保険料の額については、当該契約の内容に応じ、法基通９－３－４、９－３－５又は９－３－５の２の例によることとなります（法基通９－３－６の２）。

　ここでいう特約とは、保険給付がある特約のことをいい、保険給付がある特約に係る保険料を支払った場合には、主契約に係る保険料とは区別して、法基通９－３－４、９－３－５又は９－３－５の２の取扱いによることとなります。

　一方で、保険給付のない特約に係る保険料（例えば、保険料払込免除特約に係る保険料）は、主契約に係る保険料に含めて各通達の取扱いによることとなります（［Q６］及び［Q11］参照）。

【保険契約の転換】

［Q19］　いわゆる契約転換制度により、現在加入している養老保険を定期保険又は第三分野保険に転換した場合、転換後契約はどのように取り扱われるのですか。

［　Ａ　］　いわゆる契約転換制度により、現在加入している養老保険を定期保険又は第三分野保険に転換した場合には、養老保険の保険料について資産計上した金額のうち、転換後の定期保険又は第三分野保険の責任準備金に充当される部分の金額（充当額）を超える部分の金額を転換日の属する事業年度の損金の額に算入することができ、その上で、充当額に相当する部分の金額については、転換後の定期保険又は第三分野保険に係る保険料の一時払いをしたものとして、法基通９－３－５及び９－３－５の２の例によることとなります（法基通９－３－７）。

　この充当額（転換価格）については、前納金として扱い転換後契約の応当日に各期間の保険料に充当していく方式（保険料充当方式）と、転換後契約の保険料の一部の一時払いとする方式（一部一時払方式）があるようですが、いずれの方式であっても転換後契約が定期保険又は第三分野保険である場合には、その充当額（転換価格）の全額を資産に計上し、資産計上した金額のうち転換後の各事業年度に対応する部分の金額が当期分支払保険料の額として法基通９－３－５の２の本文の取扱いによることとなります（法基通９－３－５の２（注）４）（［Ｑ２］参照）。

　ところで、転換後契約については、上記の充当額（転換価格）のほかに平準保険料を支払うのが一般的なようですが、そのような場合には、この平準保険料を合わせた額を当期分支払保険料の額として法基通９－３－５の２の本文の取扱いによることとなります。

　なお、転換後契約に係る（最高）解約返戻率については、転換時に保険会社から示される転換後契約に係る解約返戻金相当額について、それを受けることとなるまでの間に支払うこととなる保険料の額の合計額で除した割合によることとなります。

　また、契約の転換は、既契約の保険契約を新たな契約に切り替えるものですので、転換のあった日を保険期間の開始の日として資産計上期間や取崩期間を判定することとなりますが、転換後の定期保険又は第三分野保険の最高解約返戻率が85％超の区分となる場合でも、同通達の表の資産計上期間の欄の（注）に定める資産計上期間を最低でも５年間とする取扱いの適用はありません（法基通９－３－７）。

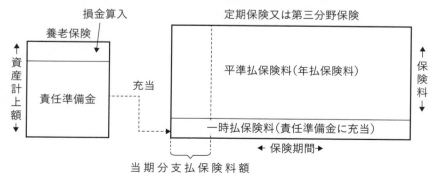

【長期傷害保険】

［Q20］　文書回答事例「長期傷害保険（終身保障タイプ）に関する税務上の取扱いについて」（平成18年4月28日回答）にある長期傷害保険は、通達改正後、どのように取り扱われるのですか。

［　A　］　長期傷害保険は、法基通9－3－5に定める第三分野保険に該当することとなりますので、改正通達の適用日以後の契約に係る長期傷害保険の保険料については、改正後の取扱いによることとなります。

　なお、同日前の契約に係る長期傷害保険の保険料については、文書回答事例「長期傷害保険（終身保障タイプ）に関する税務上の取扱いについて」（平成18年4月28日回答）の取扱いの例によることとなります。

(3)　それ以前の長期平準定期保険等とがん保険の個別通達

〈資料1〉

昭和62年6月16日直法2－2（例規）平成8年7月4日課法2－3（例規）により改正

平成20年2月28日課法2－3、課審5－18により改正　令和元年6月28日廃止

法人が支払う長期平準定期保険等の保険料の取扱いについて

1　対象とする定期保険の範囲

　この通達に定める取扱いの対象とする定期保険は、法人が、自己を契約者とし、役員又は使用人（これらの者の親族を含む。）を被保険者として加入した定期保険（一定期間内における被保険者の死亡を保険事故とする生命保険をいい、障害特約等の特約の付されているものを含む。以下同じ。）のうち、次に掲げる長期平準定期保険及び逓増定期保険（以下これらを「長期平準定期保険緒」という。）とする。

(1)　長期平準定期保険（その保険期間満了の時における被保険者の年齢が70歳を超え、かつ、当該保険に加入した時における被保険者の年齢に保険期間の2倍に相当する数を加えた数が105を超えるものをいい、(2)に該当するものを除く。）

(2)　逓増定期保険（保険期間の経過により保険金額が5倍までの範囲で増加する定期保険のうち、その保険期間満了の時における被保険者の年齢が45歳を超えるものをいう。）

　　(注)　「保険に加入した時における被保険者の年齢」とは、保険契約証書に記載されている契約年齢をいい、「保険期間満了の時における被保険者の年齢」とは、契約年齢に保険期間の年数を加えた数に相当する年齢をいう。

2　長期平準定期保険等に係る保険料の損金算入時期

　法人が長期平準定期保険等に加入してその保険料を支払った場合（役員又は部課長その他特定の使用人（これらの者の親族を含む。）のみを被保険者とし、死亡保険金の受取人を被保険者の遺族としているため、その保険料の額が当該役員又は使用人に対する給与となる場合を除く。）には、法人税基本通達９－３－５及び９－３－６（（定期保険に係る保険料等））にかかわらず、次により取り扱うものとする。（平８年課法２－３、平20年課法２－３により改正）

(1)　次表に定める区分に応じ、それぞれ次表に定める前払期間を経過するまでの期間にあっては、各年の支払保険料の額のうち次表に定める資産計上額を前払金等として資産に計上し、残額については、一般の定期保険（法人税基本通達９－３－５の適用対象となる定期保険をいう。以下同じ。）の保険料の取扱いの例により損金の額に算入する。

〔前払期間、資産計上額等の表〕

区分		前払期間	資産計上額
(1)長期平準定期保険	保険期間満了の時における被保険者の年齢が70歳を超え、かつ、当該保険に加入した時における被保険者の年齢に保険期間の2倍に相当する数を加えた数が105を超えるもの	保険期間の開始の時から当該保険期間の60％に相当する期間	支払保険料の2分の1に相当する金額
(2)逓増定期保険	①保険期間満了の時における被保険者の年齢が45歳を超えるもの（②又は③に該当するものを除く。）	保険期間の開始の時から当該保険期間の60％に相当する期間	支払保険料の2分の1に相当する金額
	②保険期間満了の時における被保険者の年齢が70歳を超え、かつ、当該保険に加入した時における被保険者の年齢に保険期間の2倍に相当する数を加えた数が95を超えるもの（③に該当するものを除く。）	同上	支払保険料の3分の2に相当する金額
	③保険期間満了の時における被保険者の年齢が80歳を超え、かつ、当該保険に加入した時における被保険者の年齢に保険期間の2倍に相当する数を加えた数が120を超えるもの	同上	支払保険料の4分の3に相当する金額

(注)　前払期間に１年未満の端数がある場合には、その端数を切り捨てた期間を前払期間とする。

(2)　保険期間のうち前払期間を経過した後の期間にあっては、各年の支払保険料の

額を一般の定期保険の保険料の取扱いの例により損金の額に算入するとともに、(1)により資産に計上した前払金等の累積額をその期間の経過に応じ取り崩して損金の額に算入する。

(注)　1　保険期間の全部又はその数年分の保険料をまとめて支払った場合には、いったんその保険料の全部を前払金として資産に計上し、その支払の対象となった期間（全保険期間分の保険料の合計額をその全保険期間を下回る一定の期間に分割して支払う場合には、その全保険期間とする。）の経過に応ずる経過期間分の保険料について、(1)又は(2)の処理を行うことに留意する。

　　　　2　養老保険等に付された長期平準定期保険等特約（特約の内容が長期平準定期保険等と同様のものをいう。）に係る保険料が主契約たる当該養老保険等に係る保険料と区分されている場合には、当該特約に係る保険料についてこの通達に定める取扱いの適用があることに留意する。

（経過的取扱い・・・逓増定期保険に係る改正通達の適用時期）

　この法令解釈通達による改正後の取扱いは平成20年2月28日以後の契約に係る改正後の1(2)に定める逓増定期保険（2(2)　の注2の適用を受けるものを含む。）の保険料について適用し、同日前の契約に係る改正前の1(2)　に定める逓増定期保険の保険料については、なお従前の例による。

【参考】平成20年2月27日以前の契約に係る「対象とする逓増定期保険」および「前払期間、資産計上額等の表」〔平成8年7月4日課法2-3（例規）より抜粋〕

対象とする逓増定期保険

　保険期間の経過により保険金額が5倍までの範囲で増加する定期保険のうち、その保険期間満了の時における被保険者の年齢が60歳を超え、かつ、当該保険に加入した時における被保険者の年齢に保険期間の2倍に相当する数を加えた数が90を超えるものをいう。

〔前払期間、資産計上額等の表〕

区分		前払期間	資産計上額
(2)逓増定期保険	①保険期間満了の時における被保険者の年齢が60歳を超え、かつ、当該保険に加入した時における被保険者の年齢に保険期間の2倍に相当する数を加えた数が90を超えるもの（②又は③に該当するものを除く。）	保険期間の開始の時から当該保険期間の60%に相当する期間	支払保険料の2分の1に相当する金額
	②保険期間満了の時における被保険者の年齢が70歳を超え、かつ、当該保険に加入した時における被保険者の年齢に保険期間の2倍に相当する数を加えた数が105を超えるもの（③に該当するものを除く。）	同上	支払保険料の3分の2に相当する金額
	③保険期間満了の時における被保険者の年齢が80歳を超え、かつ、当該保険に加入した時における被保険者の年齢に保険期間の2倍に相当する数を加えた数が120を超えるもの	同上	支払保険料の4分の3に相当する金額

（注）　前払期間に１年未満の端数がある場合には、その端数を切り捨てた期間を前払期間とする。

〈資料２〉

平成24年４月27日２－５、課審５－６

法人が支払う「がん保険」（終身保障タイプ）の保険料の取扱いについて（法令解釈通達）令和元年６月28日廃止

　標題のことについては、当面下記により取り扱うこととしたから、これによられたい。

（趣旨）

　保険期間が終身である「がん保険」は、保険期間が長期にわたるものの、高齢化するにつれて高まる発生率等に対し、平準化した保険料を算出していることから、保険期間の前半において中途解約又は失効した場合には、相当多額の解約返戻金が生ずる。このため、支払保険料を単に支払の対象となる期間の経過により損金の額に算入することは適当でない。そこで、その支払保険料を損金の額に算入する時期等に関する取扱いを明らかにすることとしたものである。

記

１　対象とする「がん保険」の範囲

　この法令解釈通達に定める取扱いの対象とする「がん保険」の契約内容等は、以下のとおりである。

(1)　契約者等

　法人が自己を契約者とし、役員又は使用人（これらの者の親族を含む。）を被保険者とする契約。ただし、役員又は部課長その他特定の使用人（これらの者の親族を含む。）のみを被保険者としており、これらの者を保険金受取人としていることによりその保険料が給与に該当する場合の契約を除く。

(2)　主たる保険事故及び保険金

　次に掲げる保険事故の区分に応じ、それぞれ次に掲げる保険金が支払われる契約。

保険事故	保険金
初めてがんと診断	がん診断給付金
がんによる入院	がん入院給付金
がんによる手術	がん手術給付金
がんによる死亡	がん死亡保険金

（注）　1　がん以外の原因により死亡した場合にごく小額の普通死亡保険金を支払うものを含むこととする。

　　　　2　毎年の付保利益が一定（各保険金が保険期間を通じて一定であることをいう。）である契約に限る（がん以外の原因により死亡した場合にごく小額の普通死亡保険金を支払う契約のうち、保険料払込期間が有期払込であるもので、保険料払込期間において当該普通死亡保険金の支払がなく、保険料払込期間が終了した後の期間においてごく小額の普通死亡保険金を支払うものを含む。）。

(3)　保険期間

　保険期間が終身である契約。

(4)　保険料払込方法

　保険料の払込方法が一時払、年払、半年払又は月払の契約。

(5)　保険料払込期間

　保険料の払込期間が終身払込又は有期払込の契約。

(6)　保険金受取人

　保険金受取人が会社、役員又は使用人（これらの者の親族を含む。）の契約。

(7)　払戻金

　保険料は掛け捨てであり、いわゆる満期保険金はないが、保険契約の失効、告知義務違反による解除及び解約等の場合には、保険料の払込期間に応じた所定の払戻金が保険契約者に払い戻されることがある。

　　（注）　上記の払戻金は、保険期間が長期にわたるため、高齢化するにつれて高まる保険事故の発生率等に対して、平準化した保険料を算出していることにより払い戻されるものである。

2　保険料の税務上の取扱い

　法人が「がん保険」に加入してその保険料を支払った場合には、次に掲げる保険料の払込期間の区分等に応じ、それぞれ次のとおり取り扱う。

(1)　終身払込の場合

　イ　前払期間

　　加入時の年齢から105歳までの期間を計算上の保険期間（以下「保険期間」という。）とし、当該保険期間開始の時から当該保険期間の50％に相当する期間（以下「前払期間」という。）を経過するまでの期間にあっては、各年の支払保険料の額のうち2分の1に相当する金額を前払金等として資産に計上し、残額については損金の額に算入する。

　(注)　前払期間に1年未滴の端数がある場合には、その端数を切り捨てた期間を前払期間とする。

　ロ　前払期間経過後の期間

　　保険期間のうち前払期間を経過した後の期間にあっては、各年の支払保険料の額を損金の額に算入するとともに、次の算式により計算した金額を、イによる資産計上額の累計額（既にこのロの処理により取り崩した金額を除く。）から取り崩して損金の額に算入する。

（算式）

$$資産計上額の累計額 \times \frac{1}{105 - 前払期間経過年齢} = 損金算入額（年額）$$

　(注)　前払期間経過年齢とは、被保険者の加入時年齢に前払期間の年数を加算した年齢をいう。

(2)　有期払込（一時払を含む。）の場合

　イ　前払期間

　　保険期間のうち前払期間を経過するまでの期間にあっては、次に掲げる期間の区分に応じ、それぞれ次に定める処理を行う。

　ロ　前払期間経過後の期間

　　保険期間のうち前払期間を経過した後の期間にあっては、次に掲げる期間の区分に応じ、それぞれ次に定める処理を行う。

①　保険料払込期間が終了するまでの期間

　　次の算式により計算した金額（以下「当期分保険料」という。）を算出し、各年の支払保険料の額のうち、当期分保険料の2分の1に相当する金額と当期分保険料を超える金額を前払金等として資産に計上し、残額については損金の額に算入する。

（算式）

$$\text{支払保険料（年額）} \times \frac{\text{保険料払込期間}}{\text{保険期間}} = \text{当期分保険料（年額）}$$

（注）　保険料払込方法が一時払の場合には、その一時払による支払保険料を上記
　　　　算式の「支払保険料（年額）」とし、「保険料払込期間」を1として計算する。

②　保険料払込期間が終了した後の期間

　　当期分保険料の2分の1に相当する金額を、①による資産計上額の累計額（既
にこの②の処理により取り崩した金額を除く。）から取り崩して損金の額に算入
する。

ロ　前払期間経過後の期間

　保険期間のうち前払期間を経過した後の期間にあっては、次に掲げる期間の区分
に応じ、それぞれ次に定める処理を行う。

①　保険料払込期間が終了するまでの期間

　　各年の支払保険料の額のうち、当期分保険料を超える金額を前払金等として資
産に計上し、残額については損金の額に算入する。

　　また、次の算式により計算した金額（以下、「取崩預金算入額」という。）をイ
の①による資産計上額の累計額（既にこの①の処理により取り崩した金額を除
く。）から取り崩して損金の額に算入する。

（算式）

$$\left[\frac{\text{当期分保険料}}{2} \times \text{前払期間} \right] \times \frac{1}{105 - \text{前払期間経過年齢}} = \text{取崩損金算入額}$$

②　保険料払込期間が終了した後の期間

　　当期分保険料の金額と取崩損金算入額を、イ及びこの口の①による資産計上
額の累計額（既にイの②及びこの口の処理により取り崩した金額を除く。）か
ら取り崩して損金の額に算入する。

(3)　例外的取扱い

　　保険契約の解約等において払戻金のないもの（保険料払込期間が有期払込であ
り、保険料払込期間が終了した後の解約等においてごく小額の払戻金がある契約
を含む。）である場合には、上記(1)及び(2)にかかわらず、保険料の払込の都度当
該保険料を損金の額に算入する。

3　適用関係

　　上記2の取扱いは、平成24年4月27日以後の契約に係る「がん保険」の保険

料について適用する。

⑷ その他の基本通達
以下基本通達の関連項目を示します。

ア 所得税基本通達

2－47	生計を一にするの意義
9－20	身体に損害を受けた者以外の者が支払を受ける傷害保険金等
9－21	高度障害保険金等
9－23	葬祭料、香典等
30－2	引き続き勤務する者に支払われる給与で退職手当等とするもの
34－1	一時所得の例示
34－4	生命保険契約等に基づく一時金又は損害保険契約等に基づく満期返戻金等に係る所得金額の計算上控除する保険料等
35－1	その他雑所得の例示
35－3	年金に代えて支払われる一時金
35－4	生命保険契約等又は損害保険契約等に基づく年金に係る所得金額の計算上控除する保険料等
36－13	一時所得の総収入金額の収入すべき時期
36－14	雑所得の収入金額又は総収入金額の収入すべき時期
36－31	使用者契約の養老保険に係る経済的利益
36－31の2	使用者契約の定期保険に係る経済的利益
36－37	保険契約等に関する権利の評価
76－3	支払った生命保険料等の金額
76－4	使用者が負担した使用人等の負担すべき生命保険料等
76－5	保険金等の支払とともに又は保険金等の支払開始の日以後に分配を受ける剰余金等

イ　法人税基本通達

２－２－14	短期の前払費用
９－２－９	債務の免除による利益その他の経済的な利益
９－２－10	給与としない経済的な利益
９－２－11	継続的に供与される経済的利益の意義
９－２－27の３	業績連動給与に該当しない退職給与
９－２－28	役員に対する退職給与の損金算入の時期
９－２－29	退職年金の損金算入の時期
９－２－32	役員の分掌変更等の場合の退職給与
９－３－４	養老保険に係る保険料
９－３－５	定期保険及び第三分野保険に係る保険料
９－３－５の２	定期保険等の保険料に相当多額の前払部分の保険料が含まれる場合の取扱い
９－３－６の２	特約に係る保険料
９－３－７	保険契約の転換をした場合
９－３－７の２	払済保険へ変更した場合
９－３－８	契約者配当

ウ　相続税法基本通達

３－３	相続を放棄した者の財産の取得
３－６	年金により支払を受ける保険金
３－７	法第３条第１項第１号に規定する保険金
３－８	保険金とともに支払を受ける剰余金等
３－９	契約者貸付金等がある場合の保険金
３－11	「保険金受取人」の意義
３－12	保険金受取人の実質判定
３－13	被相続人が負担した保険料等
３－14	保険料の全額
３－15	養育年金付こども保険に係る保険契約者が死亡した場合

エ　財産評価基本通達

VI-3　知っておきたい判例・裁決

(1)　保険金は受取人固有の財産（昭和40年2月2日最高裁第三小法廷判決　棄却）

【要旨】本件養老保険契約において保険金受取人を単に「被保険者またはその死亡の場合はその相続人」と約定し、被保険者死亡の場合の受取人を特定人の氏名を挙げることなく抽象的に指定している場合でも、保険契約者の意思を合理的に推測して、保険事故発生の時において被指定者を特定し得る以上、右の如き指定も有効であり、特段の事情のないかぎり、右指定は、被保険者死亡の時における、すなわち保険金請求権発生当時の相続人たるべき者個人を受取人として特に指定したいわゆる他人のための保険契約と解するのが相当であって、前記大審院判例の見解は、いまなお、改める要を見ない。そして右の如く保険金受取人としてその請求権発生当時の相続人たるべき個人を特に指定した場合には、<u>右請求権は、保険契約の効力発生と同時に右相続人の固有財産となり、被保険者（兼保険契約者）の遺産より離脱しているものといわねばならない。</u>然らば、他に特段の事情の認められない本件において、右と同様の見解の下に、本件保険金請求権が右相続人の固有財産に属し、その相続財産に属するものではない旨判示した原判決の判断は、正当としてこれを肯認し得る。

(2)　特別受益と生命保険（平成16年10月29日最高裁第二小法廷決定　棄却）

【要旨】上記の養老保険契約に基づき保険金受取人とされた相続人が取得する死亡保険金請求権又はこれを行使して取得した死亡保険金は、民法903条1項に規定する遺贈又は贈与に係る財産には当たらないと解するのが相当である。もっとも、上記死亡保険金請求権の取得のための費用である保険料は、被相続人が生前保険者に支払ったものであり、保険契約者である被相続人の死亡により保険金受取人である相続人に死亡保険金請求権が発生することなどにかんがみると、<u>保険金受取人である相続人とその他の共同相続人との間に生ずる不公平が民法903条の趣旨に照らし到底是認することができないほどに著しいものであると評価すべき特段の事情が存する場合には、同条の類推適用により、当該死亡保険金請求権は特別受益に準じて持戻しの対象となる</u>と解するのが相当である。上記特段の事情の有無については、保険金の額、この額の遺産の総額に対する比率のほか、同居の有無、被相続人の介護等に対する貢献の度合いなどの保険金受取人である相続人及び他の共同相続人と

被相続人との関係、各相続人の生活実態等の諸般の事情を総合考慮して判断すべきである。

⑶ 団体定期保険（平成18年4月11日最高裁判所第三小法廷判決破棄）

【要旨】本件で、第1審被告が、被保険者である各従業員の死亡につき6000万円を超える高額の保険を掛けながら、社内規定に基づく退職金等として第1審原告らに実際に支払われたのは各1000万円前後にとどまること、第1審被告は、生命保険各社との関係を良好に保つことを主な動機として団体定期保険を締結し、受領した配当金及び保険金を保険料の支払に充当するということを漫然と繰り返していたにすぎないことは、前記のとおりであり、このような運用が、従業員の福利厚生の拡充を図ることを目的とする団体定期保険の趣旨から逸脱したものであることは明らかである。しかし、他人の生命の保険については、被保険者の同意を求めることでその適正な運用を図ることとし、保険金額に見合う被保険利益の裏付けを要求するような規制を採用していない立法政策が採られていることにも照らすと、死亡時給付金として第1審被告から遺族に対して支払われた金額が、本件各保険契約に基づく保険金の額の一部にとどまっていても、被保険者の同意があることが前提である以上、そのことから直ちに本件各保険契約の公序良俗違反をいうことは相当でなく、本件で、他にこの公序良俗違反を基礎付けるに足りる事情は見当たらない。原審の上記判断は、その立論の前提を欠くというべきである。

⑵ また、第1審被告が、団体定期保険の本来の目的に照らし、保険金の全部又は一部を社内規定に基づく給付に充当すべきことを認識し、そのことを本件各生命保険会社に確約していたからといって、このことは、社内規定に基づく給付額を超えて死亡時給付金を遺族等に支払うことを約したなどと認めるべき根拠となるものではなく、他に本件合意の成立を推認すべき事情は見当たらない。むしろ、第1審被告は、死亡従業員の遺族に支払うべき死亡時給付金が社内規定に基づく給付額の範囲内にとどまることは当然のことと考え、そのような取扱いに終始していたことが明らかであり、このような本件の事実関係の下で、第1審被告が、社内規定に基づく給付額を超えて、受領した保険金の全部又は一部を遺族に支払うことを、明示的にはもとより、黙示的にも合意したと認めることはできないというべきである。原審は、合理的な根拠に基づくことなく、むしろその認定を妨げるべき事情が認められるにもかかわらず、本件合意の成立を認めたものであり、その認定判断は経験則に反するものといわざるを得ない。このような合意を根拠とする第1審原告らの請求は理由がない。

3　以上によれば、第1審原告らの請求を一部認容すべきものとした原審の判断に

は、判決に影響を及ぼすことが明らかな法令の違反があり、原判決のうち第1審被告敗訴部分は破棄を免れない。

⑷ 年金二重課税事件（平成22年7月6日最高裁第三小法廷判決　破棄）

【要旨】これらの年金の各支給額のうち上記現在価値に相当する部分は、相続税の課税対象となる経済的価値と同一のものということができ、所得税法9条1項15号により所得税の課税対象とならないものというべきである。（中略）、所得税法207条所定の生命保険契約等に基づく年金の支払をする者は、当該年金が同法の定める所得として所得税の課税対象となるか否かにかかわらず、その支払の際、その年金について同法208条所定の金額を徴収し、これを所得税として国に納付する義務を負うものと解するのが相当である。

⑸ 必要経費（平成24年1月13日最高裁第二小法廷判決　差戻、平成24年1月16日最高裁判所第一小法廷判決　差戻）

【要旨】一時所得に係る支出が所得税法34条2項にいう「その収入を得るために支出した金額」に該当するためには、それが当該収入を得た個人において自ら負担して支出したものといえる場合でなければならないと解するのが相当である。（中略）したがって、本件支払保険料のうち本件保険料経理部分は、所得税法34条2項にいう「その収入を得るために支出した金額」に当たるとはいえず、これを本件保険金に係る一時所得の金額の計算において控除することはできないものというべきである。

⑹ 保険金請求権と破産（平成28年4月28日 最高裁第一小法廷判決 棄却）

【要旨】破産手続開始前に成立した第三者のためにする生命保険契約に基づき破産者である死亡保険金受取人が有する死亡保険金請求権は、破産法34条2項にいう「破産者が破産手続開始前に生じた原因に基づいて行うことがある将来の請求権」に該当するものとして、上記死亡保険金受取人の破産財団に属すると解するのが相当である。

⑺ 預金の遺産分割（平成28年12月19日最高裁大法廷決定　変更）

【要旨】共同相続された普通預金債権、通常貯金債権及び定期貯金債権は、いずれも、相続開始と同時に当然に相続分に応じて分割されることはなく、遺産分割の対象となるものと解するのが相当である。

⑻ 収入を得るために支出した金額（平成29年9月8日最高裁第二小法廷決定棄却・不受理）

【要旨】
1　本件上告の理由は、違憲及び理由の不備・食違いをいうが、その実質は事実誤認又は単なる法令違反を主張するものであって、明らかに民訴法312条1項又は2項に規定する事由に該当しない。
2　本件申立ての理由によれば、本件は、民訴法318条1項により受理すべきものとは認められない。

控訴審（平成29年4月13日札幌高等裁判所判決　棄却）
【要旨】
1　本件は、控訴人が、自ら理事長を務める医療法人（A法人）との間で締結した生命保険契約の契約者変更に関する契約に基づき、同法人から生命保険契約の契約者たる地位を承継し、その後、同契約を解約して解約返戻金を受領したのに対し、札幌南税務署長がした更正処分等には、所得税法34条2項にいう「その収入を得るために支出した金額」に関する解釈を誤った違法があると主張して、更正処分等の一部の取消しを求めた事案である。原審は、本件各処分はいずれも適法と認められるとして、控訴人の請求を棄却した。
2　当裁判所も、本件各処分はいずれも適法なものであると判断する。その理由は、当審における控訴人の主張に対する判断を付加する他、原判決「事実及び理由」欄の「第3当裁判所の判断」のとおりであるから、これを引用する。
3　当審において控訴人は次のように主張した。
所得税法34条2項は、一時所得に係る総収入金額から控除する金額について、「その収入を得るために支出した金額（その収入を生じた行為をするため、又はその収入を生じた原因の発生に伴い直接要した金額に限る。）」とのみ規定しており、当該収入を得た個人が自ら負担した金額に限定していない。条文の文言がないのに、「当該収入を得た個人が自ら負担した金額」に限定して控除を認めるというのは、課税

要件明確主義の原則からも許されない。そして、解約返戻金を発生させるためには保険料を支払うことが必要不可欠であり、その保険料支出者について限定はないのであるから、Ａ法人が支払った保険料も「その収入を得るために支出した金額」に当たり、解約返戻金から控除されるべきである。

4　しかしながら、所得税法34条２項にいう「その収入を得るために支出した金額」とは、一時所得に係る収入を得た個人が自ら負担して支出したものといえる金額に限られ、当該規定は、収入を得る主体と支出をする主体が同一であることを前提としたものと解すべきことは、引用する原判決で説示するとおりであって、このように解したとしても課税要件明確主義の原則に反するということはできない。控訴人の主張は、独自の見解に基づくものであって、採用できない。

⑼　個人事業主が支払った養老保険契約の保険料（平成28年４月20日広島高裁判決　棄却・確定）

【要旨】

1　本件は、個人事業者である控訴人甲（眼科医）及び控訴人乙（歯科医）が、雇用する従業員を被保険者とする養老保険契約及びがん保険契約を締結しており、それらの保険料の一部を所得税法37条１項所定の必要経費としてそれぞれ確定申告（平成18年分ないし平成20年分）をしたのに対し、広島東税務署長が、これらを必要経費として認めず、各更正処分をしたことから、控訴人らがその取消しを求めた事案である。

2　当裁判所も、所得税の算定において、事業者である個人が行った支出が必要経費に該当するかを判断するに当たり、その支出の目的を考慮すべきであり、その目的を判断するに当たっては、事業者その他関係者の主観のみならず、客観的事実に基づいてしなければならないと判断する。

3　当裁判所も本件各保険契約が福利厚生を目的としているとは認められないものと判断する。その理由は、当裁判所の追加判断を付加するほか、原判決の事実及び理由中第３の２のとおりであるから、これを引用する。

4　控訴人らが従業員に養老保険契約の保険証券の写しを交付するなどしておらず、従業員にその契約内容を的確に把握できる手段を講じていないことからすれば、死亡保険金の受取人及び高度障害保険金の代理請求人が従業員の家族であるとしても、その受給が保障されているとはいえない。また、養老保険契約の満期保険金やがん保険契約の給付金、保険金の受取人が控訴人Ａと指定されている以上、これを受給するためには被保険者の署名、実印による押印等が必要であるとしても、従業員らの協力を要することを示すに過ぎず、従業員らへの支給が法的

に保障されているとはいえない。

5　従業員に退職金が支給されてきたという実績が存在しても、その退職金が本件各保険契約の解約返戻金を原資とするものでなければ、本件各保険契約が福利厚生目的であることの裏付けにはならないところ、解約返戻金が退職金の原資に充てられていなかったことは、原判決引用のとおりである。

6　以上のとおり、本件各保険契約が福利厚生目的とは認められないのであり、各保険契約に基づき控訴人らが支払った保険料は、いずれも事業の遂行上必要な費用とは認められないから、必要経費とは認められない。

7　当裁判所も、本件各養老保険契約が、死亡保険金受取人を被保険者である従業員の親族、高度障害保険金の受取人を被保険者である従業員自身とする内容を含む点を捉えて、各養老保険契約に係る保険料が福利厚生費としての性質を含有すると解したとしても、その保険料は、所得税法45条1項1号及び所得税法施行令96条所定の必要経費に算入されない家事関連費に該当し、これを必要経費に算入することはできないと判断する。その理由は、当裁判所の追加判断を付加するほか、原判決の事実及び理由中第3の3のとおりであるから、これを引用する。

8　本件各養老保険契約は、控訴人らが多額の解約返戻金等のある保険契約を締結し、実質的に自己資金を留保しつつ、その保険料を必要経費に算入することを企図したものと認められるのであるから、各養老保険契約が被保険者を従業員とし、死亡保険金の受取人を従業員の家族としているために福利厚生費の性質を帯びていることを考慮しても、支払保険料全体が家事関連費に該当するというほかないし、危険保険料負担部分が各養老保険料の2分の1であると認めることができないばかりか、当該支払保険料の中で業務の遂行上必要な部分として明らかに区分することができるとは認められない。

⑽　相続した不動産の評価（最高裁令和4年4月19日 第三小法廷判決（令和2年（行ヒ）第283号）

1　本件は、共同相続人である上告人らが、相続財産である不動産の一部について、財産評価基本通達（昭和39年4月25日付け直資56、直審（資）17国税庁長官通達。以下「評価通達」という。）の定める方法により価額を評価して相続税の申告をしたところ、札幌南税務署長から、当該不動産の価額は評価通達の定めによって評価することが著しく不適当と認められるから別途実施した鑑定による評価額をもって評価すべきであるとして、それぞれ更正処分（以下「本件各更正処分」という。）及び過少申告加算税の賦課決定処分（以下「本件各賦課決定処分」

という。）を受けたため、被上告人を相手に、これらの取消しを求める事案である。
2　原審の適法に確定した事実関係等の概要は、次のとおりである。相続税法22
条は、同法第3章で特別の定めのあるものを除くほか、相続等により取得した財
産の価額は当該財産の取得の時における時価により、当該財産の価額から控除す
べき債務の金額はその時の現況による旨を規定する。評価通達1は、時価とは課
税時期（相続等により財産を取得した日等）においてそれぞれの財産の現況に応
じ不特定多数の当事者間で自由な取引が行われる場合に通常成立すると認めら
れる価額をいい、その価額は評価通達の定めによって評価した価額による旨を定
める。他方、評価通達6は、評価通達の定めによって評価することが著しく不適
当と認められる財産の価額は国税庁長官の指示を受けて評価する旨を定める。A
（以下「被相続人」という。）は、平成24年6月17日に94歳で死亡し、上告人ら
ほか2名（以下「共同相続人ら」という。）がその財産を相続により取得した（以
下、この相続を「本件相続」という。）。被相続人の相続財産には、第1審判決別
表1記載の土地及び同別表2記載の建物（以下、併せて「本件甲不動産」という。）
並びに同別表3記載の土地及び建物（以下、併せて「本件乙不動産」といい、本
件甲不動産と併せて「本件各不動産」という。）が含まれていたところ、これら
については、被相続人の遺言に従って、上告人らのうちの1名が取得した。なお、
同人は、平成25年3月7日付けで、本件乙不動産を代金5億1500万円で第三者
に売却した。

　本件各不動産が被相続人の相続財産に含まれるに至った経緯等は、次のとおり
である。ア　被相続人は、平成21年1月30日付けで信託銀行から6億3000万円を
借り入れた上、同日付けで本件甲不動産を代金8億3700万円で購入した。イ　被
相続人は、平成21年12月21日付けで共同相続人らのうちの1名から4700万円を
借り入れ、同月25日付けで信託銀行から3億7800万円を借り入れた上、同日付
けで本件乙不動産を代金5億5000万円で購入した。ウ　被相続人及び上告人らは、
上記ア及びイの本件各不動産の購入及びその購入資金の借入れ（以下、併せて「本
件購入・借入れ」という。）を、被相続人及びその経営していた会社の事業承継
の過程の一つと位置付けつつも、本件購入・借入れが近い将来発生することが予
想される被相続人からの相続において上告人らの相続税の負担を減じ又は免れさ
せるものであることを知り、かつ、これを期待して、あえて企画して実行したも
のである。エ　本件購入・借入れがなかったとすれば、本件相続に係る相続税の課
税価格の合計額は6億円を超えるものであった。

　本件各更正処分及び本件各賦課決定処分の経緯は、次のとおりである。ア　上告
人らは、本件相続につき、評価通達の定める方法により、本件甲不動産の価額を
合計2億0004万1474円、本件乙不動産の価額を合計1億3366万4767円と評価し

た上（以下、これらの価額を併せて「本件各通達評価額」という。）、平成25年3月11日、札幌南税務署長に対し、本件各通達評価額を記載した相続税の申告書を提出した。上記申告書においては、課税価格の合計額は2826万1000円とされ、基礎控除の結果、相続税の総額は0円とされていた。イ 国税庁長官は、札幌国税局長からの上申を受け、平成28年3月10日付けで、同国税局長に対し、本件各不動産の価額につき、評価通達6により、評価通達の定める方法によらずに他の合理的な方法によって評価することとの指示をした。ウ 札幌南税務署長は、上記指示により、平成28年4月27日付けで、上告人らに対し、不動産鑑定士が不動産鑑定評価基準により本件相続の開始時における本件各不動産の正常価格として算定した鑑定評価額に基づき、本件甲不動産の価額が合計7億5400万円、本件乙不動産の価額が合計5億1900万円（以下、これらの価額を併せて「本件各鑑定評価額」という。）であることを前提とする本件各更正処分（本件相続に係る課税価格の合計額を8億8874万9000円、相続税の総額を2億4049万8600円とするもの）及び本件各賦課決定処分をした。

3　原審は、上記事実関係等の下において、本件各不動産の価額については、評価通達の定める方法により評価すると実質的な租税負担の公平を著しく害し不当な結果を招来すると認められるから、他の合理的な方法によって評価することが許されると判断した上で、本件各鑑定評価額は本件各不動産の客観的な交換価値としての時価であると認められるからこれを基礎とする本件各更正処分は適法であり、これを前提とする本件各賦課決定処分も適法であるとした。所論は、原審の上記判断には相続税法22条等の法令の解釈適用を誤った違法があるというものである。

4　相続税法22条は、相続等により取得した財産の価額を当該財産の取得の時における時価によるとするが、ここにいう時価とは当該財産の客観的な交換価値をいうものと解される。そして、評価通達は、上記の意味における時価の評価方法を定めたものであるが、上級行政機関が下級行政機関の職務権限の行使を指揮するために発した通達にすぎず、これが国民に対し直接の法的効力を有するというべき根拠は見当たらない。そうすると、相続税の課税価格に算入される財産の価額は、当該財産の取得の時における客観的な交換価値としての時価を上回らない限り、同条に違反するものではなく、このことは、当該価額が評価通達の定める方法により評価した価額を上回るか否かによって左右されないというべきである。そうであるところ、本件各更正処分に係る課税価格に算入された本件各鑑定評価額は、本件各不動産の客観的な交換価値としての時価であると認められるというのであるから、これが本件各通達評価額を上回るからといって、相続税法22条に違反するものということはできない。

ア　他方、租税法上の一般原則としての平等原則は、租税法の適用に関し、同様の

状況にあるものは同様に取り扱われることを要求するものと解される。そして、評価通達は相続財産の価額の評価の一般的な方法を定めたものであり、課税庁がこれに従って画一的に評価を行っていることは公知の事実であるから、課税庁が、特定の者の相続財産の価額についてのみ評価通達の定める方法により評価した価額を上回る価額によるものとすることは、たとえ当該価額が客観的な交換価値としての時価を上回らないとしても、合理的な理由がない限り、上記の平等原則に違反するものとして違法というべきである。もっとも、上記に述べたところに照らせば、相続税の課税価格に算入される財産の価額について、評価通達の定める方法による画一的な評価を行うことが実質的な租税負担の公平に反するというべき事情がある場合には、合理的な理由があると認められるから、当該財産の価額を評価通達の定める方法により評価した価額を上回る価額によるものとすることが上記の平等原則に違反するものではないと解するのが相当である。

イ　これを本件各不動産についてみると、本件各通達評価額と本件各鑑定評価額との間には大きなかい離があるということができるものの、このことをもって上記事情があるということはできない。もっとも、本件購入・借入れが行われなければ本件相続に係る課税価格の合計額は6億円を超えるものであったにもかかわらず、これが行われたことにより、本件各不動産の価額を評価通達の定める方法により評価すると、課税価格の合計額は2826万1000円にとどまり、基礎控除の結果、相続税の総額が0円になるというのであるから、上告人らの相続税の負担は著しく軽減されることになるというべきである。そして、被相続人及び上告人らは、本件購入・借入れが近い将来発生することが予想される被相続人からの相続において上告人らの相続税の負担を減じ又は免れさせるものであることを知り、かつ、これを期待して、あえて本件購入・借入れを企画して実行したというのであるから、租税負担の軽減をも意図してこれを行ったものといえる。そうすると、本件各不動産の価額について評価通達の定める方法による画一的な評価を行うことは、本件購入・借入れのような行為をせず、又はすることのできない他の納税者と上告人らとの間に看過し難い不均衡を生じさせ、実質的な租税負担の公平に反するというべきであるから、上記事情があるものということができる。

ウ　したがって、本件各不動産の価額を評価通達の定める方法により評価した価額を上回る価額によるものとすることが上記の平等原則に違反するということはできない。

5　以上によれば、本件各更正処分において、札幌南税務署長が本件相続に係る相続税の課税価格に算入される本件各不動産の価額を本件各鑑定評価額に基づき評価したことは、適法というべきである。所論の点に関する原審の判断は、以上の趣旨をいうものとして是認することができる。論旨は採用することができない。

索　引

項目ごとに個人保険と法人保険を比較してみてください。

〈購読者専用 Web サイトのご案内〉

　「『顧客の悩みをスッキリ解決！生命保険の活用と税務100問』購読者専用 Web サイト」から、参考資料がダウンロードできます。ダウンロード後は、自由に加工してお使いになれます。

　下記要領に従って、会員登録をしてください。

①　ご使用の PC 等から、弊社オンラインショップ（https://shop.gyosei.jp/）へアクセスします。

②　ホームページ右側にある「書籍購読者専用サービス」のバナーをクリックします。

③　「顧客の悩みをスッキリ解決！生命保険の活用と税務100問」を選択してください。

④　「『顧客の悩みをスッキリ解決！生命保険の活用と税務100問』購読者専用 Web サイト」の案内に従って会員登録をしてください。

⑤　会員登録したアドレスにお送りしたパスワードで、購読者専用ログインページからログインします。

⑥　ダウンロードを行います。ダウンロードに必要なパスワードは以下のとおりです。

【ユーザー名】seimei

【パスワード】hoken

（すべて英数半角）

※参考資料ダウンロードについては、一定期間経過後サービスを終了することがございます。

● 著者紹介

追中　徳久（おいなか　のりひさ）

税理士　東京税理士会日本橋支部所属
日本税務会計学会法律部門委員、補佐人税理士
1983年早稲田大学法学部卒業、1994年筑波大学大学院経営政策研究科企業法学専攻
修了。
大手生命保険会社での勤務経験を活かし、生命保険や相続・贈与について年間8,000
件を超える相談業務で活躍中。

主な著書 ——————————————————————————————

「保険税務のプロによる相続・贈与のお悩み解決ノート」（ぎょうせい）
「国税庁新通達から学ぶ！！Ｑ＆Ａ保険販売のための税務トラブル回避事例」（ぎょ
うせい）
「事業承継対策の法務と税務」（共著、日本法令）
「生命保険税務と周辺問題Ｑ＆Ａ」（共著、新日本保険新聞社）
「節税Ｑ＆Ａ」（共著、ＴＡＣ出版）

照会先　oinaka1@gmail.com

顧客の悩みをスッキリ解決!
生命保険の活用と税務 100 問　増補版

令和 4 年 12 月 20 日　第 1 刷発行
令和 5 年 11 月 17 日　第 2 刷発行（増補）
令和 6 年 3 月 19 日　第 3 刷発行

著　者　追　中　徳　久

発　行　株式会社ぎょうせい

〒 136-8575　東京都江東区新木場 1-18-11
URL：https://gyosei.jp

フリーコール　0120-953-431

ぎょうせい　お問い合わせ　検索　https://gyosei.jp/inquiry/

〈検印省略〉

印刷　ぎょうせいデジタル㈱　　　　　　©2022　Printed in Japan
※乱丁・落丁本はお取り替えいたします。

ISBN978-4-324-11244-1
(5108857-00-000)
[略号：生命保険税務]